D1694597

AURELIUS AUGUSTINUS

Suche nach dem wahren Leben

(Confessiones X / Bekenntnisse 10)

Eingeleitet, übersetzt und mit Anmerkungen versehen
von
Norbert Fischer

Lateinisch-deutsch

FELIX MEINER VERLAG
HAMBURG

PHILOSOPHISCHE BIBLIOTHEK BAND 584

Bibliographische Information
der Deutschen Nationalbibliothek

Die Deutsche Nationalbibliothek verzeichnet diese Publikation
in der Deutschen Nationalbibliographie; detaillierte
bibliographische Daten sind im Internet abrufbar über
<http://dnb.d-nb.de>.
ISBN-10: 3-7873-1808-9
ISBN-13: 978-3-7873-1808-7

© Felix Meiner Verlag 2006. Alle Rechte vorbehalten. Dies betrifft auch die Vervielfältigung und Übertragung einzelner Textabschnitte durch alle Verfahren wie Speicherung und Übertragung auf Papier, Transparente, Filme, Bänder, Platten und andere Medien, soweit es nicht §§ 53 und 54 URG ausdrücklich gestatten. Satz: Type & Buch Kusel, Hamburg. Druck: Strauss, Mörlenbach. Buchbinderische Verarbeitung: Litges & Dopf, Heppenheim. Werkdruckpapier: alterungsbeständig nach ANSI-Norm resp. DIN-ISO 9706, hergestellt aus 100 % chlorfrei gebleichtem Zellstoff. Printed in Germany. *www.meiner.de*

INHALT

Vorwort VII
Einleitung XIII
I. Zur Kompositionsstruktur des zehnten Buches XIX
II. Systematische Hinweise zu den Hauptthemen
    des zehnten Buches XXXI
    1. Zum Ausgangspunkt der Suche XXXIV
    2. Zum Aufstieg nach innen XL
    3. Zur Inversion der Aktivität LIII
    4. Zum Abstieg nach außen LXIV
    5. Zu Christus als dem Weg zum wahren Leben ... LXXXV
III. Zu dieser Ausgabe XCI

Aurelius Augustinus
Suche nach dem wahren Leben
(Confessiones X / Bekenntnisse 10)

Text und Übersetzung 1

Anmerkungen zum Text 105

Siglen 163
Literaturverzeichnis 167
Personenregister 185

VORWORT

»cum enim te, deum meum, quaero,
vitam beatam quaero« (29).

Angeregt wurde die vorliegende Ausgabe des zehnten Buchs von Augustins *Confessiones* durch das zweite Augustinus-Seminar in Kloster Weltenburg im Jahr 2001. Es stand unter dem Titel »Selbsterkenntnis und Gottsuche. *Confessiones* 10«. Friedrich-Wilhelm von Herrmann, der den Festvortrag zum Seminar am Gedenktag des hl. Augustinus gehalten hat, riet damals, die Reihenfolge der Titelworte umzukehren, also zu sagen: »Gottsuche und Selbsterkenntnis«. Sein bedenkenswerter Vorschlag hat manches Grübeln ausgelöst, das über verschiedene Stufen zum jetzt gewählten Titel geführt hat. Ihm sei für diesen Anstoß herzlich gedankt.

Der jetzt gewählte Titel – *Suche nach dem wahren Leben* – weist auf mehrere Bedeutungen, die ihm innerhalb des zehnten Buches zukommen. Augustinus ist von Beginn an überzeugt, daß Gott ihn kennt, ist sich aber weder seiner selbst noch Gottes gewiß. Die Absicht, zu bekennen, wer er selbst in seinem Inneren ist, hat folglich nichts mit dem Ansinnen zu tun, etwas ausbreiten zu wollen, was dem Autor in seinem Inneren offen vor Augen läge. Obwohl er nicht bezweifelt, daß jeder Mensch sich selbst besser kennt, als andere ihn kennen, leugnet er nicht die Unsicherheit und Zweideutigkeit der Selbsterkenntnis und gesteht sich ein, nicht einmal selbst sein eigenes Sein ganz erfassen zu können (15): »nec ego ipse capio totum, quod sum.« An der Analyse seiner inneren Vollzüge müht er sich so ab, daß er sich zu einem Ackerland wurde, das schwer zu bearbeiten ist und ihn unsäglichen Schweiß gekostet hat (25): »ego certe, domine, laboro hic et laboro in me ipso: factus sum mihi terra difficultatis et sudoris nimii.«

Aber nicht nur die *theoretische* Selbsterkenntnis bleibt in der Suche stecken, sondern auch die *praktische* Frage, wer er selbst im Blick auf *gut* (›bonum‹), *schlecht* oder *böse* (›malum‹) ist. Ohne Zweifel spricht er sich Prädikate zu, die Freiheit und Verantwortlichkeit voraussetzen. Sonst wäre die Annahme verfehlt, daß Gott sein Urteil über ihn fällt (7): »tu enim, domine, diiudicas me«. Ein Richter, der alles beherrschte und vorherbestimmt hätte, wäre ein Unding, dem gleichsam verborgen wäre, daß er urteilend über das richtet, was er selbst angerichtet hat. Die Annahme eines tyrannisch-selbstischen Gottes und die widersprüchliche Art, sein Verhältnis zu den Menschen zu charakterisieren, läßt sich dem Autor der *Confessiones* nicht anlasten. Wer sich seiner Fehler und Schwächen bewußt ist, wer davon spricht, Fortschritte auf dem Weg zum Guten gemacht zu haben, und erklärt zu kämpfen, um nicht gefangengenommen zu werden (43: »pugno, ne capiar«), spricht von sich als freiem, verantwortlichem Wesen, auch wenn er sich bewußt ist, vielfältiger Hilfe bedurft zu haben und kein gültiges Urteil über sich selbst fällen zu können. Zur Selbstbeurteilung sieht er sich schon deshalb nicht imstande, weil Rückschläge stets möglich sind, weil das Leben in der Zeit von Versuchung bestimmt bleibt (7; 39). Da Augustinus die Gier, sich von Menschen loben zu lassen, für die gefährlichste Verlockung hält (63), vermeidet er streng, sich Verdienste an Lobenswertem zuzurechnen, das er ja nur mit gegebenen Kräften verwirklichen konnte, mit Kräften, die er empfangen hatte. Also nennt er das Gute an ihm Werk und Gabe Gottes, das Schlechte aber Folge seiner eigenen Verfehlungen (5). Die teils bigotten, teils hämischen Deutungen, die einmütig insinuieren, Augustinus spreche alles Gute nur Gott, alles Schlechte und Böse nur den Menschen zu, scheitern an der Gesamtaussage der *Confessiones*, und auch von deren zehntem Buch. Die modische Rede, Augustins Menschenbild sei ›finster‹, zuweilen unter Hinweis auf Nietzsche (dessen Wegweisungen selbst genug Finsteres an sich haben), erweist sich angesichts der *Confessiones* als unbegründete Fama.

Dieses Scheitern wird endgültig im dritten Sinn der Suche nach dem wahren Leben faßbar, das dem Ereignis entsprechen soll, das Augustinus im Zentrum des zehnten Buchs vergegenwärtigt (38). Da er überzeugt ist, daß er als endlicher Mensch die von ihm gewünschte Beziehung zu Gott, in die er sich gelangt sieht, nicht selbst hatte herbeiführen können, schreibt er ihren Ursprung dem Tun Gottes zu. Der Ursprung der Beziehung der Menschen zu Gott verdankt sich laut Augustinus nicht der Suche, sondern *reinem Finden*. Das Ereignis, das er als Hinwendung Gottes zum Menschen darstellt, ist unableitbar und doch für die Möglichkeit einer Beziehung von Menschen zu Gott grundlegend. Bevor diese *Inversion der Aktivität* im Finden geschehen konnte, mußte er sich in innerem Tun aber schon als suchendes Selbst gefunden haben, um durch die Begegnung mit Gott nicht im Meer des Unendlichen versinken zu müssen. Er mußte schon tätig gewesen sein, um für die Inversion der Aktivität empfänglich zu werden.

Nachdem sich eine solche Inversion ereignet hatte, findet er sich erneut zur Arbeit an sich herausgefordert, die wiederum die Freiheit und Verantwortlichkeit des Handelnden voraussetzt. Zwar sieht er, daß menschliches Tun auch der Gnade bedarf, wenn es zur Vollendung gelangen können soll. Diese Einsicht bedeutet aber nicht Verneinung der Freiheit, sondern Festhalten am höchsten Ziel menschlichen Handelns – wider das Versinken in Verzweiflung. Laut Augustinus können nur die Menschen die göttliche Vollendung, auf die hin alle geschaffen sind (1,1), erlangen, die trotz ihrer Endlichkeit den Weg wohlwollender, nichtegoistischer Liebe suchen. Diese Liebe lenkt den Blick auf die Christologie. Die Rede von Christus tritt im zehnten Buch anfangs versteckt zutage, wird am Ende aber explizit entfaltet (67–70). Christus gilt als Brücke, die von Gott zu den Menschen führt, sofern sie ihnen – trotz ihrer Bedürftigkeit, Schwäche und Endlichkeit – den Weg zu Gott, zum wahren Leben, zu einem Leben der Heiligkeit bahnt.

Nicht wiederholt werden in der *Einleitung* die Bemerkungen zu Augustins Leben und Werk, ebenso die Diskussion um das literarische Genus der *Confessiones* und um ihre Kompositionsstruktur, die der Herausgeber in der *Einleitung* zur Ausgabe des elften Buches, auch mit weiteren Literaturangaben, vorgetragen hat (vgl. AZ XXV–XLI). Die folgende *Einlei-*

tung ist als für sich lesbarer Text konzipiert, der aber frühere Überlegungen aufnimmt und weiterführt. Die früheren Arbeiten sind im Literaturverzeichnis genannt. Die vorliegende Einleitung soll vor allem die Stellung des zehnten Buches im Gesamtwerk verdeutlichen, seine Struktur und einige seiner Hauptthemen umreißen. Dabei wird gegen verbreitete irrige Meinungen argumentiert, vor allem gegen die Reduktion Augustins auf den Lehrer einer Gnade, die von Gott willkürlich verteilt werde. Daß Augustinus seit 397 als »philosophischer Kopf die Philosophie an der für ihn entscheidenden Stelle außer Kraft« gesetzt habe, findet keinen Anhaltspunkt im zehnten Buch der *Confessiones* (*LdS* 15). Zu konzedieren ist jedoch, daß Flasch, obgleich er die Intention von Augustins *Confessiones* verzeichnet, mit Recht Positionen an den Pranger stellt, die seine Gnadenlehre einseitig präsentieren (neuerdings z.B. *EGA*), ohne sich die Mühe zu machen, sie mit der Freiheitslehre zu verbinden, an der Augustinus zweifellos festgehalten hat. Ein starkes Indiz für die irreführende Einseitigkeit dieser Auslegungen sind auch die Anerkennung und der Einfluß, die er bei unbeugsam ihren Weg gehenden, selbständigen Denkern des 20. Jahrhunderts erlangt hat, von denen hier nur Martin Heidegger und Ludwig Wittgenstein genannt sein sollen. Um manche irrige Auffassung zurechtzurücken, werden zuweilen Anknüpfungspunkte an spätere Philosophen erwähnt, z.B. auch an Immanuel Kant.

Interpreten, die durch ihren Lebensweg an einer Art von ›Gottesvergiftung‹ leiden, die sie sich an autoritären oder sektiererischen Deutungen der christlichen Heilsbotschaft zugezogen haben mögen, kann das Verdienst zukommen, an der Destruktion gnadenloser Auslegungen der Gnadenlehre zu arbeiten. Wer Gedanken in das Werk Augustins trägt, die er mit Hilfe eines durch Karl Marx, Friedrich Nietzsche und Sigmund Freud gewonnenen Instrumentariums zur Kritik nutzt (Kurt Flasch: *Augustin. Einführung in sein Denken*, z.B. 9–11), verdeckt aber auch die genuinen Motive des Autors, die bis heute Kraft für philosophisch fragende Leser besitzen. Angesichts der zutage getretenen Schwächen der gottlosen Interpretation des wahren Lebens scheint es immer ratsam, sich auf die *Confessiones* einzulassen, in denen Augustinus seinen Weg als Weg zum wahren Leben zunächst *erzählt* – und im zehnten Buch dann *reflektiert*.

Wiederholt sei der Hinweis aus dem Vorwort zur Ausgabe des elften Buches, daß die hier vorgelegte Übersetzung nicht eine Art Interlinearversion bieten soll, sondern einen schlüssigen und flüssigen deutschen Text, der die Argumentationskraft des lateinischen Textes vergegenwärtigt und dessen Sprachgestalt von einem heutigen deutschsprachigen Leser nicht von vornherein als absonderlich empfunden wird. Stellen aus dem Werk Augustins werden wiederum nach den Regeln des Augustinus-Lexikons zitiert. Ein Verzeichnis der Siglen der in dieser Ausgabe erwähnten Schriften Augustins – und weiterer benutzter Siglen – findet sich am Ende des Bandes. Stellen aus anderen Büchern der *Confessiones* sind ohne Werkkürzel nur mit Angabe des Buches und des Paragraphen belegt (z. B. 1,1 = *conf.* 1,1); zu Stellen aus dem zehnten Buch wird nur der Paragraph aufgeführt (z. B. 1 = *conf.* 10,1). Die Passagen, in denen Augustinus Bibelstellen oder andere Autoren zitiert, sind im Text mit Anführungszeichen kenntlich gemacht und am Rand des lateinischen Textes entsprechend den Stellenangaben des *CAG 2* nachgewiesen. In den Fußnoten der *Einleitung* und in den Anmerkungen zum Text zitierte Werke aus der reichhaltigen Erläuterungsliteratur sind in der Regel mit einem Kurztitel angeführt.

Der Herausgeber hat vielfältig für Rat und Unterstützung zu danken. Gedankt sei Herrn Professor Dr. Dr. h.c. Cornelius Mayer OSA, der seinerzeit die Initiative des Herausgebers, die Reihe der fünf Augustinus-Seminare in Kloster Weltenburg durchzuführen, tatkräftig unterstützt hat und in den ersten Jahren an deren Leitung beteiligt war. Er hat wiederum die Erlaubnis gegeben, den Text aus dem *Corpus Augustinianum Gissense* zu übernehmen, das nun in der zweiten, verbesserten Version vorliegt (= *CAG 2*; für die *Confessiones* liegt im *CAG* der Text von *CCL* zugrunde). Der lateinische Text wurde hier zusätzlich mit der revidierten Skutella-Ausgabe verglichen und in einem Fall auch geändert (38; vgl. auch 108 mit Anm. 9). Wichtige Unterschiede sind in den Anmerkungen aufgeführt. Für die Durchsicht der Übersetzung danke ich herzlich meinem Eichstätter Kollegen, Herrn Professor Dr. Peter Krafft, und meinem Freund aus Trierer Tagen, Herrn Dr. Hermann Schnarr. Last but not least danke ich wieder meinen Mitarbeitern am Lehrstuhl für Philosophische Grundfragen der Theologie an der Katholischen Universität Eichstätt-Ingolstadt, meinem Assistenten, Herrn Dr. Jakub Sirovátka, und meiner Sekretärin, Frau Anita Wittmann, außerdem den wissenschaftlichen Hilfskräften, Herrn cand. theol. Joachim Eck, Frau Katrin Graf M. A. und Frau cand. phil. Rebekka Thiel für ihr Engagement. Ebenso danke ich dem Verlag für die Geduld und die gute Zusammenarbeit.

Eichstätt / Wiesbaden   Norbert Fischer

EINLEITUNG

»deum et animam scire cupio. nihilne
plus? nihil omnino.«
»caritas de corde puro et conscientia
bona et fide non ficta«.[1]

Das zehnte Buch der *Confessiones* steht im Zentrum dieses Werkes und hat – wie das elfte Buch mit der Bearbeitung der Frage, was Zeit ist – viele philosophisch fragende Leser fasziniert und zu eigenem Denken angeregt. Im ersten Teil reflektiert Augustinus den Weg seines Lebens, er fragt nach Gott und wie er ihn gefunden hat; im zweiten sucht er die Form wahren Lebens, die der Beziehung zu Gott entspricht, in die er im Laufe seines Weges gelangt ist. Selbsterkenntnis und Gottsuche, die zwei großen Themen Augustins, sind im zehnten Buch aufs innigste verschränkt. Auch gemäß dem Zeitschema steht es im Zentrum, sofern der Autor in ihm Antwort auf die Frage sucht, wer und was er *jetzt* innerlich ist – zur Zeit der Arbeit an den *Confessiones*. Die ersten neun Bücher präsentieren die Irrungen und Wirrungen der *Vergangenheit* bis zur Bekehrung, die ihn auf den Weg führte, den er als ›Weg der Wahrheit‹ zu beschreiben beginnt. Der Vergegenwärtigung der *Gegenwart* folgt der Blick auf die *Zukunft*, einerseits im Sinne der *künftigen Lebensgestaltung*, andererseits im Sinne der Hoffnung auf eine *Zukunft jenseits der Weltzeit*, auf eine Zukunft, die *uns* laut Augustinus *Ruhe in Gott* verheißt, von der er aber auch sagt, daß *Gott* dann *in uns ruhen* wolle (13,52).

---

[1] *sol.* 1,7: ›Gott und die Seele möchte ich erkennen.– Sonst nichts? Nein, sonst überhaupt nichts!‹; 12,27: Zweck des Gesetzes ist ›wohlwollende Liebe aus reinem Herzen, gutem Gewissen und ungeheucheltem Glauben‹ (aus *1 Tim* 1,5). Literatur zum 10. Buch im Anhang, vgl. bes. die *Notes complémentaires* in *BA* 14,556–572 von Aimée Solignac; *JD* III, 150–249 von James O'Donnell; Johann Kreuzer: *Confessiones 10: Der Abgrund des Bewußtseins*; Johannes Brachtendorf: *Augustins ›Confessiones‹*, 202–235; alle mit weiteren Literaturangaben.

Das Gesamtwerk ist von der Einsicht getrieben, daß die Suche nach wahrem Leben in der Weltzeit nicht die ersehnte Erfüllung finden kann (39).

Die Frage nach dem *Sein der Zeit*, die im elften Buch explizit gestellt wird, kündigt sich in den vorausgehenden Büchern an – und besonders klar im zehnten Buch. Zu dessen Beginn betont Augustinus, daß es ihm nun nicht wie in den früheren Büchern darum geht, wer und wie er einst *war*, sondern darum, wer und wie er jetzt *ist* – also zur Zeit der Niederschrift der *Confessiones*.[2] Die Frage, wer und wie er in der Gegenwart ist, knüpft an den Weg an, den er bis zur Gegenwart zurückgelegt hat. Im zehnten Buch *reflektiert* er somit den vorher *erzählten* Weg und legt ihn als seine Suche nach dem wahren Leben aus, die sich ihm zugleich aus ihren immanenten Motiven heraus als Pfad der Gottsuche erwiesen hatte. Deren höchstes, ›ewiges‹ Ziel *meditiert* er in den drei abschließenden Büchern im Anschluß an das Wort der Heiligen Schrift.[3]

Die Frage nach dem Sein der Zeit und das Eindringen in ihren tieferen Sinn prägen den Gedankengang der *Confessiones*,[4] der sich in weitem Bogen von der Ruhelosigkeit des Anfangs bis hin zur Hoffnung auf die erfüllte Ruhe spannt, in der Augustinus die Feier der Zeit ersehnt (13,51 f.). Sogar das Ereignis, das den Gipfel des zehnten Buches markiert und ihn auf die Spur lebendigen Lebens gewiesen hat, präsentiert er als Begebenheit in der Zeit, als urplötzliches, kausalanalytisch unableitbares Geschehen, durch das der Ewige in die Zeitlichkeit des Menschen eintritt und neue Wege weist (38).[5] Indem

---

[2] Vgl. 10,3–6: ›qui sim‹; ›quis ego sim‹; ›quid ipse intus sim‹; ›qualis sim‹; dazu Norbert Fischer: *Unsicherheit und Zweideutigkeit der Selbsterkenntnis*.

[3] Vgl. Norbert Fischer: *Erzählung – Reflexion – Meditation. Das Zeitproblem im Gesamtaufbau der Confessiones*. Weiterhin: *Die Zeit, die Zeiten und das Zeitliche in Augustins ›Confessiones‹*.

[4] Die Zeit wird nicht als extramentales Ding, sondern als »distentio animi« erfaßt, als Erstreckung und Zerstreckung des Geistes (11,30.33.39.41). Ohne ›Seele‹ (›Geist‹) gäbe es ›die Zeit‹ nicht; vgl. Aristoteles: *Physik* 223a16–27.

[5] Die Rede von der Plötzlichkeit der Umwendung des Blicks – in einer

er diesem Anstoß zu folgen versucht, bleibt Zeitliches Thema seines Lebens und Denkens, jetzt aber in verändertem Sinn: nämlich mit der Aufgabe, so in der Zeit zu leben, daß sein Leben fortan dem Anspruch des Ewigen entsprechen sollte.

Lebendiges Leben, das – anders als das faktische Leben – nicht von Tödlichem mitbestimmt wäre, hatte er schon immer ersehnt.[6] Indem er nun den Weg der ›Wahrheit‹ gehen (1), also ›mit Gott‹ und ›von ihm her leben wollte‹ (6), zerrann ihm die Hoffnung, es allein aus eigener Kraft erlangen zu können, obwohl er sie im ersten Buch von *De libero arbitrio* noch zuversichtlich erwähnt hatte (1,28): »voluntate nos [...] laudabilem et beatam vitam [...] mereri et degere«. Er hatte früher sogar den *Willen zum Sieg* eigens als Motiv betont und für gerechtfertigt gehalten, zumal Gott selbst den Willen, unbesiegt zu sein, in uns Menschen gelegt habe (*vera rel.* 85): »invicti esse volumus et recte«.[7] Im Beschreiten dieses Weges, im Aufstieg nach innen, wollte der Neubekehrte selbst Göttliches auf sich übertragen, ja: sich in der Ruhe abgeschiedenen Lebens selbst vergöttlichen: »deificari [...] in otio«.[8] Die Selbstgewißheit, in der er eine gleichsam göttliche Autarkie erringen zu können gemeint hatte, erwies sich ihm später aber als unwahr. Obwohl die Wendung nach innen Fesseln löste, die ihn versklavt hatten, bemerkte er bald ihre Unzulänglichkeit, so daß er sie als zwar notwendige, aber noch defiziente Vorstufe zum wahren Leben begriff. Damit öffnet er sich zunehmend einer Inversion der menschlichen Aktivität kraft göttlicher Gnade, gibt allerdings

---

Inversion der Aktivität – ist schon bei Platon zu finden, z. B. im Höhlengleichnis der *Politeia* 515c, 516a/e; z. B. 521c: ψυχῆς περιαγωγή.

[6] Das faktische Leben gilt ihm als ›vita mortalis‹ oder ›mors vitalis‹ (vgl. 1,7; auch 26). Ziel ist die ›vita viva‹ (39).

[7] Danach heißt es aber: »habet hoc enim animi nostri natura post deum a quo ad eius imaginem factus est; sed eius erant praecepta servanda, quibus servatis nemo nos vinceret.« Vgl. dazu Platon, z. B. *Politeia* 548c/d; 550b.

[8] Vgl. *ep.* 10,2 (an Nebridius); zum Aufstieg nach innen (»introrsum ascendere«) vgl. *trin.* 12,25.

nicht die zuvor erlangten Einsichten preis, die er in philosophischer Betrachtung errungen hatte, insbesondere auch nicht den Freiheitsgedanken.

Einerseits hatte er sich im Denken der höchsten Möglichkeit des Handelns von Klugheitslehren gelöst und war zu den Grundlagen echter Tugend gelangt, zum Ideal guten Willens, der das Gute uneigennützig und frei aus Güte will.[9] Andererseits hatte er Klarheit erlangt, daß er so absolut verläßliche Wahrheit suchte, wie er sie in der äußeren Welt nicht hatte finden können.[10] Ohne Voraussetzung *aktiv* erlangter Einsichten wäre die Rede von einer *Inversion* der Aktivität sinnlos, wäre die Zuwendung Gottes zu Menschen nicht denkbar, wären endliche Wesen auch gar nicht imstande, ihr Selbstsein in der Begegnung mit einem unendlichen Gott zu behalten. Nur wer die Aufgabe der Suche kennt und übernimmt, kann sich Neuem und Anderem öffnen: Nur zu freiem Handeln befähigte Personen sind empfänglich für reines Finden, für Gnade.

Zunächst beschreibt Augustinus seine erneute Wandlung aber als Geschehen, in dem er sich völlig passiv erlebt, ja als traumatisches Ereignis, das gleichwohl seine Liebe geweckt habe (8): »percussisti cor meum verbo tuo, et amavi te.« Der von philosophischer Reflexion geleitete *Aufstieg nach innen*, den er in heftigem Ringen begonnen hatte, bleibt notwendig, erweist sich im Rückblick aber als vorläufiger Schritt. Da die Möglichkeit des Findens im Normalfall unter der Direktion des Gesuchten steht, ist es plausibel, *Erkennen als Erinnern* auszulegen. Wer die Kriterien nicht kennt, denen Begegnendes entsprechen muß, um als Fund bemerkbar zu werden, kann sich für gewöhnlich gar nicht erst auf die Suche machen, ge-

---

[9] Vgl. 7,4f.; 8,10: »voluntas autem nova, quae mihi esse coeperat, ut te gratis colerem«; 13,17. Vgl. *lib. arb.* 1,6–27.

[10] Z. B. *vera rel.* 72; vgl. 7,13–16; der Weg führt nicht schon ›innen‹ zu Gott, sondern erst in einem ›Innersten‹ (3,11): »tu autem eras interior intimo meo et superior summo meo.« Vgl. dazu Norbert Fischer: *foris – intus*.

Einleitung XVII

schweige denn etwas finden. Augustinus führt diese Einsicht im Gleichnis der Frau vor Augen, die eine Drachme suchte, die sie verloren hatte und wiederfinden konnte, weil sie im Gedächtnis hatte, was sie suchte (27). Vor dem Beginn der Gottsuche aber haben wir laut Augustinus weder Gotteserkenntnis besessen noch ein erfülltes Leben in der Nähe Gottes geführt. Insofern sind Gottsuchende in gänzlich anderer Lage als die Drachmensucherin. Denn diese sucht ein Produkt menschlicher Tätigkeit, das ihr bekannt war und abhanden gekommen ist. Gottsuchende sind aber auch in anderer Lage als Forschende, die wissenschaftliche Erkenntnis auf dem Gebiet der Natur oder menschlicher Angelegenheiten suchen. Für solche Forschung hat schon laut Augustinus zu gelten, was später Kant erklärt hat, daß nämlich »die Vernunft nur das einsieht, was sie selbst nach ihrem Entwurfe hervorbringt« – und daß das in einem solchen Entwurf Hervorgebrachte nicht Gott ist.[11]

Gegen diese These scheint zu sprechen, daß Augustinus wenigstens negative Kriterien für das ›Wesen Gottes‹ gelten läßt. Zum Beispiel zeigt er sich fest von der ›Unverletzlichkeit Gottes‹ überzeugt (7): »te novi nullo modo posse violari«. Ohne wenigstens negative Kriterien anzulegen, hätte er sich zudem von früheren Annahmen zum ›Wesen Gottes‹ nicht lösen können.[12] Obwohl er die Irrigkeit einiger Meinungen von Gott

---

[11] *KrV* B XIII; vgl. Norbert Fischer: *Suchen und Finden. Zur Inversion der Aktivität in der Beziehung zu Gott*. Am stärksten spricht Augustinus zum Gottfinden in 38 – allerdings in erläuterungsbedürftigen Metaphern (s. u.).

[12] So wendet er sich gegen die Manichäer und behauptet gegen diese, Gott könne keine Verderbnis ereilen, weder durch eigenen Willen, noch durch irgendeine Notwendigkeit oder einen unvorhergesehenen Zufall (vgl. 7,6): »nullo enim prorsus modo violat corruptio deum nostrum, nulla voluntate, nulla necessitate, nullo improviso casu, quoniam ipse est deus et quod sibi vult, bonum est, et ipse est idem bonum; corrumpi autem non est bonum.« Vgl. auch 10.

beteuert und diese Meinungen zurückweist, trägt er keine Begriffe vor, die sich als *Entwurf* oder *Projektion* denunzieren ließen. Der Verdacht, die Gottesidee sei ein *Produkt* menschlichen Geistes, könnte zwar gehegt werden, wo Augustinus zum Wesen Gottes spricht, wo er Gott als Wahrheit bezeichnet (33–37: ›veritas‹), als Leben des Lebens, als wahres, seliges oder lebendiges Leben (10: ›vitae vita‹; 26: ›vera vita‹; 29: ›vita beata‹; 39: ›vita viva‹). Er verliert aber die Plausibilität, die ihm zunächst zukommen mag, da diese Ansätze vage bleiben und sie erst in dem Ereignis, in dem Gott sich selbst zeigt, einen bestimmten Inhalt erlangen, der jedoch aus natürlichen Wünschen nicht ableitbar ist.

Das zehnte Buch ist den Fragen gewidmet, anhand derer Augustinus das wahre Leben sucht, nämlich den Fragen nach Gott und dem eigenen Ich (*sol.* 1,7): »deum et animam scire cupio«. Die Antwort auf die Frage nach seinem inneren Ich verfolgt er vorderhand als Frage nach seinen theoretischen und praktischen Kräften, wobei ihn stets die Frage begleitet, wie er selbst Gott wirklich gefunden hat und wie die Wirklichkeit Gottes von Menschen gefunden werden kann. Kaum daß er eine Antwort auf diese Fragen geben kann, bedrängt ihn erneut die Frage, wer er selbst *ist* und wie er sein konkretes Leben im Angesicht Gottes gestalten *soll*. Schon zu Beginn des zehnten Buches hatte er ja berichtet, daß er sich selbst mißfalle, seit ihm die Nähe Gottes aufgeleuchtet sei und er den Blick Gottes auf sich verspüre (vgl. 2 und 7).

Im folgenden wird zunächst die Kompositionsstruktur des zehnten Buches im Rahmen des Gesamtwerks erläutert. Sodann geht es um die systematischen Fragen der Beziehung zwischen der Suche nach dem wahren Leben und dem Finden Gottes, also um zwei Aufgaben, die laut Augustinus vielfältig ineinander verschränkt sind. Da er nicht auf eine monistische Ontologie im Stile Plotins zielt, gelingen ihm keine glatten, dogmatisch klaren Lösungen; dennoch müht er sich, Gott in seiner Göttlichkeit zu denken und die Welt als Schöpfung so zu verstehen, daß das Sinnliche in ihr als Gut integriert ist und das Zeitliche in den Augen des Ewigen Bestand behalten kann.

Einleitung XIX

I. Zur Kompositionsstruktur des zehnten Buches im Rahmen des Gesamtwerks

Die Kompositionsstruktur des zehnten Buches verdichtet die Makrostruktur des Gesamtwerks. Diese Entsprechung belegt, daß die Strukturen nicht von äußerlichen Kriterien bestimmt sind, sondern von der wesentlichen Intention, die Augustinus in den *Confessiones* vermitteln will. Das zehnte Buch beginnt wie das Gesamtwerk mit einem von Zuversicht und Hoffnung kündenden Schriftwort; der beiden Anfängen folgende Blick auf die faktische Wirklichkeit führt jedoch zu einer Ernüchterung, die dem hohen Ton der Glaubenszuversicht hohnzusprechen scheint.[13] Denn die faktische Wirklichkeit des Menschen ist – laut dem Anfang der *Confessiones* – vom Bewußtsein der Belanglosigkeit des Menschen im Ganzen des Kosmos und seiner Sterblichkeit bestimmt,[14] vom Bewußtsein der Irrigkeit seines faktischen Lebens und seines dennoch platzgreifenden Hochmuts (1,1): »aliqua portio creaturae tuae, et homo circumferens mortalitatem suam, circumferens testimonium peccati sui et testimonium, quia ›superbis resistis‹.«

Im Ausgang von der ärmlichen Situation des Menschen in der Welt beginnt der lange und mühsame Aufstieg aus dem faktischen Leben zur ersehnten, inneren Höhe, die anfangs nur in der Hoffnung gegeben war und leicht als eine leere Träumerei hätte denunziert werden können. Um das faktische Leben

---

[13] Die Hinweise zur Struktur des Gesamtwerks in *AZ* XXXII–XLI werden hier nicht wiederholt. Vgl. auch Gottlieb Söhngen: *Der Aufbau der Augustinischen Gedächtnislehre. Conf. X, c. 6–27*, bes. 67–69.

[14] Ähnlich spricht Kant von der faktischen Situation des Menschen in der Welt (*KpV* A 288 f.); »der bestirnte Himmel über mir« weist auf den Platz, »den ich in der äußern Sinnenwelt einnehme, und erweitert die Verknüpfung, darin ich stehe, ins unabsehlich Große mit Welten über Welten und Systemen von Systemen, überdem noch in grenzenlose Zeiten ihrer periodischen Bewegung, deren Anfang und Fortdauer. [...] Der [...] Anblick einer zahllosen Weltenmenge vernichtet gleichsam meine Wichtigkeit, als eines thierischen Geschöpfs, das die Materie, daraus es ward, dem Planeten (einem bloßen Punkt im Weltall) wieder zurückgeben muß«.

nicht zu überspringen, war – aus denkerischen Motiven – seine Vergegenwärtigung unabdingbar, die in den Erzählungen der ersten neun Bücher wirklich vorliegt.[15] Augustinus versucht nämlich, das faktische Leben zur Erfüllung seiner höchsten Sehnsucht zu führen, und wehrt sich dagegen, es wegen seiner allenthalben sichtbaren Defizite abzustreifen. Er spricht als *Verteidiger des Lebens*, der unter dessen Tödlichkeit leidet (1,7: ›vita mortalis‹), der nach Kräften lebendiges Leben *erstrebt* und als Gabe *erhofft* (39: ›vita viva‹), wahres Leben, das nicht von Flüchtigkeit und Nichtigkeit bestimmt ist, das ohne Ende währt und der Minderung durch Übel, Irrwege und Verfehlungen (›malum‹, ›peccatum‹) nicht ausgesetzt ist.

Die ersehnte Höhe im Wendepunkt berührt zu haben, berichtet Augustinus im achten Buch – und im neunten Buch beim Gespräch mit seiner Mutter Monnica, bevor sie stirbt.[16] Dieses den Leser anrührende Gespräch hat eine denkerische Funktion, sofern es die Befreiung von der alten Art des Umgangs mit dem Tod eines geliebten Menschen sehen läßt, die er im vierten Buch vor Augen gestellt hatte (4,11.13), und dabei auf eine neue Lebenshaltung weist. Zwar trauert er beim Tod seiner Mutter ebenso heftig, zumal er zu ihr ja eine tiefere Beziehung hatte als zu seinem Jugendfreund. Gewiß unterscheiden sich die Darstellungen der zwei wichtigen Todesfälle, die in den *Confessiones* zur Sprache kommen, noch in weiteren Merkmalen.[17] Grundlegender als die Divergenzen dessen, was in beiden Fällen von außen und gegen seinen Willen auf Augustinus

---

[15] Die narrativen Passagen dienen systematischen Motiven. Sie sollen weder die Neugierde der Leser noch die Geltungssucht des Autors befriedigen. Vgl. *AuN* 165: »das übliche Zusammenbringen des Historischen mit dem Relativen ist sinnwidrig.« Es geht Augustinus um den absoluten Sinn des Geschichtlichen.

[16] Zur Bekehrung vgl. bes. 8,25–30; zum Gespräch mit der Mutter vgl. bes. 9,23 f.; vgl. dazu das ›tetigisti‹ in 38.

[17] Vgl. Norbert Fischer: *Confessiones 4. Der Tod als Phänomen des Lebens und als Aufgabe des Denkens*.

einstürmte, war aber die Änderung seiner inneren Haltung, in der er dem Tod nach seiner Bekehrung begegnet. Sie ist eine erste, wenn auch nur punktuelle Bestätigung dafür, daß sich in der Bekehrung ein Impuls zur Änderung des faktischen Lebens ereignet hat. Augustinus war dorthin gesprungen, wohin er gerufen wurde (8,26: »transilire quo vocabar«). Und so fand er Bestätigung im Erlebnis, gemeinsam mit der Mutter die ewige Weisheit berührt zu haben (9,24: »et dum loquimur et inhiamus illi, attingimus eam modice toto ictu cordis«).

Die Wegstrecke, die er im Gesamtwerk bis zum Ende des neunten Buches durchlaufen und in der er die Höhe des Anfangs zurückgewonnen hat – zwar jubelnd, aber doch nur vorläufig – kommt im Gang des zehnten Buches mit Paragraph 38 zum Ziel. Die Präsentation dieses innerzeitlichen Höhepunkts beginnt mit Anklängen an Signalworte des Bekehrungserlebnisses (38: »vocasti et clamasti«). Im Anschluß an den Ruf Gottes, dessen Sinn noch zu erläutern sein wird, untersucht er in der zweiten Hälfte des zehnten Buches, wie er sein Leben zu gestalten hat, wenn er dem Ruf entsprechen will, von dem er glaubt, daß er ihn ins wahre Leben ruft.

Augustins Antworten auf diesen Ruf – einerseits in der zweiten Hälfte des zehnten Buches, andererseits in den drei letzten Büchern der *Confessiones* – haben beide einen doppelten Sinn: der eine betrifft das innerzeitliche Leben, der andere weist in die Ewigkeit.[18] Zuerst sucht er eine Form zeitlichen Lebens, die dem Anspruch des Ewigen entspricht; dann versucht er die Ewigkeit in einer Weise zu denken, daß sie Zeitlichem nicht den Atem raubt, so daß Zeitliches nicht endgültig dem Nichtsein anheimfallen muß, sondern entflüchtigt in Gott Ruhe finden kann.

Das zehnte Buch ist somit inhaltlich und strukturell der Kern der *Confessiones*, es reflektiert und verdichtet ihren Ge-

---

[18] Diese Doppelperspektive im Blick auf die Folgen der Lebensführung findet sich in altgriechischem Kontext z. B. schon bei Platon: *Politeia* 612a–616b.

dankengang gleichsam als Abbild der *Confessiones* in den *Confessiones*.

Und am Ende des zehnten Buches, in den Paragraphen 65 und 66, komprimiert Augustinus den Leitgedanken noch ein weiteres Mal, bevor er abschließend Christus als wahren Mittler zwischen Gott und Mensch denkt, als göttlichen Grund seiner Hoffnung auf endgültige Rettung.[19] Einige strukturell bedeutsame Motive dieser beiden Paragraphen seien hier hervorgehoben.

Augustinus sieht im Rückblick, daß die Sehnsucht nach Gott von Anfang an in ihm lebendig war, daß die Unruhe, die ihn nach seligem Leben suchen ließ, ihren tiefsten Grund in dieser Beziehung hatte (29). Im ersten Paragraphen des Gesamtwerks charakterisiert er sie als *metaphysische Naturanlage der menschlichen Vernunft*, indem er sagt, Gott treibe uns so an, (»tu excitas«), daß unser Herz ruhelos bleibe, bis es seine Ruhe in Gott findet (»et inquietum est cor nostrum, donec requiescat in te«). Die Unruhe, die von der Sehnsucht nach göttlicher Erfüllung getrieben ist, führt er darauf zurück, daß Gott uns auf sich hin geschaffen habe (»quia fecisti nos ad te«). Diesem Anstoß sei er gefolgt, soweit seine Kraft gereicht habe (65: »quo potui«). Er gibt damit seine *aktive* Antwort auf ei-

---

[19] Die Grundzüge der Christologie, die Augustinus hier vorlegt, finden sich in Kants »*praktische[m] Glauben an den Sohn Gottes*« wieder; vgl. *RGV* B 75 f.: »Das Ideal der Gott wohlgefälligen Menschheit (mithin einer moralischen Vollkommenheit, so wie sie an einem von Bedürfnissen und Neigungen abhängigen Weltwesen möglich ist) können wir uns nun nicht anders denken, als unter der Idee eines Menschen, der nicht allein alle Menschenpflicht selbst auszuüben, zugleich auch durch Lehre und Beispiel das Gute in größtmöglichem Umfange um sich auszubreiten, sondern auch, obgleich durch die größten Anlockungen versucht, dennoch alle Leiden bis zum schmählichsten Tode um des Weltbesten willen und selbst für seine Feinde zu übernehmen bereitwillig wäre.« Für Kant ist dieser Christus zugleich der geschichtliche »Heilige des Evangelii« (*GMS* BA 29). Weitere Hinweise bei Norbert Fischer: *Der Rationalitätsanspruch der Augustinischen Christologie*. Eine Darstellung der Christologie Augustins bietet Goulven Madec: *Christus*, allerdings ohne Beachtung der einschlägigen Passsagen von *conf.* 10.

nen *gegebenen* Anreiz, dem mit der Naturausstattung gegebenen Einfallstor der göttlichen Gnade. Seine Antwort erarbeitet er sich – über lange Irrwege – in tätigem und erkennendem Umgang mit der Welt, beginnend mit der ausgedehnten Körperwelt, die uns vermittels der Sinne gegeben ist (›foris‹). Die Zuwendung zur äußeren Welt begreift er als faktische Vorstufe für den Eintritt in die Innenwelt (›intus‹), für den Eintritt in die vielfältigen Innenräume des Gedächtnisses (65: »inde ingressus sum in recessus memoriae meae«).

In seinem Inneren findet er nicht die gesuchte Fülle der Wahrheit und des Guten. Zwar zeigt er sich angesichts dessen erschrocken, was alles er in seinem Inneren vermochte, aber er gesteht, nichts ohne Gott vermocht zu haben, weil er sieht, daß er seine Kräfte nicht selbst erzeugt hat. Nicht einmal sich selbst kann er zureichend erkennen. In der Analyse der Möglichkeit objektiver Erkenntnis bleiben ihm Gott und das eigene Selbst notwendige, aber unlösbare Aufgaben.

In dieser entscheidenden Situation, in der das suchende Ich zwar sieht, wie es Erkenntnisse erlangen kann, dabei aber Bedingungen voraussetzen muß, die sich der Erkennbarkeit entziehen, erklärt Augustinus, die lehrende und befehlende Stimme Gottes gehört zu haben (65): »audiebam docentem ac iubentem«. Sein Hinweis auf das innere *Hören eines Rufs* entspricht im Mikrotext der Paragraphen 65 und 66 der Funktion des Paragraphen 38 (»vocasti et clamasti«) innerhalb des zehnten Buches und im Makrotext des Gesamtwerks der Bekehrung (bes. 8,26). Schon ›in der Zeit‹ legt er die befreiende Kraft der Stimme Gottes als Grund der Freude aus, aber auch als Grund der Trauer, weil der gewohnte Weltlauf ihn weiterhin beherrscht und lähmt. Diese Stimme erfreut ihn, weil sie wahres Leben und eigentliches Selbstsein verheißt, weil sie ihn auf die Rettung des Endlichen hoffen läßt. Sie ist ihm Grund zur Trauer, weil ihre Verheißung ihm vor Augen führt, wie schwer die Bürde der Gewohnheit noch auf ihm lastet.

Die zwiespältige Wirkung, die das Hören der Stimme Gottes in ihm entfacht, treibt ihn vorerst dazu, seine Nachlässigkeiten auf dem ›Feld der dreifachen Begierde‹ zu betrachten

(66). In dieser Betrachtung entfaltet er – eingedenk seiner Leser – die Suche nach einer neuen Form des Lebens, die auf den ersten Blick nur freudlos, mühsam und selbstquälerisch zu sein scheint. Der genauere Blick lehrt aber, daß seine skrupulöse Selbstbekümmerung der überschwenglichen Freude entsprungen ist, die er im überwältigenden Augenblick der Nähe Gottes erfahren hat und ihn den Weg des wahren Lebens erahnen ließ. Der Glaube an die Nähe Gottes und die Ahnung der Möglichkeit lebendigen Lebens endlicher Wesen haben ihm zwar nicht die am Anfang erwünschte Art der Beruhigung verschafft, die er in zeitlicher Erfüllung seines Glücksstrebens erhofft hatte (6,9: ›laetitia felicitatis temporalis‹), aber doch die Rettung auch dieses Glücks (8). Weil die Wegweisung, die er mit seinem inneren Ohr gehört hat, ihn auf eine Spur setzt, die zu einem höheren Ziel der Suche führt, löscht sie das Feuer des ruhelosen Herzens nicht, sondern entfacht es vielmehr sogar stärker. Die neue, nicht mehr unbewußte und dumpfe Unruhe läßt ihn sich als Wesen finden, dem die Sorge um sein Leben aufgegeben ist, das seine Aufgabe in der Welt zu übernehmen hat, die weder ein göttliches Marionettentheater noch fremdbestimmt ist. Er denkt das Leben vielmehr als Prüfung, die ihn und alle Menschen reif machen soll für die Gemeinschaft freier Bürger in einem ewig währenden Reich unter der Herrschaft Gottes.[20]

Dieses Ziel, das sich ohne freie Willensentscheidung der Bürger im Reich Gottes nicht denken läßt, da es auf Wahrheit, Gerechtigkeit und Liebe gründet, wäre das höchste vollendete Gut.[21] Jedem, der diesem Ziel zu dienen sucht, stellt sich die

---

[20] 11,3; diese Hoffnung steht gegen Plotins Deutung der ›Rückkehr zum Einen‹; vgl. *APE* 116–147. Obwohl Augustinus oft an Worte Plotins anknüpft (z. B. 40), wehrt er die Aufhebung des Endlichen ins absolut Unendliche ab. Gegen die pantheistische Deutung Plotins vgl. Werner Beierwaltes: *Plotin. Über Zeit und Ewigkeit*, bes. 17–19. Augustinus sperrt sich gegen Versuche, die Unruhe zu betäuben und die Plagen des Lebens zu verdrängen (6,9).
[21] Zum guten Willen als oberstem Gut vgl. *lib. arb.* 1,26 f.; dazu Norbert Fischer: *bonum*. Zur ›Zweideutigkeit‹ im »Begriff des *Höchsten*« als

Aufgabe, an sich zu arbeiten. Augustinus weiß sich einerseits gedrängt zu fragen, was und wer er selbst in seinem Inneren ist, andererseits sieht er sich aufgefordert, die Lebensform zu suchen, die der Beziehung zu Gott entspricht, zu der er im Laufe seines Weges gefunden hat – und sich diese Lebensform zu eigen zu machen. Alle genannten, wesentlichen Aufgaben kann er nur zu kleinen Teilen aus eigener Kraft lösen.

Er arbeitet an sich, müht sich an sich selbst ab, ist sich ein Ackerland geworden, das schwer zu bearbeiten ist und unsäglichen Schweiß kostet (25): »ego certe, domine, laboro hic et laboro in me ipso: factus sum mihi terra difficultatis et sudoris nimii.« Trotz aller Mühe gewinnt er die Einsicht, sein eigenes Sein nicht adäquat erfassen zu können, und gesteht sich ein, daß der Geist eine Weite der Bedeutung hat, die er selbst nicht begreifen kann (15): »nec ego ipse capio totum, quod sum. ergo animus ad habendum se ipsum angustus est.« So erkennt sich der Geist, der sich selbst zu fassen sucht, als notwendige, aber unlösbare Aufgabe. Er kann sich nur als Suchenden finden; aber im Finden seiner selbst als Suchenden ist – für die Weltzeit – das Gesuchte doch gefunden. Denn in der Suche nach wahrem Leben weiß er sich nun als ›cor inquietum‹ (1,1).

Nachdem er sich als Suchenden gefunden hatte, konnte ihm der Ruf Gottes begegnen, der ihm Orientierung für die weitere Suche gibt, die der Ruf nicht unnötig gemacht hat, weil der Ruf ihn nur blitzartig den aufgegebenen Weg hat sehen lassen. Hunger und Durst nach wahrem Leben sind durch den Ruf nicht gestillt, sondern haben sogar zugenommen, die Berührung Gottes hat ihn nicht besänftigt, sondern hat seine Sehnsucht neu entbrennen lassen (38): »gustavi et esurio et sitio, tetigisti me, et exarsi in pacem tuam« (vgl. 9,24). Unmittelbar sieht er sich vor die Aufgabe gestellt, ein Leben aus dem Wort Gottes zu führen, sofern er im Hören des Rufs nun glauben kann, daß Gott sich um die Menschen sorgt und sich ihnen

---

»das Oberste (supremum) oder auch das Vollkommene (consummatum)« vgl. Kant (*KpV* A 198), der die Aufgabe wie Augustinus doppelsinnig versteht: sie weist in die Zeit, aber auch in die Ewigkeit.

in Liebe zugewandt hat. So ringt er um ein Leben, das Gottes Liebe entspricht: »amore amoris tui facio istuc« (2,1; 11,1). Seine praktische Antwort, die er mit großer Energie sucht (40–54), bleibt jedoch ebenso unvollkommen wie die theoretische. Rettung verheißt ihm schließlich der Glaube an Jesus Christus, der ihm denkbar werden läßt, daß das fast unmöglich Scheinende doch das Ziel ist, das Gott mit den Menschen im Auge hatte, als er sie auf sich hin schuf (1,1): »quia fecisti nos ad te«.

Mit dem faktischen Leben hatte Augustinus sich nie beruhigen können. Nach der Bekehrung ist er noch mehr von der *Flachheit* des faktischen, bisher gelebten Lebens überzeugt, die sich in der Vorgabe der Ziele durch Natur und Gesellschaft dokumentiert, ebenso von seiner *Ärmlichkeit*, die im versteckten Egoismus der Glückssuche liegt, und von seiner *Verfehltheit*, die insgeheim mit der Bereitschaft verbunden ist, sich selbst und andere über das wahre Leben zu täuschen. Augustins Absicht, die Höhe des Ziels trotz der Flachheit, der Ärmlichkeit und der Verfehltheit des faktischen Lebens nicht aus den Augen zu lassen, führt ihn zuweilen zu Überlegungen, die heutige Leser für übertrieben, ja für verkrampft halten mögen und ihn zu Lösungsvorschlägen geführt haben, die sie (aus der Distanz von über 1600 Jahren) zu belächeln geneigt sein könnten. Kritik und Ironie mögen zuweilen angebracht sein. Weil sie aber nicht die gestellten Aufgaben lösen, bleibt die kritische Selbstdiagnose, die Augustinus in der zweiten Hälfte des zehnten Buches betreibt, eine unerläßliche Aufgabe. Ebenso einleuchtend ist die Einführung der Christologie (67–70), die den Glauben an die Erreichbarkeit des überhohen Ziels zu stärken vermag.

Schon zu Beginn des Weges, den Augustinus im zehnten Buch beschreitet, weist er implizit auf die Hilfe, die ihm das Beispiel Christi als sterblichen, aber heiligen Menschen gewährt habe. Zwar hatte er Gottes Wort (die Forderung der Gerechtigkeit und Liebe) gehört; es habe ihn aber – wie er sagt – solange wenig beeindruckt, als es ihm nicht in wirklichem Tun vorgelebt worden sei (6): »et hoc mihi verbum tuum parum erat si loquendo praeciperet, nisi et faciendo praeiret.« Die Christologie, deren *Annehmbarkeit* er zunächst abstrakt geprüft hatte, wird ihm konkret sogar zu einem *notwendigen Mittelglied*, das ihm erlaubt, die Möglichkeit eines Weges von Menschen zu Gott zu denken – und die Möglichkeit, daß dieser Weg wirklich zum Ziel führt.

Augustinus sieht in Christus das *Ideal einer Gott wohlgefälligen Menschheit*, den Menschen, der als Mensch den Menschen das Gott wohlgefällige Leben vorgelebt und das wahre Leben durch Wort und Tat gepredigt hat (6), der das faktische, von Tödlichkeit mitbestimmte Leben besiegt hat (47: »qui ›vicit saeculum‹«).[22] In ihm preist er den, der ihn heilig macht (53: »sacrifico laudem sanctificatori meo«), in ihm sieht er die Barmherzigkeit Gottes vor seinen Augen stehen (53: »›misericordia tua ante oculos meos est‹«). Christologie ermöglicht Nachfolge; sie zielt auf Heiligung und Heilung des Menschen, nicht auf eine Art von ›Rückkehr des Vielen ins Eine‹, in der Zeit und Welt – mit ihrem Blut und ihren Tränen – kalten Herzens für ein bloßes, nichtiges Spiel gelten und zuletzt auf dem Misthaufen der Geschichte zurückgelassen werden.

Der Gedankenweg des zehnten Buches, auf dessen zweiter Hälfte Augustinus erneut um die Gestaltung des äußeren Lebens ringt, verdeutlicht, daß es ihm nie um *mystisch-schwärmerische* Einung mit dem Einen geht, sondern um die *Gestaltung der Schöpfung* aus der Beziehung zum Schöpfer, der die Menschenwelt als eine heilige Gemeinschaft freier Bürger will (vgl. auch 52). Insofern greift die dreistufige Wegweisung, die sich in *De vera religione* findet, noch zu kurz.[23] Denn Augustinus wendet sich nach dem Aufstieg ins Innere, den die Inversion

---

[22] In diesen Kontext gehört auch 34 (»homo tuus«), auch wenn zunächst Paulus gemeint sein sollte (vgl. Anm. 185 zum Text).

[23] Oft werden nur die beiden ersten Stufen beachtet, die Wendung von außen nach innen, obwohl Augustinus fordert, das Innere zu übersteigen (*vera rel.* 72): »noli foras ire, in te ipsum redi. in interiore homine habitat veritas. et si tuam naturam mutabilem inveneris, transcende et te ipsum.« Dazu Norbert Fischer: *foris – intus*, 37 f. Zum Weg hinauf und hinab (ἄνω καὶ κάτω) vgl. Platon: *Siebenter Brief* 343 d/e; aber auch *Politeia* 515e–516e.

der Aktivität im Hören des Rufes Gottes zu seinem ersten Ziel geführt hatte, wieder der äußeren Lebenswirklichkeit zu, die dieser beidseitig beförderten Beziehung angepaßt werden soll (vgl. 1: »coapta tibi«). Da es ihm um Rettung des Inneren und des Äußeren geht, wendet er sich dem Äußeren erneut zu: er erhofft von Gottes Barmherzigkeit, vermittelt durch Christus, die Befriedung des Inneren und des Äußeren, die Rettung der *ganzen* Schöpfung (42): »sperans perfecturum te in me misericordias tuas usque ad pacem plenariam, quam tecum habebunt interiora et exteriora mea«.

Der Gedankenweg läßt sich in verschiedener Hinsicht deuten. Gemäß seiner zeitlichen Struktur beginnt er mit der Vergegenwärtigung des vergangenen Lebens, führt im Höhepunkt zur Vergegenwärtigung des Gegenwärtigen und endet mit der Vergegenwärtigung des Zukünftigen, sowohl im Blick auf die Gestaltung der Weltzeit als auch im Blick auf die Hoffnung einer ewigen Gemeinschaft mit Gott. Gemäß dem Verhältnis von innen und außen richtet sich der Blick zunächst auf die *äußere Welt*. Von dort geht er nach *innen* und gelangt zu einem Innersten, das dem Suchenden innerlicher ist als sein *Innerstes* (3,11: »interior intimo meo«), da es, bevor es begegnete, im Bewußtsein nicht faßbar war (37): »neque enim iam eras in memoria mea, priusquam te discerem.« Von dort beginnt eine neue *Rückwendung zur Gestaltung des Äußeren* unter Beibehaltung des Bezugs zum Innersten. Gemäß den Unterschieden der Höhe geht es zunächst um einen *Aufstieg* nach innen (*trin.* 12,25: »introrsum ascendere«), da Augustinus Gott als den denkt, der das Haupt seiner Seele überragt (11: »ille super caput animae meae«), als den, der höher ist als seine höchste Kraft (3,11: »superior summo meo«). Nach dem *Aufstieg* folgt aber die Forderung zum *Abstieg*, die Augustinus auch christologisch begründet (4,19): »descendite, ut ascendatis, et ascendatis ad deum.« Wer von der Beziehung zu Gott her leben will, muß den Anderen dienen (6): »iussisti ut serviam, si volo tecum de te vivere«.

Sofern alles Geschaffene bewahrt werden soll, muß das dreistufige Schema zu einem fünfstufigen erweitert werden, da nach dem punktuellen Berühren der Höhe ein Abstieg gefordert ist.[24] Vor diesem Hintergrund ist das folgende Schema zum zehnten Buch zu verstehen. Gewiß ließen sich neben diesem Schema andere und kompliziertere Strukturen hervorheben. Achtsamen Lesern springt der Gedankenreichtum Augustins bei der Strukturierung seiner Texte ins Auge. Das Verdikt, er habe schlecht gegliedert, ist irrig, längst überholt und vorgestrig.[25]

Der im Schema bezeichnete Weg beginnt mit Schriftworten. Augustinus läßt sich von ihnen die Höhe des Ziels vorgeben, besonders deutlich im ersten Satz (1): »›cognoscam‹ te, cognitor meus, ›cognoscam, sicut et cognitus sum‹«. Nachdem er den Blick auf seine faktische Situation gerichtet hat, beginnt die Suche, in der er zugleich fragt, *was* und *wer* er in seinem Inneren ist (4: »quis ego sim«; »quid ipse intus sim«) – und was er sucht, seit er Gott sucht (8: »quid autem amo, cum te amo?«). Im Aufstieg nach innen gelangt er zu einem Punkt, den er als *Anruf* Gottes versteht, als *Berührung*, in der Gott – wie er vorher gesagt hatte – sein Herz durchbohrt (38). Das Geschehen auf dem Gipfel des *Aufstiegs nach innen* vergegenwärtigen alle fünf Sinne: ein Zeichen, daß Augustinus die Sinnlichkeit nicht bekämpft, sondern ihre Reinigung und Rettung sucht. Der Weg endet folglich auch nicht sofort im Innersten

---

[24] Vgl. *JD* III,150: »If *conf.* were merely the story of A.'s ascent to God, the work could well end with 10.27.38«.
[25] Dieses Verdikt findet sich bei Henri-Irénée Marrou: *Saint Augustin et la fin de la culture antique*, 61. Marrou hat seine These in der zweiten Auflage selbst korrigiert (1949, 665–672); vgl. *Augustinus und das Ende der antiken Bildung*, bes. 516. Gleichwohl geistert Marrous überholtes Verdikt vereinzelt noch immer in der Sekundärliteratur herum; so zitiert Kurt Flasch (*Was ist Zeit?*, 85 f.) zustimmend Marrous lange revidierte These zur ›Eigenart des Schriftstellers Augustin‹, ohne Marrous Revision auch nur zu erwähnen. Zu Augustins Kompositionstechnik vgl. die klare Bemerkung von Albert Raffelt: *Confessiones 5: ›Pie quaerere‹. Augustins Weg der Wahrheitssuche*, 200.

und Höchsten, sondern kehrt zunächst im *Abstieg nach außen* zum Ausgangspunkt zurück, allerdings in veränderter Haltung. Augustinus ist überzeugt, Wegweisung zum gesuchten wahren Leben aus der Beziehung zu Gott empfangen zu haben. Die Suche nach dem wahren, seligen Leben hat sich ihm als Suche nach heiligem Leben gezeigt, dessen Möglichkeit er durch Christus eröffnet sieht. In der Suche bleibt er ein ruheloses Herz, das nun zu seinem eigentlichen Sein und zum wahren Ursprung seiner Ruhelosigkeit gefunden hat. Da er sich zwar aufgefordert sieht, das höchste vollendete Gut zu *befördern*, aber unfähig, es aus eigener Kraft zu *verwirklichen*, bleibt ihm nur die Hoffnung auf Gottes Hilfe, auf die Wirklichkeit des Mittlers zwischen Gott und Mensch, auf das Leben Christi. Mit diesem von Glaube und Dank erfüllten Hinweis endet das zehnte Buch.

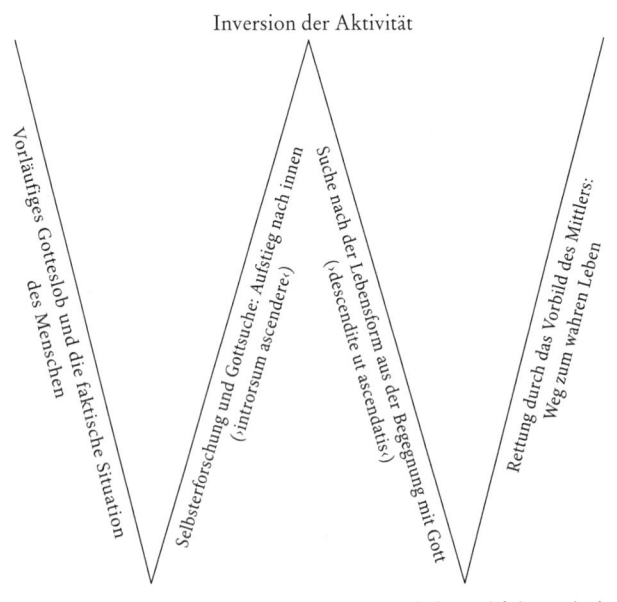

Inversion der Aktivität

Vorläufiges Gotteslob und die faktische Situation des Menschen

Selbsterforschung und Gottsuche: Aufstieg nach innen (›introrsum ascendere‹)

Suche nach der Lebensform aus der Begegnung mit Gott (›descendite ut ascendatis‹)

Rettung durch das Vorbild des Mittlers: Weg zum wahren Leben

Der Weg ist nicht eindeutig im Sinne einer zeitlichen Abfolge gedacht: schon im Anfang ist das Ende wirksam – und im Ende der Anfang.

II. Systematische Hinweise zu den Hauptthemen des zehnten Buches

Die Hauptaufgaben, deren Lösung Augustinus in seinen *Confessiones* verfolgt, hat er in den *Retractationes* noch einmal konzis aus dem Blickwinkel seiner späten Lebensjahre bestimmt. Demnach regt dieses Werk Geist und Sinn der Menschen an, auf Gott zuzugehen (*retr.* 2,6,1): »in eum excitant humanum intellectum et affectum«. Damit die Bekenntnisse zu ›excitationes‹ werden, also nicht nur *Sehnsucht* nach seligem Leben wecken, sondern auch *mühsame Arbeit* an sich selbst in der Suche nach wahrem Leben befördern, muß gezeigt werden, daß Gott sowohl im Blick auf das Gute als auch im Blick auf das Schlechte am Menschen als gut und gerecht gelobt werden kann (*retr.* 2,6,1): »et de malis et de bonis meis deum laudant iustum et bonum«. Um die Lösung dieser Aufgaben ringt Augustinus im zehnten Buch besonders intensiv.

Den Zugang zum Gedankenweg bahnt das Gotteslob am Beginn (1,1). Wem der zwiespältige Alltag die Zuversicht froher Kindertage geraubt hat, den wird dieses Lob überraschen.[26] Und wer sich nicht einmal auf einen ungetrübten Anfang des Lebens stützen kann, der wird nicht in der Lage oder willens sein, in das überschwengliche Lob Gottes einzustimmen. Da Augustinus die tatsächlich bestehenden Hindernisse kennt, nennt er sofort die hauptsächlichen Motive für die Weigerung vieler Menschen, Gott zu loben (1). Daß er dennoch mit Lob beginnt, mag mit einer Einsicht zusammenhängen, die Rainer Maria Rilke in einem der *Sonette an Orpheus* zur Sprache

---

[26] Vgl. Rainer Maria Rilke: *Sonette an Orpheus* II,27 (*KA* 2,271): »Ist die Kindheit, die tiefe, versprechliche,/ in den Wurzeln – später – still?« Als Monographie zu Rilkes Verhältnis zu Augustinus vgl. Jaime Ferreiro: *Rilke y San Agustín*. Die *Sonette an Orpheus* atmen oft den Geist der Begegnung Rilkes mit den *Confessiones*; dazu Norbert Fischer: *Einleitung* (Tusculum), 792–794 (mit Hinweisen zu Rilkes intensiver Beschäftigung mit Augustinus). Außerdem Takeshi Kato: *Quo enim abiit?* (*Conf. I, VIII, 13*). *La notion du temps chez Rilke et Augustin*.

bringt. Es beginnt mit dem Wort (*KA* 2,244): »Nur im Raum der Rühmung darf die Klage/gehn«. Rilke nennt im Blick auf die Klage das ›Gefühl‹, »daß sie die jüngste wäre/unter den Geschwistern im Gemüt.« Mit Klage fängt niemals etwas an, da sie einen Zustand im Auge hat, der vor ihr bestand und der weiter wirken muß, damit die Klage sich in Szene setzen kann. Also fährt der Text fort: »Jubel *weiß*, und Sehnsucht ist geständig, –/nur die Klage lernt noch; mädchenhändig/zählt sie nächtelang das alte Schlimme.« Ohne den jubelnden Ton des Anfangs wäre jede Art von Suche nach wahrem Leben unmöglich. Dieser Ton vergegenwärtigt eine unvordenkliche Verheißung, von der alle Klagenden und Suchenden auch dann leben, wenn sie um deren Kraft nicht mehr explizit wissen. So beginnt das zehnte Buch mit Zuversicht, obwohl sie nüchterne Leser stutzig machen kann, die einen solchen Anfang für bloße Träumerei halten.

Als Quelle, die ihm die Kraft zur Suche gibt, nennt er die Hoffnung, Gott einst ebenso zu kennen, wie Gott ihn kennt, weil Gott dann gleichsam als Gast in seine Seele eintreten werde, nachdem er die Seele befähigt hat, seiner Nähe standzuhalten (1): »virtus animae meae, intra in eam et coapta tibi, ut habeas et possideas ›sine macula et ruga‹«. Die Furcht vor der Nähe Gottes liegt aus zwei Gründen auf der Hand: die Gegenwart des *Allmächtigen* scheint die Möglichkeit des von den Menschen ersehnten und vom Schöpfer gewollten eigentlichen Selbstseins von Endlichem zu verderben; zudem bereitete die Anwesenheit des *Heiligen* endlichen Wesen, die insgeheim um ihre Ichbezogenheit und Unheiligkeit wissen, sicherlich keine ungetrübte Freude. Um dem ersten Grund der Furcht denkend entgegenzutreten, deutet Augustinus den Ursprung von Himmel und Erde als Schöpfung von Neuem, das es vorher nicht gab (»creatio de nihilo«).[27] Um den zweiten Grund zu

---

[27] Diese Frage ist Thema der drei letzten Bücher. Demnach hat Gott Himmel und Erde weder aus sich noch aus gegebenem Material geschaffen (12,7): »fecisti enim ›caelum et terram‹ non de te [...]. et aliud praeter te

entkräften, macht er sich auf den steinigen Weg der Selbstdiagnose, ohne die Hoffnung preiszugeben, sein überschwengliches Ziel doch noch erreichen zu können. An der Überwindung des zweiten Grundes der Furcht arbeitet Augustinus im zehnten Buch.

Wie er diese Furcht zu überwinden hofft, ist im Schema schon vorläufig aufgezeigt worden. Die Hauptthemen des zehnten Buchs sollen in der Ordnung des Weges zur Sprache kommen, der in ihm zurückgelegt wird und sich zugleich als Weg der Gedanken und des Lebens erweist. Er beginnt stets mit dem Empfangen und Aufspüren von Gegebenem, das als Ausgangspunkt für die eigene Bearbeitung dient. Diese sich anschließende Bearbeitung besteht weitenteils in der Tätigkeit des Verbindens und Ordnens von mannigfaltig Gegebenem (18): »ea, quae passim atque indisposite memoria continebat, cogitando quasi coligere atque animadvertendo curare«. Im Aufstieg nach innen wird *natürlich Gegebenes* zunehmend einer Ordnung unterworfen, im Abstieg nach außen geht es darum, *das als Gnade empfangene Wort*, das die Liebe Gottes zu den Geschöpfen verheißt, mit dem faktischen Leben zu verknüpfen. Im Bewußtsein, daß er aus sich selbst nicht da wäre und allein aus sich nichts bewirken könnte, ist Augustinus von einer primären Abhängigkeit menschlichen Seins und Handelns überzeugt. Dennoch ist er auch von der Aufgabe ernster Bemühung im eigenen Tun überzeugt, für das Menschen Verantwortung in solchem Maße zu tragen haben, daß sie am Ende dem Gottesgericht ausgesetzt sein können.

non erat, unde faceres ea, deus [...]: et ideo de nihilo fecisti ›caelum et terram‹.« Gott habe etwas von ihm Unterschiedenes nicht aus Mangel oder Bedürfnis geschaffen, sondern aus reiner Güte (13,5): »non ex indigentia fecisti, sed ex plenitudine bonitatis tuae«. Zwar habe er die Menschen auf sich hin geschaffen (1,1: »fecisti nos ad te«), aber in ursprünglicher und bleibender Differenz (12,24): »ex nihilo cuncta facta sunt, quia non sunt id ipsum, quod deus«. Der Weltprozeß hat den Sinn der Selbstwerdung des Endlichen, durch die es der Nähe Gottes standhalten kann.

1. Zum Ausgangspunkt der Suche

Nach der Erklärung der Absicht, die er mit dem zehnten Buch – und damit im Gesamtwerk – verfolgen will, nämlich: den Weg der Wahrheit zu gehen, um zum wahren Leben zu gelangen, besinnt Augustinus sich auf die Bedingung der Möglichkeit, die für die Suche vorausgesetzt ist. Am Ausgangspunkt steht die Annahme, daß es die gesuchte Wahrheit über ihn, einen endlichen Menschen, überhaupt gibt, sofern er selbst etwas *ist*, von dem es eine Wahrheit geben kann, daß er also nicht nur als flüchtiges und nichtiges Moment am Geschehen des Ganzen erscheint (1). Diese Grundlage findet Augustinus in der Überzeugung, daß sein *besonderes Sein* des Blickes Gottes gewürdigt wird und es diesem Blick auch standhält, sich also nicht in ihm verflüchtigt.[28] Indem er diesen Blick auf sich ruhen fühlt, der ihm seine Schwäche vor Augen führt, gelangt er in die Disposition, die der Suche nach dem wahren Leben den ersten Anstoß gibt. Die ursprüngliche Beziehung zu Gott läßt ihn außen still werden, innen aber vor Erregung schreien (2).

Der tiefe Grund der Erregung ist die gewaltige, unüberbrückbar scheinende Kluft zwischen dem Ziel seiner Sehnsucht, dem wahren Leben, und der faktischen Wirklichkeit, die Augustinus in den Erzählungen seiner Irrwege vergegenwärtigt hatte und die er jetzt begrifflich reflektiert. Nur im Glauben, daß Gottes Blick von Anfang an auf den Menschen ruht, sofern Gott die Menschen eben auf sich hin geschaffen hat, kann er sich auf den Weg machen, den er demnach von vornherein Gott verdankt. Zum Anfang gehört jedoch nicht nur die vorgängige Beziehung zu Gott, sondern auch die Beziehung zu den Mitmenschen, die mit dem Wort ›caritas‹ bezeichnet wird, die also durch eine Art von Liebe bestimmt sein soll, die von *Achtung* getragen ist (3).

Die Bedeutung der Beziehung zu den Mitmenschen scheint zunächst zwar unklar zu sein; auf Dauer aber treten drei Haupt-

---

[28] Vgl. dazu Norbert Fischer: *Confessiones 11: ›Distentio animi‹. Ein Symbol der Entflüchtigung des Zeitlichen*.

richtungen deutlich hervor: Erstens sollen die Anderen, sofern sie Weggefährten sind (6), angestoßen werden, sich auch auf die Suche nach dem wahren Leben zu machen, auch sie sollen für die ›excitatio‹ offen werden, die ursprünglich von Gott ausgeht. Zweitens benennt Augustinus die jeweils Anderen als ›Herren‹, denen alle dienen sollen, die in der Beziehung zu Gott leben wollen (6).[29] Drittens nennt er das Ziel, mit den Anderen einträchtigen Herzens zusammenzuleben (5), im Frieden der ewigen Gemeinschaft freier Bürger des heiligen Gottesreiches, des »regnum tecum perpetuum ›sanctae civitatis‹ tuae« (11,3).

Obwohl Augustinus von der Sehnsucht und dem Streben der Menschen nach wahrem Leben so spricht, als seien sie ursprünglich von Gott eingepflanzt, sieht er dennoch, daß die Sehnsucht zu ihrer *Natur* gehört, daß das Streben deshalb mit *natürlichen* Kräften auf das wahre Leben zielt. Alle Menschen sind folglich aufgefordert, ihren Weg, obschon er von Gott ermöglicht ist, auch ohne Stützung durch Gott zu bahnen, oder – wie Platon gesagt hat – das Steuer des Weltenschiffs zu übernehmen, nachdem der ›Steuermann des Ganzen‹ (κυβερνήτης του παντός) sich in seine Kajüte zurückgezogen hat, damit Menschen Verantwortung für sich tragen können.[30] Augustinus neigt nicht zu kleinmütiger Resignation,[31] sondern plagt sich nach Kräften und unterzieht seine Vermögen sorgfältigen Analysen. Auch wenn er sich überzeugt zeigt, Gott zu lieben, gesteht er am Ende, sich Gottes in keiner Weise aus eigener Kraft gewiß sein zu können.

---

[29] Vor allem dieses zweite Motiv betont Emmanuel Levinas, vgl. *TI*, z. B. 44, 48, 153.
[30] *Politikos* 272e-273e; die Menschenwelt (κόσμος) soll zwar selbst mit ihrer eigenen Kraft für ihren Weg Sorge tragen (273a/b: ἐπιμέλειαν καὶ κράτος ἔχων αὐτός); laut Platon greift der Steuermann bei übergroßer Gefahr aber rettend ein; er bleibt also in sich sorgender Beziehung zur Welt; vgl. 11,3: »qui securus curam nostri geris«.
[31] Er war kein »schüchterner und mustergültiger Duckmäuser«; vgl. Bernhard Legewie: *Die körperliche Konstitution und die Krankheiten Augustins*, 7. Dabei ist zu bedenken, wie frei er in den *Confessiones* Gott anredet.

In den Kontext von Freiheit und Gnade gehört ein umstrittener Satz vom Beginn des zehnten Buches (5): »bona mea instituta tua sunt et dona tua, mala mea delicta mea sunt et iudicia tua.«[32] Gegen andere Versuche[33] wird hier offener übersetzt: »Gut an mir ist, was Du geschaffen und dazugegeben hast; schlecht an mir ist, was ich verdorben habe und was Du im Gericht ahndest.« Augustinus könnte Gott nicht als Gott *denken*, wenn das, was er schafft und tut, nicht gut wäre (7,7). Noch weniger könnte er den Allmächtigen als Übeltäter *lieben* (8). Er denkt die Menschenwelt nicht in der Weise, daß der Schöpfer ein irrwitziges kosmisches Marionettentheater inszenierte, sondern so, daß er die Menschen in reiner Liebe zu selbstverantwortetem Streben nach reiner Liebe befähigt und ermuntert, also selbst auch Quelle von Gutem sein läßt.

[32] Vgl. Platon: *Politeia* 379c: das Gute (τῶν μὲν ἀγαθῶν) dürfe man auf keine andere Ursache als Gott zurückführen; vom Schlechten oder Bösen (τῶν δὲ κακῶν) müsse man andere Ursachen suchen, nur nicht Gott. Da wir auch laut Kant »in Rücksicht auf Gott nie mehr, als unsere Schuldigkeit thun« können (*Päd* A 124), hat Augustins Satz einen Sinn, der auch für die kritische Philosophie Kants gilt, die eine Philosophie der Freiheit ist.

[33] *Bernhart*, 493: »das Gute an mir, Dein Werk ist es und Deine Gabe, das Schlechte an mir ist meine Schuld und Deine Strafe.« Thimme, 429: »Was gut an mir, ist dein Werk und deine Gabe, was böse, das ist meine Schuld und dein Gericht.« Flasch, 254: »Das Gute an mir ist dein Werk und dein Geschenk. Das Böse an mir ist meine Schuld und dein Gerichtsspruch.« Thimme und Flasch insinuieren, Gott könne ›Böses‹ wirken, also Schlechtes im Wissen um seine Schlechtigkeit wollen. Laut Augustinus ist Gottes Gerichtsspruch aber nicht ›böse‹, sondern schmerzhaft für Übeltäter, um die Ordnung wiederherzustellen (z.B. *lib. arb.* 1,1). Flasch dagegen erklärt (*LdS* 11): »Seit 397 wurde die Menschheit zu Schmutz und Sündenbrei. Der Bischof von Hippo sprach von einem Dreckhaufen, aus dem Gott den Stoff nimmt, um daraus zu formen, was er will: Gefäße des Zorns oder der Ehre.« Er beruft sich z.B. auf 13,15, wo Augustinus eine schwierige *Römerbrief*-Stelle zitiert, in der Paulus zu erklären versucht, warum es unerlaubt sei, Gott anzuklagen.– Zu den hermeneutischen Mängeln von Flaschs Ansatz vgl. Vittorio Hösle: *Wie soll man Philosophiegeschichte betreiben? Kritische Bemerkungen zu Kurt Flaschs philosophischer Methodologie*.

Weil Augustinus annimmt, daß Menschen Verantwortung für die von ihnen beschrittenen Wege zukommt, spricht er vom Endgericht, in dem Gott als Herzenskündiger die Menschen beurteilt. Gewiß zeigen sich die Annahmen der *Willensfreiheit* und der *Wirksamkeit göttlicher Gnade* als spannungsvolle, theoretisch schwer vereinbare Gegenpole.[34] Dennoch bleiben sie aufeinander bezogen; isoliert genommen werden sie sogar widersinnig.[35] Einerseits sind endliche Freiheitswesen, die nach dem höchsten Gut strebten, ohne Bezug auf Gnade nicht denkbar, da sie sonst das höchste vollendete Gut autark verwirklichen könnten und sogleich verwirklichen würden. Weder von ihrer *Endlichkeit* noch von ihrer *Freiheit* könnte die Rede sein: sie besäßen nämlich *unbegrenzte Macht*, da sie ihr höchstes Ziel gegen alle Widerstände erreichen könnten; dennoch wären sie *nicht frei*, weil sie nur täten, was ihnen von Natur aus vorgegeben wäre. Andererseits hat die Gnade passende Adressaten nur in endlichen Freiheitswesen, nicht in Automaten.

Andere Annahmen sind widersinnig und eine Schmähung Gottes, so als wollte man von der Begnadigung von Marionetten sprechen. Wäre die Schöpfung ein in sich ohnmächtiges Produkt absoluter göttlicher Allmacht, dann wäre es absurd zu sagen, daß Gott am Ende der Tage über die Menschen urteile und sie richte. Nur weil Gott über etwas zu urteilen hat, das nicht er selbst oder Ausfluß seines Handelns ist, kann Augustinus von Gott als dem ›Herzenskündiger‹ reden, dem ›inspector cordis‹.[36] Da Menschen die ›eigentliche Moralität der

---

[34] Vgl. *APE* 268–295; weiterhin Norbert Fischer: *Epigenesis des Sinnes*.

[35] Vgl. *TI* 188: »Commandement qui ne peut me concerner qu'en tant que je suis maître moi-même.«

[36] Z.B. *s. dom. m.* 2,1.9: Gott als »conscientiae solus inspector«; *en. Ps.* 85,3: »interior inspector est deus«; dazu *mend.* 36: »homo non est cordis inspector«. Zur Rede vom ›Herzenskündiger‹ bei Kant vgl. z.B. *RGV* B 85. Wer Augustins Gnadenlehre gegen seine Freiheitslehre ausspielt, wer sie zudem unkritisch zur einseitigen Prädestinationslehre verstärkt, stellt sie in einer Weise dar, daß Flaschs Angriffe ihr volles Recht erhalten. Dann

Handlungen‹ nicht selbst beurteilen und sich das Gute, auch wenn sie es gewollt und bewirkt haben, nicht selbst als Leistung zusprechen können,[37] bedarf der besondere Gebrauch der Freiheit jedes Einzelnen eines Urteils. Die durch die Freiheit gestellte Aufgabe macht ein Gericht erforderlich; sie fände ihre Lösung in der Annahme, daß endliche Freiheitswesen unter dem Urteil Gottes stehen.

Zwei Stellen der *Confessiones* seien genannt, an denen Augustinus vom Urteil Gottes spricht. Im zehnten Buch redet er von Fortschritten auf dem Weg zum Guten, betont aber, daß er sich nicht selbst beurteilen könne, obwohl er mehr als jeder andere Mensch von sich weiß (3 und 6). Also bleibt er auf das Urteil Gottes angewiesen: »tu enim, domine, diiudicas me«.[38]

---

wäre diese Lehre der Tod der Philosophie – und jeder recht verstandenen Theologie. Kant deutet die Prädestinationslehre mit gutem Grund als »salto mortale der menschlichen Vernunft« (*RGV* B 178). Vgl. dazu die Hinweise bei Norbert Fischer: *Müssen Katholiken weiterhin Furcht vor Kant haben? Kants Philosophie als ›ancilla theologiae‹*, bes. 32–34.

[37] Vgl. *KrV* B 579 Anm.: »Die eigentliche Moralität der Handlungen (Verdienst und Schuld) bleibt uns daher, selbst die unseres eigenen Verhaltens, gänzlich verborgen.« Folglich sind Augustins Thesen hier mit Kants kritischer Philosophie kompatibel: Da wir nicht unser eigener Richter sind (noch weniger Richter Anderer), ist Selbstlob verfehlt, das Lob Anderer ohne großen Wert (63). Wahres Lob kommt nur von Gott (2). Ohne die Möglichkeit verdienstlicher Handlungen wäre das Gericht aber ein grausamer Scherz. Augustinus hofft also durchaus auf Lob, aber von Gott (9,35): »›laus mea‹ et vita mea, ›deus cordis mei‹«; *en. Ps.* 21, 2,26: »apud te est laus mea‹. apud deum posuit laudem suam«. Vgl. auch *en. Ps.* 38,10: »incerta sunt et mala mea et bona mea«.

[38] 10,7. Die Passage aus dem Paulinischen *Römerbrief*, die der Exegese bedürftig und fähig ist, leitet Augustinus mit der Frage ein (13,15): »quis enim discernit nos nisi tu?« Diese Frage setzt wiederum Freiheit und Verantwortung der Menschen voraus. Zu den Problemen der Paulus-Exegese vgl. Bernhard Mayer: *Unter Gottes Heilsratschluß. Prädestinationsaussagen bei Paulus*; Günter Röhser: *Prädestination und Verstockung. Untersuchungen zur frühjüdischen, paulinischen und johanneischen Theologie*. Soll mit dieser Frage etwas Vernünftiges und nicht Gotteslästerliches gesagt sein, so ist damit gesagt, daß Gott in die Herzen der Menschen blickt, um zu sehen, was an Gutem und was an Schlechtem sie in ihrer

Im letzten Buch spricht er von Gott als Richter, der die Söhne des Lichts und der Finsternis voneinander scheide und unsere Herzen prüfe (13,15): »qui probas corda nostra«. Wirkte in allem nur der Allmächtige, wäre das Endgericht die Selbstprüfung Gottes, nicht ein Urteil über die Menschen. Das wäre Blasphemie, als ob sich der altersschwache Gott am Ende der Tage mühsam aufraffte, um sich zu erinnern, wo er sich ein Gefäß der Ehre und wo ein Gefäß des Zorns geschaffen hat. Augustinus war von der Kompatibilität von Freiheit und Gnade überzeugt, und damit von der Freiheit und Verantwortlichkeit der Menschen als endlicher Vernunftwesen (vgl. civ. 5,10). Nur so ist die an sich unbegreifliche Annahme Augustins zu verstehen, daß Gott nach der Weltzeit in den von ihm geschaffenen Menschen ruhen will (13,52): »tunc [...] requiesces in nobis«.

Bevor der Aufstieg nach innen im Ausgang von der Beziehung zur äußeren Wirklichkeit ansetzt, wirft Augustinus einen Blick voraus auf die später entfaltete Inversion der Aktivität, die er nicht als spekulative Leistung vernünftiger Wesen auffaßt, die sich geistigen Besitz erwerben, sondern als Begegnung, von allen fünf Sinnen empfangen, die unstillbare Sehnsucht weckt (38). Vor dem Aufstieg beteuert er, Gott zu lieben (8): »non dubia, sed certa conscientia, domine, amo te.« Diese Liebe sieht er als Antwort auf eine Tat Gottes (8): »percussisti cor meum verbo tuo, et amavi te.«[39] Was Menschenherzen so trifft, ist reine, sich für Andere aufopfernde Liebe. Sie läßt bis auf den heutigen Tag Menschen erschauern, sobald sie ihr be-

---

Verantwortung aus der Freiheit der Willensentscheidung gewirkt haben. Denn für Menschen selbst ist die eigentliche Moralität ihrer Entscheidungen nicht sicher faßbar.

[39] Vgl. auch 2,4; weiterhin 9,3: »sagittaveras tu cor nostrum caritate tua«. Das ›Wort‹, das sein Herz durchbohrt, ist die Liebe (4,19). Vgl. 11,11: »quid est illud, quod interlucet mihi et percutit cor meum sine laesione? et inhorresco et inardesco: inhorresco, in quantum dissimilis ei sum, inardesco, in quantum similis ei sum«. Pfeil, Bogen und Fackel (sagittare, percutere, inardescere) sind die wesentlichen Attribute Amors (*LCI* 1,113–115). Das ›percussisti‹ in 8 hat auch biblische Konnotationen; vgl. *Lk* 2,35 (Prophezeiung Simeons an Maria); *Joh* 19,34 (Lanzenstich).

gegnen oder nur von ihr hören. Im Bewußtsein, von Gott so berührt worden zu sein, fängt die *Reflexion* auf den Aufstieg nach innen an, wie dieser lebensmäßig in den ersten neun Büchern erzählt worden war.

2. Zum Aufstieg nach innen

In der Reflexion auf die Bedingungen der Möglichkeit seiner Suche nach wahrem Leben sieht Augustinus sich unbestimmt auf Gott verwiesen, den er als Urheber der Unruhe denkt, mit der er Menschen lockt, ihn zu suchen und nach seiner Nähe zu streben. Die nüchterne Untersuchung seiner Kräfte beginnt mit der Frage, was er liebt, seit er auf den Weg der Gottsuche gelangt ist. Augustinus liebt zunächst das mannigfach Reizvolle, das den äußeren Sinnen gegeben ist, dem er aber, seit er Gott liebt, vor allem eine Verweisfunktion für die Gottsuche zuschreibt. Obwohl die Aufzählung dessen, was er nicht liebt, seit er Gott liebt, als Vergegenwärtigung sinnlich rezipierbarer Wirklichkeiten ausfällt, die er im früheren Leben faktisch erstrebt hat, könnten Leser trotz der Zurückweisungen doch leicht bemerken, daß Augustinus selbst gut um den Reiz des sinnlich Schönen weiß und auch entsprechende Erfahrungen mit ihm gemacht hat. Deshalb wundert es nicht, daß die Gottsuche nicht mit der *via negativa* endet, die auf die *via affirmativa* folgt, sondern mit der *via eminentiae*, der bewahrenden Übersteigerung des Sinnlichen.[40]

---

[40] Als älteste Formulierung einer dreigestuften Rede von Gott nennt Fran O'Rourke den Mittelplatoniker Alkinoos (*HWP* 11, 1034). Quelle für das Mittelalter war Dionysius Pseudo-Areopagita, der Augustins Verfahren quasi auf den Begriff bringt (affirmativ = kataphatisch, negativ = apophatisch, übersteigernd = mystisch). Vgl. Περὶ μυστικῆς θεολογίας I.2: Δέον ἐπ' αὐτῇ καὶ πάσας τὰς τῶν ὄντων τιθέναι καὶ καταφάσκειν θέσεις, ὡς πάντων αἰτίᾳ, καὶ πάσας αὐτὰς κυριώτερον ἀποφάσκειν, ὡς ὑπὲρ πάντα ὑπερούσῃ. *Über die mystische Theologie*, 75: »Man muß ihm (im Gegenteil) sowohl alle Eigenschaften

Denn Augustinus erklärt zwar, in Gott das Sinnliche nicht in der Weise zu lieben, wie er es vor seiner Bekehrung erstrebt hatte, meint aber doch im Blick auf alle fünf Sinne, eine Art Licht zu lieben, eine Art Stimme, eine Art Duft, eine Art Speise und eine Art Umarmung (8): »quandam lucem et quandam vocem et quendam odorem et quendam cibum et quendam amplexum«. Was ihn in der äußeren Erfahrung gelockt hatte, ist ihm reizvoll geblieben, hat sich jedoch in eine Erfahrung des inneren Menschen (»interioris hominis«) verwandelt, die weder räumliche noch zeitliche Distanz kennt, die weder von Mangel noch von Überdruß bedroht ist. Indem er Gott sucht, sucht er bleibende Nähe zum Schönen, das in der äußeren Welt oft unerreichbar *fern* und stets *flüchtig* ist, er sehnt sich nach Genuß ohne Mangel und ohne Überdruß.[41] Er hofft auf das Schwinden der räumlichen Ferne des Schönen und auf die Entflüchtigung des Zeitlichen.

Indem er sich dem zuwendet, was ihm durch die Sinneswahrnehmung gegeben ist, stößt er auf eine Besonderheit seines Verhaltens und seines Seins, die sich ihm im weiteren als grundlegend erweisen wird, nämlich auf sein Vermögen, *fragend* an das Gegebene herangehen zu können. Nur weil er das Gegebene zu befragen vermag, ist er auch befähigt, *Antworten* zu vernehmen. Das Vernommene erweist sich einerseits als Antwort von außen, die er sich allein nicht hätte geben können, andererseits aber als Leistung der menschlichen Vernunft, die am Beginn einen Erwartungshorizont eröffnet hat und am Ende ihr Urteil über das Gegebene spricht.

---

der Dinge zuschreiben und (positiv) von ihm aussagen – ist er doch ihre Ursache –, als auch und noch viel mehr ihm diese sämtlich absprechen – ist er doch allem Sein gegenüber jenseitig«. Neu durchdacht hat das Schema z. B. Nikolaus von Kues: *De non-aliud*, cap. 4.

[41] Zum Hindernis der Raumdistanz vgl. die Schlußzeile des Liedes von Franz Schubert (op. 4, Nr. 1: *Der Wanderer*. Text: Schmidt von Lübeck): »Dort, wo du nicht bist, dort ist das Glück!« Die Entflüchtigung des Zeitlichen, die Hoffnung auf die Überwindung der Flüchtigkeit des Zeitlichen, ist das Hauptthema Augustins im elften Buch.

Die Suche beginnt also fragend (9): »interrogavi«. Augustinus denkt das Fragenkönnen als Kraft, die den Menschen eigentümlich ist (10): »homines autem possunt interrogare«.[42] Endliches kann sie nicht wahrhaft zufrieden stellen, sofern sie auf den Horizont des Unendlichen hin geschaffen sind (1,1): »quia fecisti nos ad te«. In der Suche fungiert die Vernunft als Richter über das sinnlich Vernommene (10): »nuntiantibus sensibus iudex ratio«. Vernunft kann Antworten nur erhalten, sofern sie als Richter fragt, nicht als unverständiger Schüler, »der sich alles vorsagen läßt, was der Lehrer will« (*KrV* B XIII). Denn Untergebene können nicht urteilen (10): »subditi iudicare non possunt«. Etwas als wahr anzuerkennen, ist Augustinus nur dann bereit, wenn er es selbst in seinem inneren Ohr, in der ›auris interior‹, vernommen hat und als wahr beurteilt.[43]

Das Vermögen zu fragen und zu urteilen, das mit der besonderen Innerlichkeit des Menschen zu tun hat, läßt ihn nach den Bedingungen seiner eigenen Möglichkeit fragen und lenkt seinen Blick auf ein geistiges Ich, das vermittels sinnlicher Wahrnehmung zu Erkenntnissen gelangt. Auf dem Weg solcher Analysen faktischer Erkenntnisvollzüge sucht Augustinus seine erste, theoretische Antwort auf die Ausgangsfragen, *was und wer er selbst in seinem Inneren ist* (4–6). Auf der Grundlage dieses Ansatzes bestimmt er Erkennen als Einigung und Vergegenwärtigung von mannigfaltig Gegebenem (18): »cogitando quasi conligere atque animadvertendo curare«. Ob und wie Suchende nichtsinnlich Gegebenes *empfangen* haben könnten, wie es in die ›memoria‹ gelangt sein könnte, wird nicht weiter untersucht. Weil Augustinus das Gedächtnis aber

---

[42] Diese Kraft hat mit dem »amor inveniendi veri« zu tun und ist als »prima quaerendi libertas« zu denken (*lib. arb.*1,4). Vgl. Platon (*Symposion* 204a): θεῶν οὐδεὶς φιλοσοφεῖ οὐδ' ἐπιθυμεῖ σοφὸς γενέσθαι· ἔστι γάρ. Platon spielt dort mit Ausdrücken aus den Wortfeldern Frage (ἐρώτησις) und Liebe (ἔρως), z. B. 199c/d; 204d.

[43] Zur ›auris interior‹ vgl. 11,8; 12,11 f.; 12,18; 13,44. Zu ›lux interior‹ und ›discipulus veritatis‹ vgl. *mag.* 40 f.

als ›Kraft‹ vergegenwärtigt, ist auch die *Spontaneität* dieses Vermögens hervorzuheben.⁴⁴

Alle, die meinen, Wahrheit erkennen zu können, verstehen sich implizit als Instanz, die nicht nur Gegebenes *rezipiert*, sondern über es *urteilt*, da sie urteilend die außen empfangene Stimme innen mit der Wahrheit zusammenbringen (10). Indem sie tun, was sie auf diesem Feld können, sehen sie, daß sich Gott und das wahre Leben so nicht finden lassen, da es in diesen Fragen nicht mehr um eine Wahrheit geht, die dem Urteil menschlicher Geisteskraft unterliegt, sondern den Suchenden überlegen ist. Die Schwierigkeit der Suche liegt darin, daß sie auf eine Wahrheit zielt, die das Haupt der Seele überragt (11: ›super caput animae«), daß das Gesuchte als etwas zu denken ist, das *über* der ›memoria‹ des Suchenden steht, aber sich auch *in* der ›memoria‹ zeigen muß, wenn es als transzendente Wirklichkeit überhaupt bemerkt werden können soll.⁴⁵

Um Antworten zu erhalten, durchmustert Augustinus die Innerlichkeit seines Bewußtseins. Dabei versucht er Klarheit zu gewinnen, welche Inhalte dem Urteil unterliegen, was Frucht seiner spontanen Tätigkeit ist und was so auftritt, daß es sich als Höheres seinem Urteil entzieht. Die Deutungshoheit behält das suchende Ich, das mit der *Hand des Herzens* nicht nur konkrete Sinnenbilder beurteilt, sondern auch entscheidet, inwieweit das Ziel seiner Suche erreicht ist.⁴⁶ Augu-

---

⁴⁴ Er will die Kraft der ›memoria‹ übersteigen wie zuvor die Lebenskraft (11, 15; 20 f.; 25 f.; 65). Zur ›memoria‹ vgl. Wolfgang Hübner: *Die praetoria memoriae im zehnten Buch der Confessiones. Vergilisches bei Augustin*. Bemerkenswert sind Hübners Überlegungen zum antiken Hintergrund der Struktur der *Confessiones* (262 f.).

⁴⁵ Zu ›in‹ und ›über‹ vgl. *APE* 311–319; außerdem die Frage nach der Existenz Gottes in *lib. arb.* 2,4–46: die ›ratio‹ gilt als »quasi animae nostrae caput aut oculum« (13); sie wird von der ›Wahrheit‹ überragt (30), die Gott ist (39).

⁴⁶ Vgl. 12: »et abigo ea manu cordis a facie recordationis meae, donec enubiletur quod volo atque in conspectum prodeat ex abditis.« Augustinus reduziert Vernunfttätigkeit nie auf kalte Suche nach ›objektiver Wahr-

stinus durchmustert die Schätze des sinnlich Gegebenen und sieht, wie er spontan mit ihm umgeht, es aktiv gebraucht und beurteilt (14): »intus haec ago, in aula ingenti memoriae meae«. Ebenso durchmustert er geistig Gegebenes, das ihm überwältigend entgegentritt, sein heftiges Staunen hervorruft und ihn schließlich annehmen läßt, daß es mit seiner Geistigkeit weit mehr auf sich hat, als er auf Grund der Perspektive des alltäglichen Lebens angenommen hatte (15).

Zwar ist er sich seiner als Ich bewußt, das als spontanes Agens vorausgesetzt werden muß, bekennt aber, sich nicht selbst beurteilen zu können. Obwohl das urteilende Ich sich nicht selbst unter die Einheit des Denkens bringen kann, ist seine Existenz in allem Urteilen vorausgesetzt. Diese transzendentalphilosophisch fundierte Einsicht kontrastiert Augustinus mit dem Verhalten von Menschen, die sich mit Eifer den Aufgaben und Wundern der äußeren Welt hingeben, aber dabei das Wunder übersehen, das ihnen in ihrer geistigen Kraft begegnet, und die sich nicht der schwierigeren Aufgabe zuwenden, diese Kraft – und damit sich selbst – zu verstehen.[47]

Diese Kraft vermag sinnlich Gegebenes zu ordnen, aber auch mit solchem umzugehen, das unabhängig von sinnlicher Wahrnehmung gegeben ist. Augustinus spricht von ›Sachen‹ (›res‹), die nicht durch sinnliche Erfahrung zu Bewußtsein gekommen sind, sondern verborgenerweise schon immer im Gedächtnis waren, aber erst hervorgeholt und dem Urteil unterworfen werden mußten. Als Beispiele nennt er Fragen von der Art, was ›Sprachkunst‹ sei, was ›Erfahrung im Vortragen‹, was ›Zahl und Art von Fragen‹, allesamt nicht empirisch bedingte Wirklichkeiten, die aber doch irgendwie ›gegeben‹ sind und

---

heit‹, sondern bezieht sie auf ihr lebensmäßiges Fundament, aber nicht in der Engführung ›erkenntnisleitender Interessen‹.

[47] Vgl. die Anm. 120 zum Text von 15 mit Hinweisen zur Vorgeschichte (Platon) und zum Nachklang (Petrarca, Rainer Maria Rilke und Gottfried Benn); vgl. auch Meredtith J. Gill: *Augustine in the Italian Renaissance*, bes. 99–106.

durch Vergegenwärtigung hervorgeholt werden können (16). Die drei Arten von Fragen, *ob* etwas sei, *was* es sei und *wie* es beschaffen sei, in denen man kategoriale Bestimmungen (Formen der Einheit für gegebenes Mannigfaltiges) sehen kann, bezeichnet er als ›Sachen selbst‹ (›res ipsae‹) im Unterschied zu Abbildern (›imagines‹), die äußere Wirklichkeiten im Inneren präsentieren, nachdem sie von den Sinnen gemeldet worden sind. Die Frage, woher diese ›Sachen selbst‹ in die ›memoria‹ gekommen sind, bleibt unbeantwortet. Daß aber sein ›Urteil‹, also die Spontaneität seines Denkens, eine konstitutive Rolle in der Annahme ihrer Wahrheit gespielt hat, steht für Augustinus außer Zweifel: indem er ihren Sinn erfaßt hat, hat er nämlich keinem fremden Geist – keiner übergeordneten Autorität – geglaubt, sondern sie im Inneren geprüft und danach erst ihre Wahrheit anerkannt (17).

Welche Funktion seine Spontaneität ausgeübt hat, bleibt weiter Thema seines Nachdenkens. Die ›Sachen selbst‹ deutet er nicht als reine Produkte bloßen Denkens, sondern als Ergebnisse einer Ordnungstätigkeit, die Gegebenes im Denken verbindet und in innerem Handeln ordnet (18: »cogitando quasi conligere atque animadvertendo curare«). Diese spontane Funktion ist laut Augustinus so grundlegend, daß er dem menschlichen Denken vor allem die Kraft zuspricht, Gegebenes einer von der Erfahrung unabhängigen Synthesis zu unterwerfen (18f.).

Was an Gegebenem unter die Einheit des Denkens gebracht werden kann, betrifft nicht nur die Mannigfaltigkeit der äußeren Welt, sondern bezieht sich auch auf Inneres. So geht es zum Beispiel um ›Einwände‹ gegen Erlerntes (20) und ausführlicher um ›Stimmungen‹ des Geistes, um die Gemütsbewegungen, die Augustinus einer gründlichen Betrachtung unterzieht (21f.). Auffällig scheint ihm, daß die Vergegenwärtigung einer früheren Stimmung nicht von derselben Stimmung begleitet sein muß, sondern eine entgegengesetzte Stimmung zur Folge haben kann. Zur Bestätigung führt er an, sich zuweilen freudig früherer Betrübnisse erinnert zu haben – und betrübt früherer Freuden. In diesem Kontext fällt das Wort, mit dem

Augustinus das Gedächtnis gleichsam als Magen des Geistes bezeichnet, weil die Speisen in ihm verwahrt und genutzt werden, aber ihren Geschmack verloren haben (21: »quasi venter est animi«).

Obwohl umfassende Orientierung im Denken für Augustinus wichtig war, ist es hier nicht sein enzyklopädisches Interesse, das ihn dazu bewegt, die ›Stimmungen‹ zur Sprache zu bringen.[48] Emotionale Gedächtnis-Inhalte müssen hier vielmehr erörtert werden, weil es um sein tiefstes Anliegen geht, um die affektive Erfüllung der Sehnsucht, die er in der Suche nach dem wahren Leben und nach Gott verfolgt, weil er nicht scheinbare und flüchtige Freuden erstrebt, die ihre Erfreulichkeit auch wieder verlieren können, sondern wahre, unverlierbare Freude.

Denselben Horizont haben die folgenden Fragen, in denen Augustinus die Bedingungen des Bewußtseins thematisiert, etwas vergessen zu haben, also nach der Möglichkeit des Geschehens fragt, das sich als Gegenwart des Vergessenen im Modus der Defizienz begreifen läßt.[49] Solche Gegenwart spricht er dem *wahren Leben* und *Gott* zu, sofern er sich gewiß ist, sie zu lieben, ohne sich darüber klar zu sein, was er in ihnen liebt. Diese Parallele läßt ihn fragen, was es mit dem Vergessen auf sich hat – und ob er das Gesuchte einst gewußt, nun aber vergessen hat. Scheinbar absichtslos beginnt er mit der Frage nach

---

[48] Er wollte zunächst selbst einen Abriß des Bildungskanons vorlegen, hat seine Ansätze aber nicht zum Abschluß gebracht. Vgl. Henri-Irenée Marrou: *Augustinus und das Ende der antiken Bildung*; Karla Pollmann; Mark Vessey (Hg.): *Augustine and the Disciplines. From Cassiciacum to Confessions*. Demnach erkennt er den ›artes liberales‹ in *De doctrina christiana* nicht mehr die überragende Bedeutung zu, die er ihnen in *De ordine* noch zugesprochen hat; vgl. Stefan Heßbrüggen-Walter: *Augustine's Critique of Dialectic. Between Ambrose and the Arians*, bes. 186–191.

[49] Das Thema des Vergessens klingt zuerst in 9 an und wird dann in 21 aufgegriffen; untersucht wird es in 24–26 und noch einmal zugespitzt in 27 f. Kurz vor dem Höhepunkt des zehnten Buches findet sich ein Rückverweis (36).

dem Vergessen, das als oft unerwünschtes, manchmal auch erwünschtes Vorkommnis allbekannt ist. In ihm müssen Erinnern und Vergessen zusammenwirken, weil das Vergessenhaben des Vergessenen im Gedächtnis gegenwärtig sein muß, um überhaupt bemerkt werden zu können. Im Vergessen fällt zwar Erinnerung aus (24), es läßt sich aber nicht auf das bloße, völlige und irreparable Ausfallen reduzieren.

Die Klage darüber, daß er sich an dieser Frage abmüht, daß er sich an sich selbst abmüht und sich selbst ein schwieriges Ackerland geworden ist (25), läßt sich nur verstehen, weil es um eine kostbare Frucht geht, die er mit seinen Bemühungen ernten will. Er ist in sein Inneres gelangt, zum Innersten seiner geistigen Kraft, spürt aber, daß er, wenn er das Ziel seiner Suche erreichen können will, sich für ein Innerstes öffnen muß, daß er, um die ersehnte Frucht ernten zu können, auf etwas hoffen muß, das ihm innerlicher als sein Innerstes ist (3,11): »interior intimo meo«. Obwohl er die Kraft des Gedächtnisses als unfaßbar groß rühmt,[50] sieht er sich gedrängt, sie zu übersteigen, weil er dort nicht findet, was er sucht, nämlich Gott und das wahre Leben (26).

Diese Einsicht untermauert er durch die Erwähnung des biblischen Gleichnisses von der Frau, die eine verlorengegangene Drachme mit der Laterne gesucht und schließlich gefunden hat (27). Wer findet, scheint vorher gesucht und um das Gesuchte wenigstens unbestimmt gewußt haben zu müssen, damit das Begegnende überhaupt beachtet und als Fund gewürdigt werden kann. Jede Art von Finden setzt bei Findenden stets eine bestimmte innere Disposition voraus, die es ihnen erst möglich macht, Begegnendes in seiner Bedeutsamkeit zu erfassen und es deshalb innerhalb der Überfülle der Informationen als Fund zu bemerken und hervorzuheben.

---

[50] Vgl. das erste Sonett des zweiten Teils von Rainer Maria Rilke: *Sonette an Orpheus* (*KA* 2,257), das die unfaßbare Weite des Gedächtnisses und damit die Subjektivierung des Raums zum Inhalt hat.

Es gibt aber auch eine Art ›Finden‹, das sich ohne Suche unversehens ereignet. Von solchem unerwartet beglückenden Finden spricht Goethe im Gedicht *Gefunden*. Die ersten Strophen lauten (*HA* 1, 254): »Ich ging im Walde / So für mich hin, / Und nichts zu suchen, / Das war mein Sinn. // Im Schatten sah ich / Ein Blümlein stehn, / Wie Sterne leuchtend, / Wie Äuglein schön.« Gefundenes, das nicht in die Erwartung gestellt war, kann die Wünsche Findender aber auch so durchkreuzen, wie es Augustinus beim Tod seines Jugendfreundes widerfährt (vgl. 4,7–14). Da gewöhnlich aber vom ›Finden‹ gesprochen wird, wenn gezieltes Suchen vorausgegangen ist, tritt es überwiegend in positiver Konnotation auf, ist das Finden meistens mit Freude verbunden. Um Schönes und Gutes, im Grunde des Herzen Ersehntes, absichtslos finden zu können, müssen Findende vor dem Fund offen und empfänglich für etwas gewesen sein, das sie nicht antizipieren konnten, müssen sie bereit gewesen sein, Unvorhergesehenes als Fund anzunehmen.

Augustinus begreift den Weg, den er im faktischen Leben zurückgelegt hat und im zehnten Buch noch einmal eigens reflektiert, als fragendes Suchen nach Gott und dem wahren Leben. Für solches Suchen scheint ausnahmslos das folgende Wort Martin Heideggers zu gelten: »Jedes Fragen ist ein Suchen. Jedes Suchen hat sein vorgängiges Geleit aus dem Gesuchten her.«[51] Augustinus zielt auf etwas Mittleres, von dem er nicht recht zu sagen weiß, ob es vordem im Gedächtnis war und wieder entschwunden ist, aber wenigstens eine Spur in ihm hinterlassen hat (28). Als eindeutigen Ausgangspunkt der Suche nennt er immerhin den Satz, daß er Gott suche, damit seine Seele lebe (29): »quaeram te, ut vivat anima mea.« Dieser Ausgangspunkt scheint auf den ersten Blick vom Egoismus des Glücksstrebens bedingt zu sein. Für einen zweiten Blick käme es jedoch darauf an, ob die ›Seele‹ mit egoistischen Zielen zufrieden sein und bei ihrem Erreichen erklären kann, das gesuchte Leben wirklich gefunden zu haben (29): »sat, est illic.«

---

[51] Vgl. *SuZ* 5; in früheren Ausgaben statt »sein vorgängiges Geleit«: »seine vorgängige Direktion«.

Wer das wahrhaft selige Leben nicht kennt, hat für die Suche nur ein unbestimmtes Geleit.

Obwohl Augustinus in dieser Situation seine Bereitschaft ins Spiel bringt, etwas ganz Neues, eine ihm unbekannte Art des Lebens kennenzulernen und er vom ›appetitus discendi [vitam] incognitam‹ spricht, findet er die Annahme nicht abwegig, wir besäßen das selige Leben schon, wenn auch ohne zu wissen, wie wir es haben: »nimirum habemus eam nescio quomodo« (29). Auch im ›modus‹, den er hier im Auge hat, zielt er eine mittlere Position an, nämlich zwischen denen, die schon selig sind, und den anderen, deren Sehnsucht nach seligem Leben erstorben ist. Die mittlere Position lebt gleichsam von langem Atem, sie lebt von der Überzeugung – um die Augustinus gerungen hat, die er aber zuletzt als Gabe betrachtet –, daß der Weg des Lebens in der Zeit samt den mit ihm verbundenen Prüfungen, Versuchungen und Irrwegen (›temptationes‹, ›peccata‹) nicht sinnlos ist, daß das Leben in der Zeit demnach selbst gut ist, obwohl es auch von Schmerz und Mühsal bestimmt ist (39: von »dolor et labor«), sogar so gut, daß er betont, daß ihm jeder Tropfen Zeit kostbar ist (11,2: »caro mihi valent stillae temporum«).[52]

Die mittlere Position ist von der Erwartung beseelt, daß einmal wirklich werde, was jetzt nur in der Hoffnung gegeben ist. Die Erwartung, doch noch wahrhaft seliges Leben in der Zeit des Weltlebens zu erlangen, hat Augustinus nach seinen Irrwe-

---

[52] Sein Ziel ist nicht *Entzeitlichung* einer Seele, die sich *verzeitlicht* (Plotin: *Enneade* III 7,11,30) und der Materie, dem ersten Übel und Bösen, zugewandt hat (*Enneade* I 8, 14, 50f.). Vielmehr geht es ihm um *Entflüchtigung* (vgl. Norbert Fischer: *Confessiones 11: ›Distentio animi‹. Ein Symbol der Entflüchtigung des Zeitlichen*). Ziel ist eine vollkommene Zeitlichkeit (vgl. *SuZ* 427, Fn 7; dazu Norbert Fischer: *Was ist Ewigkeit? Ein Denkanstoß Heideggers und eine Annäherung an die Antwort Augustins*). Den Ursprung der Zeit sieht Augustinus in *Gott* (11,16: »omnia tempora tu fecisti«; 11,17: »ipsum tempus tu feceras«), der Gutes schafft (7,7: »bonus bona creavit«), nicht in der selbstvergessenen *Seele*, die sich selbst verzeitlicht hat. Er versucht *Ontodizee*, um Gott loben zu können.

gen, Leiden und Mühen preisgegeben. Er meint, alle Formen des Lebens geprüft zu haben: das Leben sinnlichen Genusses, das Leben öffentlichen Erfolges, das Leben der Selbstvergöttlichung in der Abgeschiedenheit. Das selige Leben aber, das er als mittleren Ort beschreibt (39: »medius locus«), in dem keine der genannten menschlichen Möglichkeiten negiert wird und zu kurz kommt, hat er dabei nicht gefunden.[53]

Die Kluft zwischen dem seligen Leben, dessen Vollkommenheit keine Minderung duldet, und den Schwächen des faktischen Lebens, kann Menschen zweifeln lassen, ob sie je das selige Leben erreichen, und sie zur Verzweiflung treiben. Dem Andrang der Verzweiflung ist Augustinus erst in der Dramatik des Bekehrungsgeschehens entronnen (8,25–30). In ihm hat er die Kraft gewonnen, an die Verheißung des wahren, seligen Lebens zu glauben, ohne der trügerischen Hoffnung zu erliegen, es in der Weltzeit angemessen verwirklichen zu können.

Augustinus ist überzeugt, das selige Leben zu besitzen, sofern er die Irrigkeit und Flüchtigkeit seiner bisherigen Suche durchschaut hat und nun nach dem wahren Leben sucht und einsieht, daß es gut ist, in der *Hoffnung* auf dieses Leben zu leben, nicht schon in seiner *Verwirklichung*. Denn nur in dieser Spannung ist er imstande, ein endliches Selbst zu werden,[54] das dem Urteil Gottes unterliegen kann, ein rein Liebender zu werden, in dem Gott am Ende Ruhe finden kann. Ein endliches Wesen, das sozusagen schon *von Natur aus* selig wäre, hätte gar nicht die Möglichkeit, es *selbst* zu sein, weil ihm alle Entscheidungen

---

[53] Die ›drei Leben‹ bei Aristoteles (*NE* 1095b15–19) kennt auch Augustinus: dem βίος ἀπολαυστικός entspricht die ›felicitas temporalis‹ (6,9), dem βίος πρακτικός die Auseinandersetzung mit dem Erfolgsleben (z. B. 4,2; 9,2–4), dem βίος θεωρητικός das Streben nach Selbstvergottung (z. B. *ep.* 10,2: ›deificari in otio‹).

[54] Das ›Selbstsein‹ ist für Augustinus (im Anschluß an den Sprachgebrauch der Psalmen) ein wichtiger Gottesname (›id ipsum‹): vgl. z. B.: 1,10; 7,14; 7,23; 9,11; 9,24; 12,7; 12,21; 12,25; 13,12. Es geht aber auch um das endliche Selbst, das von Gott schuldig gesprochen (z. B. 8,23), gerechtfertigt und gelobt werden kann (z. B. 2 und 7).

von vornherein abgenommen wären. Für endliche Wesen ist es die einzig denkbare Weise, seliges Leben zu besitzen, seine Gegenwart in der Hoffnung anzunehmen, gemäß dem Wahlspruch: »nunc in spe, tunc in re«.[55]

Diese Weise, den möglichen Besitz des seligen Lebens in der Zeit zu denken, lenkt den Blick Augustins wieder auf den Weg zu der Einsicht, durch die er in die Beziehung der Liebe zu Gott gelangt ist – und damit zur Hoffnung auf das wahre, auf das lebendige und glückselige Leben. Und so beginnt er den letzten Anlauf seiner Reflexion, in dem er wissen will, wie er zu Gott und dem wahren Leben gefunden hat, mit der Frage, wo und wann er das selige Leben so kennengelernt hat, daß er sich seiner nun erinnert, es liebt und sich nach ihm sehnt (31): »ubi ergo et quando expertus sum vitam meam beatam, ut recorder eam et amem et desiderem?«[56] Obwohl Augustinus nicht bestreitet, daß alle ›glücklich‹ sein wollen, verläßt er den Gemeinplatz; denn nicht alle wollen ›selig‹ sein, sofern das *Seligsein* als Freude zu denken ist, die von Gott kommt (33): »non ergo certum est, quod omnes esse beati volunt, quoniam qui non de te gaudere volunt«.[57] Der Glückszustand in der Zeit (›felicitas temporalis‹) war ihm erwünscht; aber er wollte ihn nur unter der Bedingung, daß er nicht nur flüchtig war oder mit Selbstbetrug einherging.[58]

---

[55] Vgl. *trin.* 1,17: »gaudium nostrum in spe est«; *trin.* 14,25 (zum Bild Christi, das die Glaubenden in sich tragen): »sic enim nunc eandem imaginem portare possumus, nondum in visione sed in fide, nondum in re sed in spe.« Weiterhin *ep.* 140: »per fidem enim ambulamus, non per speciem‹ et ideo nunc in spe, tunc in re.« *ep. Io. tr.* 4,3: »modo enim salus nostra in spe, nondum in re«. *en. Ps.* 38,13: »tunc erit illa perfectio«.

[56] Diese Frage zwingt dazu, das »cum amo te« (8) zeitlich zu übersetzen (»seit ich Dich liebe«).

[57] Vgl. 4,14: »beatus qui amat te et amicum in te et inimicum propter te.« Seliges Leben hat dem Grunde nach nicht mit einer subjektiven Befindlichkeit zu tun (Zufriedenheit mit sich und seinem Zustand), sondern mit reiner Liebe. Vgl. Werner Beierwaltes: *Regio Beatitudinis. Zu Augustins Begriff des glücklichen Lebens.*

[58] Die an sich erfreuliche Lust (›voluptas‹ würde für ein höchstes Gut

Das selige Leben konnte er folglich nur in der Freude an der Wahrheit finden, in der Freude, die von Gott kommt (33): »beata quippe vita est gaudium de veritate. hoc est enim gaudium de te«. Die genauere Bezeichnung für das Ziel seiner Suche ist dementsprechend das ›wahre Leben‹, die in der Zeit mit Bekümmerung einhergeht (vgl. 41–64). Nur dieser Gedanke läßt die Frage verstehen, warum ›die Wahrheit‹, die mit christologischen Konnotationen verknüpft ist, Haß erzeugen kann (34).[59] Die Wahrheit, von der hier die Rede ist, folgt nicht immanenten Tendenzen der menschlichen Sehnsucht und kann nicht als Projektion menschlicher Wünsche gelten.[60] Sie hat ihr ›Geleit‹ zwar vom Gesuchten her, aber so, daß das Gesuchte sich nicht den Blicken der forschenden Untersuchung enthüllt, sondern in eigener Spontaneität gedacht werden muß. Es geht nicht um transzendentale Analytik oder phänomenologische Auslegung des Seinsverständnisses, in dem Suchende sich ›immer schon‹ bewegen (vgl. z. B. *SuZ* 5), sondern um etwas, das Suchende nicht erahnen konnten, das sich plötzlich, unableitbar ›offenbart‹ (vgl. *KpV* A 5). Es geht um eine Wahrheit, die

gehalten, wenn sie nicht vergänglich wäre; *vera rel.* 74) kann zu elendem Glück absinken (3,3: ›misera felicitas‹); die ›falsa felicitas‹ gilt als ›vera miseria‹ (5,14); die Freude zeitlichen Glücks kann auf Selbstbetrug basieren (6,9: ›laetitia felicitatis temporalis‹; dazu Therese Fuhrer: *Confessiones 6: Zwischen Glauben und Gewißheit*, bes. 255–258); zum zeitlichen und irdischen Glückszustand (›felicitas temporalis et terrena‹): 8,17; 9,26 und 28; 13,20.

[59] Vgl. auch den vielzitierten, aber oft mißverstandenen Satz, daß im ›inneren Menschen [die] Wahrheit wohne‹ (*vera rel.* 72: »in interiore homine habitat veritas«). ›Die‹ Wahrheit wäre stets als die ›göttliche Wahrheit‹ zu verstehen. Diese ist in *De vera religione* nicht gemeint, da sonst am Ende nicht der Imperativ stehen könnte, auch sich selbst zu übersteigen: »transcende et te ipsum«. Augustinus unterscheidet zwischen der ›endlichen Wahrheit‹, in der er sich als ruheloses Herz (›cor inquietum‹) erkennt, und der ›unendlichen Wahrheit‹, in der er Ruhe findet.

[60] Vgl. Emmanuel Levinas: *De Dieu qui vient à l'idée*, 255; unter Hinweis auf den Gegensatz von ›veritas lucens‹ und ›redarguens‹ findet Levinas bei Augustinus Verwandtschaft zum Kerngedanken seiner metaphysischen Ethik.

eine schwierige Entscheidung herausfordert, um die Augustinus auf langen Wegen zäh gerungen, die er am Ende aber auch dankbar als Gabe empfangen hat.

Augustinus beschreitet seinen Weg der Suche so, daß er nicht von einem Vorgriff auf das Gesuchte bestimmt ist (das dann im Finden *wiedererkannt* würde), aber auch nicht ganz absichtslos zu reinem Finden führt. Aimée Solignac erwähnt, daß Augustinus die Aristotelische Gedächtnistheorie durch Plotin kannte.[61] Die Unterschiede sind indessen mit Händen zu greifen: Augustinus nutzt überkommene Theorien im Sinne eigener Fragen, die von der ursprünglichen und bleibenden Differenz zwischen Gott und Mensch bestimmt sind, zudem vom Glauben an die Liebe Gottes, der die Menschen auf sich hin geschaffen hat und sich um sie sorgt.[62]

3. Zur Inversion der Aktivität

Zwei knappe Paragraphen bringen die Inversion der Aktivität zur Sprache – den sachlichen Kern der neuen Gnadenlehre, in der Augustinus seine Hoffnung auf Selbsterlösung preisgibt (37 f.). *Inversion* heißt, daß nicht Gott alles in allem bewirkt,

---

[61] Vgl. *Enneade* IV 3,25; IV 4,15; bes. IV 6,3. Vgl. *BA* 14,558; vgl. Aristoteles: *De memoria et reminiscentia*, ein opusculum, dessen Spuren bei Augustinus hervortreten; im *HWP* herrscht bezüglich ›memoria‹ Verwirrung; *HWP* 2,636 f. (›Erinnerung‹) bietet kurze Hinweise zu Augustinus; ein Stichwort ›memoria‹ fehlt (trotz des Verweises in *HWP* 3,35). Vgl. Johannes Brachtendorf: *Augustins »Confessiones«*, 202–221 (mit Belegen zu Cicero und Plotin). Vgl. Catherine Conybeare: *The Duty of a Teacher. Liminality and disciplina in Augustine's De ordine*, bes. 52–60.

[62] Vgl. Max Zepf: *Augustinus und das philosophische Selbstbewußtsein der Antike*, 128; Zepf sieht zu Augustins ›memoria‹-Analyse »im Neuplatonismus keine Parallele«. Vgl. Frances A. Yates: *Gedächtnis und Erinnern*, 49: »Nur wenige Denker haben über die Probleme von Gedächtnis und Seele tiefgründiger nachgedacht als Augustinus.«. Weitere Literatur bei Johann Kreuzer: *Confessiones 10: Der Abgrund des Bewußtseins*, 446, Fn 6 und 13.

daß menschliche Freiheit eine unverzichtbare Rolle spielt, daß eine Totalisierung der Gnadenlehre zu einer *Logik des Schreckens* führte.⁶³ Grundsätzlich hat zu gelten, was Immanuel Kant gegen die Prädestinationslehre eingewandt hat: »Die Lehre der Prädestination gründet sich entweder auf den Begrif der [Natur] Nothwendigkeit der Handlungen im Gegensatz der Freyheit, oder auf den Begrif der moralischen Unfähigkeit zum Guten, da es niemals aus uns selbst entspringen, sondern nur von Gott gewirkt werden kan. / Hier ist das Vernünftige Wesen blos Maschine zu gottlichen Absichten. Die Verdammung ist keine Strafe und die Seeligkeit keine Belohnung fürs Wohlverhalten. / Schwärmerischer Begrif der Auserwählten. Blos passiv in ansehung der Gottlichen rathschlüsse zu seyn, so wohl äußerlich in Ansehung tod und leben, als innerlich in der Besserung seiner Selbst.«⁶⁴

Wer erklärt, Gott *werde* laut Augustinus zu »einem alles bestimmenden Zentrum, ausgehend von innerlich-Geistigen und dann Ring um Ring nach außen vordringend bis hin die letzten Verästelungen dieser Welt in Raum und Zeit«, spricht ungenau, weil der Allmächtige sich nicht abzumühen brauchte, um ›Zentrum der Welt‹ zu ›werden‹. Wer so spricht, referiert eher Plotins Lehre von der Selbstüberstrahlung (περίλαμψις) des

---

⁶³ Obwohl Simplicians Fragen Augustinus beeinflußt haben (vgl. *LdS* und *EGA*), ist die ›neue‹ Gnadenlehre in ihren echten, denkerischen Motiven originär in den *Confessiones* faßbar. Vgl. Norbert Fischer: *Freiheit und Gnade. Augustins Weg zur Annahme der Freiheit des Willens als Vorspiel und bleibende Voraussetzung seiner Gnadenlehre. LdS* wie *EGA* fallen hinter Gottlieb Söhngens Einsicht zurück, der mit Recht »bei Augustin von einem ›offenen System‹« spricht; vgl. *Der Aufbau der Augustinischen Gedächtnislehre. Confessiones X c.6–27*, 64.

⁶⁴ *Reflexion* 6190; *AA* 18,484. Die *Reflexion* endet mit Thesen, die Augustinus zurückgewiesen hätte und die auch nicht eindeutig zur Hauptlinie von Kants Denken passen, mit der er die Möglichkeit moralischer Selbstbeurteilung bestritten hat (z. B. *KrV* B 579 B Anm.). Hier erklärt er: »Scheu, das Gute sich selbst zuzuschreiben. falsche Demuth.« Von dieser ›Scheu‹ lebt seine eigene Rede vom ›Herzenskündiger‹ (z. B. *RGV* B 134–144).

Einen und Guten als Gedanken Augustins. Wer insinuiert, die Freiheitslehre überspringe »die fundamentale Differenz zwischen Gott und Geschöpf«, als ob beide auf Augenhöhe miteinander verhandelten, verunglimpft diese Lehre.[65]

Die Behauptung, Gott dringe Ring um Ring in die Welt ein, bis in deren letzte Verästelungen, ist Augustins Auslegung der biblischen Schöpfungsgeschichte diametral entgegengesetzt.[66] Drecolls πρῶτον ψεῦδος besteht in der unsachgemäßen Definition der ›Gnadenlehre‹ als des Sachverhalts, »wie es durch göttliche *gratia* dazu kommt, daß der Mensch, obwohl er dazu selbst nicht in der Lage ist, das Gute will und so erlöst werden wird.«[67] Die Insinuation der ›Alleinwirksamkeit Gottes‹ und die Herabwürdigung der ›iustitia-Spekulation‹ passen nicht zum Geist der *Confessiones*, in denen Augustinus gerade keine ›monistische Metaphysik‹ entfaltet.

---

[65] Vgl. Volker Henning Drecoll: *Die Bedeutung der Gnadenlehre Augustins für die Gegenwart*. Drecolls dezidiert reformatorische Thesen finden sich ähnlich bei Martin Luther, der sich zwar auf Augustinus berief, dessen *De libero arbitrio* und sein Festhalten an der Freiheit aber hartnäckig ignorierte (statt dessen *De servo arbitrio* schrieb) und Texte überhaupt nicht zur Kenntnis nahm, die seinen Thesen die Basis entzogen hätten. Drecoll erklärt, Augustinus habe seine Erkenntnisse von Ambrosius und Plotin übernommen. Damit verschüttet er den Weg zur Wahrnehmung Augustins als eigenständigen Denkers, zu dem Heidegger schon Zugang verschafft hatte (z. B. *AuN*).
[66] Vgl. Gerhard May: *Schöpfung aus dem Nichts. Die Entstehung der Lehre von der creatio ex nihilo*, bes. 20.
[67] *EGA* 22. Drecoll, der philosophische Deutungen (z. B. *AuN*) ignoriert, verfehlt Augustins Intentionen durch solche, in sich widersprüchliche Festlegungen: Nur einem Wesen, dem Freiheit zukommt, kann Gnade zuteil werden; nur ein solches Wesen kann auch ›erlöst‹ werden. Alles andere liefe philosophisch auf die Vernichtung des Menschen und theologisch auf die Blasphemie der Selbsterlösung eines alles in allem wirkenden Gottes hinaus, der eine seltsame Last mit seinen Werken hat. Falsche Akzente setzt auch folgender Satz (*EGA* 273): »Das Wirken Gottes vollzieht sich also ohne Wissen und sogar gegen die Intention von menschlichen Worten.«

Drecolls Deutung fußt auf Prämissen reformatorischer Theologie, die auch in der innerchristlichen Diskussion durchaus für fragwürdig zu gelten haben. Sie ist darüber hinaus nicht nur mit Denkmustern Plotins verwandt, sondern auch mit manichäischen Lehren, laut denen Gott gegen die von ihm unabhängig bestehende materielle Welt kämpft, um sie mit geistig Lichthaftem zu durchdringen. Augustinus denkt die Schöpfung als »creatio de nihilo«, im Gegensatz zu Plotin, der die ersten Hervorgänge als »creatio de se« deutet, als sei die Schöpfung eine Überstrahlung des Einen in den Geist, in die Seele und – auf Grund von Übermut und Eigensinn der Seelen – die Folge eines Sturzes der Seelen, aus dem die hylemorphe Welt hervorgegangen ist.[68]

Augustinus sieht die Schöpfung nicht so, als wäre sie durch den Abfall von Gott entstanden. ›Andersheit‹ (ἑτερότης) ist im Kontext der Schöpfungslehre Augustins nicht Index einer Art von Sein, die es besser nicht gäbe, sondern Zeugnis reiner, uneigennütziger Liebe, die das Gute nicht eifersüchtig als Auszeichnung des göttlichen Seins unter seiner Herrschaft behalten will. Die Geschöpfe – jedes einzelne freie Wesen in der Schöpfung – hätten vielmehr von Gott ein von ihm unterschiedenes Sein erhalten, womit es verboten wäre, Gott als das Eine mit dem Ganzen gleichzusetzen. In der Selbstbegrenzung seiner Allmacht würde Gott nicht lächerlich oder ein Götze.[69] Ebenso stritten die Annahmen des Vorauswissens und der Allmacht Gottes nicht gegen die menschliche Entscheidungsfreiheit, im Gegensatz zu einer These Luthers (ebd.): »Pugnat itaque ex diametro praescientia et omnipotentia Dei cum nostro libero arbitrio.«

Ein Allmächtiger, der alles Gute sich zuschriebe, wäre ungnädig, zerstörte die Möglichkeit der Verantwortung und Güte der Geschöpfe. Das »Verhalten der Menschen« würde

---

[68] Zur Absetzung Augustins von Plotin vgl. *APE* 125 f.: weiterhin Norbert Fischer: *foris – intus*, 38 f.
[69] Vgl. dagegen Luthers *De servo arbitrio* (1525; zit. nach WA 18,718): »ridiculus ille Deus fuerit, aut idolum«.

»in einen bloßen Mechanismus verwandelt werden, wo wie im Marionettenspiel alles gut *gesticuliren*, aber in den Figuren doch *kein Leben* anzutreffen sein würde« (*KpV* A 265).[70] Leiden der Geschöpfe wären ungerecht und grausam, ein Endgericht sinnwidrig, da in allem Gott tätig wäre und er sich nur selbst richten könnte. Kant sagt (*Religionslehre Pölitz* 85 f.; *AA* 28.2.2, 1045): »Überhaupt ist es für die menschliche Vernunft etwas sehr Unanständiges, wenn sie es sich herausnimmt, von Gott […] beständig raisonniren, und Alles, selbst das Unmögliche, in Rücksicht auf ihn sich vorstellen zu wollen, da sie doch vielmehr jedesmal, wenn sie sich in diese Größen der Gedanken wagt, voll Bewußtseyn ihres Unvermögens bescheiden zurücktreten und erst mit sich selbst zu Rathe gehen sollte, wie sie Ihn – Gott würdig denken möge. Daher sind alle diese Ausdrücke vermessen, wären sie auch nur hypothetisch gesetzt; wenn man z.B. Gott, der die Höllenstrafen ewig machen, oder nach der Prädestinationslehre, einige Menschen zur Seligkeit, andere zur Verdammniß schlechthin bestimmen könnte, als einen Tyrannen zu schildern sich unterstehet!«

Sofern Gott die Welt ›aus nichts‹ geschaffen hat, ›nicht aus sich‹, ist sie nicht Gott, sondern auf endliches Selbstsein hin geschaffen. Nur wenn Gott nicht alles im Geschaffenen wirkt, muß die Welt nicht als Marionettentheater gesehen werden, in dem alles nach Gottes Willen abliefe. Immerhin hat Augustinus seine Freiheitslehre von *De libero arbitrio* (die in deren drittem Buch modifiziert ist) in den *Retractationes* nicht widerrufen. Zwar hat er in späteren Werken zunehmend die Notwendigkeit der Gnade betont, aber auch an der Freiheit festgehalten, die Verantwortung und Zurechnung verstehen lassen kann. Freiheit und Gnade bleiben für Augustinus die Pole, in deren Spannungsfeld für Menschen erst wahres Leben möglich wird (*civ.* 5,10).

Eine totalitäre Gnadenlehre, die gnadenlos über Leid und Mühsal der Menschen hinweggeht, über »dolor et labor« (39),

---

[70] Kant zitiert Haller (*RGV* B 81) »Die Welt mit ihren Mängeln – ist besser, als ein Reich von willenlosen Engeln«.

hat sich bei Augustinus nicht festgesetzt. Nur im Rahmen einer Dialektik von Freiheit und Gnade ist die Inversion der Aktivität zu verstehen. Die Aktivität des Suchenden wird durch das Eingreifen Gottes nicht beendet, sondern auf eine neue Spur gesetzt. Unakzeptabel ist die Lehre der Alleinwirksamkeit der göttlichen Gnadenwahl (›Prädestination‹) ebenso wie die der Autarkie des Menschen im Blick auf sein ewiges Heil (›Meritokratie‹).[71]

Diese Zwischenposition verfehlt Flasch, der Augustins Gnadenlehre auch in den *Confessiones* von der Beantwortung der Fragen Simplicians zu Problemen der Paulinischen Gnadenlehre bestimmt sieht. Augustinus habe in seinen Antworten »eine neue Lösung« ersonnen, die »für ihn die definitive« geworden sei und die Flasch als »Dokument einer letzten *Bekehrung*« auslegt (*LdS* 10). Das Gewicht dieses Gelegenheitswerks überhöhend nennt er es das »Dokument eines welthistorischen Zusammenbruchs«, in dem Augustinus »die Todesurkunde des Gottes der Philosophen« verfaßt habe (*LdS* 10). Trotz der historisch detaillierten Kritik an Flasch, dessen Buch er gleichwohl »einen der bedeutendsten Beiträge zur Gnadenlehre Augustins« nennt (*EGA* 17), befestigt Drecoll mit seiner Präsentation der ›Gnadenlehre‹ die Grundlage für Flaschs Invektiven, für die sich in den *Confessiones* selbst keine eindeutigen Belege finden.

Welcher andere christliche Theologe spricht denn so unverdeckt, wie Augustinus es in den *Confessiones* tut, von sich selbst im Glauben, bei Gott Gehör zu finden, unter Betonung seiner Leiden und eigenen Bemühungen? Es gibt keinen Zweifel: die *Confessiones* sind sowohl das Dokument eines sich an sich abmühenden, um Entscheidung ringenden Subjekts,[72] als

---

[71] Daß Augustinus die Verdienste der Menschen Gott zuspricht, ist sachgemäß, sofern sie Geschöpfe sind und nicht über sich urteilen können (*en. Ps.* 102,7: »coronat te, quia dona sua coronat, non merita tua«; vgl. *gr. et lib. arb.* 14–16; *ep.* 194,19; *Io. ev. tr.* 3,10; *s.* 131,8). Nur Gott kann imstande sein, Menschen zu loben oder zu verurteilen.

[72] Eine Marginalie: der Begriff der ›electio‹ (dazu *EGA* 222–250)

auch das Zeugnis eines Gläubigen, der sich der Gnade bedürftig weiß, um das wahre Leben zu erlangen.[73] Zwar gibt Drecoll vor, die freie Entscheidung (›liberum arbitrium‹) behalte in seiner Darstellung ihre Bedeutung (*EGA* 246); in einer Fußnote versteckt erklärt er aber (*EGA* 249): »Für Augustin basiert jedoch die Willensentscheidung, die dem Glauben und gerechtem Handeln zugrundeliegt, selbst auf Erwählung, so daß eine ›prinzipielle‹ Unabhängigkeit nicht gegeben ist«. Diese Position rechtfertigt Flaschs Qualifizierung der Gnadenlehre als ›Logik des Schreckens‹.

Mit diesen Klärungen ist der Horizont skizziert, innerhalb dessen der Kernsatz zu verstehen ist, mit dem Augustinus den Beginn seines wahren Lebens durch *Inversion* der Aktivität kennzeichnet. Der Satz beginnt mit den Worten (38): »vocasti et clamasti«. Die Hinwendung Gottes zum suchenden Menschen, die Augustinus symbolisch vergegenwärtigt, als habe er sie durch seine Sinne empfangen, wird ihm zur *Konversion*, die ihn nicht satt und träge macht, sondern ihn aufstachelt und erneut herausfordert, sein Leben wiederum tätig zu übernehmen, nun im Wissen um die Grenzen seiner Kraft und in der Hoffnung auf Gottes Hilfe.

Augustinus spricht im erwähnten Satz von Tätigkeiten Gottes, die ihn verändert haben (38). Das Eingreifen Gottes wendet sich nicht gegen die Ausübung menschlicher Akte, sondern setzt sie vielmehr voraus und befreit sie von ihren Schwächen, die sie bisher erfolglos hatten sein lassen. Zunächst heißt es, Gott habe mit seinem Rufen und Schreien Augustins taubes Ohr geöffnet. Demnach hätte er etwas verstärkt, was an sich

---

kommt in den *Confessiones* nirgends im Sinne göttlicher Gnadenwahl vor; vgl. 1,16 (»eligens inoboediens eram«); 4,22; 6,9 (»eligerem«); 8,2 (»eligebam«); 8,24 (»donec eligatur unum«); 10,2 (»eligam te«); 10,61 (»quid eligam«); 12,43 (»confiteri tibi et eligere unum«); 13,18.

[73] Immer noch empfehlenswert ist dazu Romano Guardini: *Die Bekehrung des Aurelius Augustinus. Der innere Vorgang in seinen Bekenntnissen*, bes. 266–288 (»Die Entscheidung«): das Loslassen der Selbstverklammerung des sein Glück suchenden Ich wird als ›innere Bewegung‹ gedeutet, »die freilich zugleich Gnade ist« (286).

schon hörbar gewesen war, was Augustinus aber auf Grund der Schwäche seines Gehörs nicht vernommen hat. Ähnliches besagt der Hinweis zum Sehvermögen, das Gott durch Leuchten und Blitzen zu wirklichem Sehen erweckt habe.

Die Bezugnahmen auf die weiteren Sinne verstärken das Moment, daß der Eingriff Gottes die *Re-aktion* des Adressaten nicht überflüssig macht, ihn nicht in einen Zustand der Ruhe und Zufriedenheit versetzt, sondern seine *Aktivität neu hervorruft* und auf eine *neue Richtung weist*. Empfänglich für Wohlgeruch war Augustinus, seit er zu atmen begonnen hatte; aber den Duft, der ihn jetzt überrascht und nach dem er seither lechzt, hatte er bislang noch nicht eingesogen. Die *Weckung* und *Weisung* für die Aktivität des Geschmackssinnes, geht in ähnliche Richtung, sofern ihm Speise und Trank begegnen, die ihm so angenehm sind, daß sie übermäßigen Genuß nicht widerwärtig machen, sondern das Begehren vielmehr unendlich wachsen lassen.[74] Im Hintergrund der symbolischen Darstellung der Wirkung, die Gottes Handeln auf seinen Tastsinn hatte, steht Erotisches, nämlich körperliche Schönheit, die zu Umarmungen lockt (8).

Das Besondere des Tastsinnes (im Unterschied zu den vorher genannten) ist, daß die Distanz zum Wahrnehmungsgegenstand trotz der Nähe bestehen bleibt, daß sich das Verhältnis zu ihm nur als ›Beziehung‹ – wenn auch als sehr enge und womöglich sogar fruchtbare – denken läßt. Denn Gehörtes wird ebenso wie Gesehenes in das Innere als Sinnenbild aufgenommen, noch mehr wird Eingeatmetes und Verzehrtes dem Aufnehmenden einverleibt und ihm anverwandelt. *Berührung* hingegen verweist wesenhaft auf etwas Äußeres, das außen bleibt, getrennt vom Inneren, zu dem es höchstens Nähe geben kann.[75] Die von Augustinus erfahrene Berührung hat nach seinen Worten bei ihm eine Beziehung der Sehnsucht gestiftet, in der Spannung zwischen erotisch anmutender Anstachelung

---

[74] Zum Gedanken des ›unstillbaren Begehrens‹ (»désir inassouable«) vgl. auch *TI* 34.
[75] Vgl. *TI* 284: »le pathétique de la volupté est fait de dualité.«

und der Ruhe eines dem Irdischen enthobenen Friedens: »exarsi in pacem tuam«.[76] Am Ende des Suchweges steht somit ein plötzlicher, unerwarteter Impuls, der die Suche nach dem wahren Leben beeinflußt und die Aktivität neu befeuert.

Das Bild des Berührens setzt die selbständige Existenz voneinander getrennter Aktzentren voraus und weist auf eine von Liebe getragene Beziehung zwischen ihnen, auf eine Beziehung, die von Gerechtigkeit und Friede bestimmt ist, auf eine heilige Gemeinschaft freier Bürger unter der Herrschaft Gottes (vgl. 11,3: »regnum tuum perpetuum ›sanctae civitatis tuae‹«). Augustinus sieht sich in allem, was er als Sinneswahrnehmung beschreibt, als Suchender ernstgenommen, auf den Weg weiterer Suche nach dem wahren Leben gesetzt und zu eigenem Handeln ermutigt. Obwohl das Ereignis symbolisch-metaphorisch als Wahrnehmung der äußeren Sinne geschildert wird, zielt es auf den inneren Menschen (8), dessen Sehnsucht entsprechend der *via eminentiae* allerdings nicht nur auf die ›interiora‹ zielt, sondern zugleich die ›exteriora‹ im Auge hat (42). Alle Tätigkeiten Gottes, von denen Augustinus spricht, knüpfen an vorausgegangene menschliche Aktivitäten an und dienen ihrer Intensivierung und Verlebendigung, erledigen nicht die Aufgaben menschlicher Lebensgestaltung, sondern übertragen sie jedem Einzelnen.

Obwohl Gott als aktiv, der Mensch aber als passiv vergegenwärtigt wird, ist doch klar, daß Gott das Handeln der Menschen im Auge hat und ihre Aktivität erneuern und anstacheln will. Trotz der *formalen* Klarheit der Interaktion bleibt fraglich, was in diesem Geschehen empfangen wird, welche *Inhalte* das Handeln verwandeln. Fraglich bleibt zunächst, *was* Augustinus gehört und gesehen hat, welcher Duft und welche Speise seine neue Sehnsucht geweckt haben. Nimmt man eine Stelle vom Anfang des zehnten Buches, in der ›einträchtige Her-

---

[76] Parallel dazu verhält sich das Berühren der ›ewigen Weisheit‹ im Gipfel der ›scala mystica‹ des neunten Buches (9,24): »et dum loquimur et inhiamus illi, attigimus eam [scil. sapientiam aeternam] modice toto ictu cordis«.

zen‹ als die ›Opferschalen‹ genannt sind, an denen Gott sich freue (5), als Hinweis zur Beantwortung dieser Frage, so ginge es sowohl um die *Eintracht von Vielen* als auch um die *Vervollkommnung des Einzelnen*, also insgesamt um die Heiligkeit einer Gemeinschaft unter der Herrschaft Gottes (11,3).

Diesen Hinweis verstärkt der Beginn des folgenden Paragraphen, der auf ein Leben unverbrüchlicher Nähe zu Gott weist, auf ein Leben ohne Schmerz und Mühsal, auf lebendiges Leben, das ganz zu sich selbst gekommen ist und zugleich als Ganzes von Gott erfüllt ist (39): »cum inhaesero tibi ex omni me, nusquam erit mihi dolor et labor, et viva erit vita mea tota plena te.« Es sollen jedoch nicht Wunschträume Unwilliger befriedigt werden, die der Suche müde sind. Hätte Gott – mit dem Zauberstab des Allmächtigen – alles Übel der Menschenwelt, das hervorzubringen er ihr auferlegt hätte, verschwinden und statt dessen eine Wunschwelt entstehen lassen, wären die Menschen nur die Verfügungsmasse eines grotesken Willkürwillens.[77]

In dem Ereignis, das in Augustins Schilderung plötzlich auftritt (38), ergeht eine Forderung an ihn (39), die den immanenten Motiven seiner natürlichen Sehnsucht nicht entspricht und ihm am Ende etwas abverlangt, was diesen Motiven auf den ersten Blick zuwiderzulaufen scheint.[78] Der Weg zum wahren Leben führt nach dem Höhepunkt der zwei knappen Paragraphen im Zentrum des zehnten Buches zurück zu dem weit sich

---

[77] Vgl. Goethes Lied des Harfners (*HA* 7,136): »Ihr führt ins Leben uns hinein,/ Ihr laßt den Armen schuldig werden,/ dann überlaßt ihr ihn der Pein,/ Denn alle Schuld rächt sich auf Erden.« Vgl. schon Platons Kritik in *Politeia* 380a, die sich auf Aischylos bezieht; vgl. Karl Reinhardt: *Aischylos als Regisseur und Theologe*, 15–17.

[78] Die Plötzlichkeit und Unerwünschtheit der Wendung der Seele zum Höchsten tritt bereits im Höhlengleichnis von Platons *Politeia* zutage: die Lösung der Fesseln bedeutet Heilung von Unbesonnenheit, ist aber mit Zwang und Schmerz verbunden (515c); wer die Gefesselten von der Schlechtigkeit ihrer Lage überzeugen will, gerät laut Platon in Todesgefahr (517a). Dieser Gegensatz ist die nachvollziehbare Basis von Luthers erwähnter diametraler Entgegensetzung von Freiheit und Gnade.

ausbreitenden Weg einer neuen Suche (vgl. 8,25). Vor diesem Wendepunkt fragt Augustinus *theoretisch* nach der Erkenntnis seines eigenen Seins und seiner Vermögen, sucht er nach einer Antwort auf die Fragen, was er *ist* und was er *kann*. Anschließend sucht er die *praktischen* Gesetze, die ihm Klarheit verschaffen, wie er leben *soll*, nachdem er überzeugt ist, von Gott eine neue Ausrichtung seines Lebens erhalten zu haben.

Laut dem Schluß des zehnten und dem Beginn des elften Buches liegt der Inhalt der empfangenen Botschaft einerseits in der Liebe, die Gott den Menschen zuwendet, andererseits im Strebens nach Heiligkeit, wie es die Bergpredigt lehrt und durch Christus vorgelebt worden ist.[79]

Diese Botschaft vermittelt ihm zwar die Zuversicht, einst zur Vollendung eines Lebens ohne Schmerz und Mühsal zu gelangen, zu lebendigem Leben, ganz und gesättigt von Gott; sie ruft aber auch die Klage hervor, die vom Bewußtsein ausgeht, nicht so zu sein, wie er sein soll (39). Da ihm dieses hohe Ziel selbstloser Liebe, das ihm aus der Tendenz seines natürlichen Strebens nicht faßbar war, nun vor Augen gestellt ist, gewinnt er den Mut, sich ihm nähern zu können. Das ist der nüchterne Sinn der Bitte, daß Gott ihm gebe, was er befiehlt (40): »da quod iubes«.[80] Weil ihm das wahre Leben und die Möglichkeit, es zu übernehmen, in Worten und Taten vor Augen steht (6), glaubt er sich fähig, das zu tun, was er gemäß seiner Überzeugung tun soll.

Deutlich zu sehen ist, wie Augustinus sich um die Steigerung der eigenen Vollkommenheit in der Gegenwehr gegen die Begierden bemüht, die ihn vom Ziel des wahren Lebens fern-

---

[79] Vgl. 67–70 und 11,1 (zitiert wird dort aus *Mt* 5,3–9); zum Ideal göttlicher Gerechtigkeit vgl. Platon: *Theaitetos* 176 b/c; laut Kant dient uns die *Heiligkeit des Willens* als *Urbild,* »welchem sich ins Unendliche zu nähern das einzige ist, was allen endlichen vernünftigen Wesen zusteht« (*KpV* A 58).

[80] Vgl. Cornelius Mayer: *Da quod iubes et iube quod vis*. Die Schlußpointe greift jedoch zu kurz: der Leser werde belehrt, »daß die Entfernung von Gott Sache der Geschöpfe, die Rückkehr zu ihm hingegen Sache Gottes ist« (212).

halten. Die auf sich selbst bezogene Bemühung ist dabei nur die Vorbereitung für das eigentliche Ziel: nämlich die Liebe, die sich in der Nachfolge Christi auf Gott und die Mitmenschen richten soll. Es geht um das biblische Hauptgebot – oder um ein Leben gemäß den Tugendpflichten.

4. Zum Abstieg nach außen

Die Wandlung seiner Sicht des wahren Lebens führt Augustinus auf den Augenblick zurück, den er als Begegnung mit dem Ewigen deutet. In ihm erlangt er seine erfahrungsmäßig fundierte Zuversicht, einst des lebendigen Lebens ohne Schmerz und Mühsal teilhaftig zu werden (39).[81] Allerdings kontrastiert er die Hoffnung sogleich mit seiner faktischen Situation, in der er – noch nicht von Gott erfüllt – sich zur Last ist: »quoniam tui plenus non sum, oneri mihi sum« (39). Drecoll verfehlt Augustinus, da dieser Gott nicht als »alles bestimmendes [...] Prinzip« denkt (*EGA* 355). Die Klage, die nach dem Jubel über die Gewißheit der Nähe Gottes einsetzt, nimmt ihn in Beschlag und fordert Aufmerksamkeit, die er entschlossen auf seinen Zustand richtet. Zwar setzt er sein Vertrauen auf Gott als den Arzt, der ihn von Krankheit und Elend heilen wird; das ändert aber nichts an der Diagnose seines Lebens unter dem Leitgedanken der ›temptatio‹, dessen zahlreiche Facetten sich nicht mit einem einzigen deutschen Wort übertragen lassen.[82] Denn das durch ›temptatio‹ charakterisierte Leben ist im all-

---

[81] Im Gegensatz zu 1,1 und 1, wo beide Male die Zuversicht von der Autorität des biblischen Autors erborgt war.

[82] Als Grundbedeutungen nennt *Georges* (2,3050): *Angriff, Anfall; Versuch, Probe, Versuchung*; abgeleitet von ›tempto‹ (2,3051): *betasten, befühlen, berühren, angreifen; untersuchen, prüfen, auf die Probe stellen*; Augustinus meint mit ›temptatio‹ den Wagnischarakter des Lebens, das in die Entscheidung gestellt ist und diese in eigenem Bedenken und entschlossenem Handeln zu suchen hat; vgl. auch den positiven Sinn von ›temptaverunt‹ in 67.

gemeinen als *Prüfung, Gefahr* und *Wagnis* zu denken.[83] In der so bestimmten Situation können dann im besonderen *Verlockungen* auftreten, Abwege einzuschlagen, und *Versuchungen*, Schlechtes oder Böses zu tun.

Das Gegenstück zum Leben als ›temptatio‹ ist die goldene Mitte (»medius locus«) zwischen Lebensformen, die isolierte Zielsetzungen verfolgen und die Augustinus für nicht gut hält (39). Er läßt die »Gesamtheit heidnisch-philosophischer Werte« keineswegs »vor Gott ihren Wert« verlieren;[84] vielmehr werden genuine Intentionen der vorchristlichen (nicht: der ›heidnischen‹) Philosophie angesichts der christlichen Botschaft geprüft, bewahrt, radikalisiert und gesteigert.[85] Da er glaubt, Zeit und Welt seien von Gott geschaffen, wendet er sich nicht aus Weltverachtung an Gott als Arzt, sondern wegen der Übergröße seiner Hoffnung, und warnt (vor allem sich selbst) davor, sein Heil so in der Welt zu suchen, wie er es lange Jahre zuvor getan hatte (39 f.). Augustinus diskreditiert den Stoff nicht als Übel (gar als ›erstes Übel‹), er hält die Schönheit des Leiblichen nicht für beschämend, sondern hofft sogar auf ihre Rettung über die Zeit hinaus.[86] Was ihn hindert, die Erfüllung

---

[83] Vgl. Platon: *Phaidon* 107c;114d. Heidegger gibt diesem Teil den Titel (*AuN* 205): »*Das curare (Bekümmertsein) als Grundcharakter des faktischen Lebens*«. Aufgabe ist der Kampf gegen das »in multa defluere« (vgl. *AuN* 206).

[84] Gegen Kurt Flasch (*LdS* 124), der hier in Nietzscheanischem Duktus spricht. Vgl. auch das ›ibi legi‹ in 7,13 f.

[85] Ob und wie weit z. B. Platon der ›heidnischen‹ Religion zustimmt, wäre u. a. an *Politeia* 379a–383c zu prüfen. Platon überläßt den Menschen nicht das Endurteil über sich (z. B. *Politeia* 614c); und das aus Einsicht und Lust gemischte Leben ist ein Ideal, das er als mittleres, von Schmerz und Lust freies Leben denkt (*Philebos* 43e: μέσος βίος), oder als gemischtes Leben (*Philebos* 22d, 25b, 27b–d, 61b: μεικτὸς βίος), das jedoch schwierig bleibt, weil lebenswertes Leben (βίος βιωτός) nicht ohne Selbstprüfung (ohne ἐξετάζειν) möglich ist (z. B. *Apologie* 38a). Aristoteles sucht die ideale Mitte (z. B. *NE* 1104b25–27: μεσότης), die in der Welt nicht sicher zur Glückseligkeit führt; vgl. dazu Norbert Fischer: *Tugend und Glückseligkeit. Zu ihrem Verhältnis bei Aristoteles und Kant.*

[86] Plotin setzt das Schöne gegen den ›Schlamm der Körper‹ (*Enneade*

seiner tiefsten Sehnsucht weiterhin in Zeit und Welt zu suchen, ist die Flüchtigkeit und die Problembeladenheit möglicher Erfüllungen, die sich dort darbieten. Insgesamt hindert ihn die Einsicht in die Nähe des faktischen Lebens zum Tod, als deren letzten Grund er die Verfehltheit, die Schlechtigkeit und Bosheit menschlichen Strebens bezeichnet.[87] Dennoch läßt er sein Verhältnis zur Welt nicht von *Entsagung und Enthaltsamkeit* (›abstinentia‹) bestimmt sein, sondern vom Bestreben, sich nicht von Lust und Laune hierhin und dorthin treiben zu lassen, nicht den Begierden zu verfallen. So strebt er nach *Mäßigung* (›continentia‹), um sich selbst bewahren und um dem Anspruch des wahren Lebens gerecht werden zu können, da er gesehen hat, daß menschliches Lustverlangen unersättlich ist und zu Maßlosigkeit neigt.[88]

Als Frucht der ›continentia‹ erhofft Augustinus Sammlung und Wiedererlangung der Einheit (40): »per continentiam quippe colligimur et redigimur in unum, a quo in multa defluximus.«[89] Da er die Einheit seiner Person durch die wesenhaft

---

VI 7, 31, 25 f.); Augustinus aber bejaht die Schönheit des Sinnlichen, z. B. *civ.* 14,19: erst die sklavische Begierde habe die Sexualität verdorben; *civ.* 22,15–17.

[87] Vgl. *lib arb.* bes. 1,1–10; der Wille ist »prima causa peccandi«, wenn ›peccare‹ in eigentlichem Sinn möglich sein soll (3,49).

[88] Vgl. Platon: *Philebos* 65d: οἶμαι γὰρ ἡδονῆς μὲν καὶ περιχαρείας οὐδὲν τῶν ὄντων πεφυκὸς ἀμετρώτερον εὑρεῖν ἄν τινα. In anderem hermeneutischem Kontext, aber zur Sache gehörig, läßt Friedrich Nietzsche Zarathustra singen (*Za*; KSA 4,395–404; hier 403): »– Lust will *aller* Dinge Ewigkeit –, *will tiefe, tiefe Ewigkeit!«* Schon Platon hält Mäßigung der sinnlichen Antriebe für nötig; vgl. *Politeia* 430b (σωφροσύνη und ἐγκράτεια).

[89] Vgl. 11,39: »at ego in tempora dissilui […] et tumultuosis varietatibus dilaniantur cogitationes meae.« Augustinus bedient sich Plotinschen Vokabulars, ohne dessen Inhalte zu übernehmen. Er lehrt nicht, Zeit, Welt und sich selbst zu verlassen, um in das ungewordene Eine zurückzukehren, sondern um seine besondere Form zu bewahren, um ein endliches Selbst zu werden; 11,39 f. zielt auf die Gegenbewegung zum ›dissilire‹ und ›dilaniare‹ (vgl. 4,11); vgl. Endre von Ivánka: *Plato christianus. Übernahme und Umgestaltung des Platonismus durch die Väter*, 208–212, vor

maßlosen Begierden bedroht sieht und sich gleichsam in Vieles hinein zersplittert und zerrissen weiß, sieht er es als seine Aufgabe an, den Begierden Einhalt zu gebieten, nach ›continentia‹ zu streben, nach Mäßigung der Begierden.[90]

Martin Heidegger betont mit Recht: »In diesem entscheidenden Hoffen ist lebendig das echte Bemühen um continentia, das nicht ans Ende kommt. (Nicht ›Enthaltsamkeit‹, hier geht gerade der positive Sinn verloren, sondern ›Zusammenhalten‹, von defluxio zurückreißen, im Mißtrauen gegen sie stehen.) Wer eigentlich continens ist, ›cogitet quid sibi desit, non quid adsit‹«.[91] Augustinus will sein Denken nicht auf das richten, was ihm im faktischen Leben mehr oder weniger zu Gebote steht, sondern auf etwas, worauf seine Sehnsucht geht und was ihm fehlt. Zunächst geht es ihm darum, sich nicht in der Zerstreuung zu verlieren, sodann um die Abwehr des Schlechten und um eine Grenzziehung gegenüber der Maßlosigkeit der Begierden (13,20): »tu enim coherces etiam malas cupiditates

---

allem 209f.: Augustinus gebrauche zwar neuplatonische Bilder, sei aber ein Meister darin, »die vorstellungsmäßige Bildhaftigkeit [...] durch die denkerische Durchdringung wieder zu ›entbildlichen‹. Wir hören zwar vom Sich-Entfernen von Gott, von der Rückkehr zu ihm durch die Rückwendung in das eigene Innere [...], aber die Fragwürdigkeit dieser Bilder, als Bilder, deckt Augustinus mit einem Worte wieder auf«. Vgl. auch *AZ* XVf.

[90] ›Mäßigung‹ entspricht zunächst ›temperantia‹ und ›modestia‹, trifft aber auch eine Seite dessen, was Augustinus mit ›continentia‹ sagt, in der es – ohne Restriktion auf das Sexuelle – um zusammenhaltende Bewahrung des Selbst geht, das den Weg zum wahren Leben sucht. Dieses ›Zusammenhalten‹ geschieht in der Weise der Mäßigung.

[91] *AuN* 205f.; Heidegger zitiert *s.* 345,5 – aber nur das Resümee der Mauriner, das dem Text in kursivem, Satz vorangestellt ist. Augustinus sagt klarer: »Magis enim cogitare debetis, quid vobis desit, quam quid vobis adsit.« Zutreffend erklärt Heidegger (*AuN* 211): »Und es wird sich zeigen: es sieht so aus wie eine unterhaltsame Zerfaserung seelischer Hintergründe. Es ist nicht wahrscheinlich, daß Augustin zu einer solchen Beschäftigung in den fraglichen Jahren je ›Zeit‹ gehabt hätte.« Zu Rilkes »›Schwernehmen‹ des Lebens« vgl. Anm. 221 zum Text.

animarum et figis limites«.⁹² Obwohl er wegen der Stärke der Begierden Gott um die Kraft bittet, ihnen widerstehen und ein Leben der Mäßigung führen zu können (40: »continentiam iubes: da quod iubes et iube quod vis«), ringt er doch selbst um Erkenntnis des Weges zum wahren Leben, im Bewußtsein, daß das Sich-verlieren an Überheblichkeit, an Lustgenuß und an Neugierde das Werk einer toten Seele ist (13,29): »sed fastus elationis et delectatio libidinis et venenum curiositatis sunt animae mortuae«.

Laut Plotin führt die ›eigentliche Form der Selbsterkenntnis des Menschen‹ durch den »Selbstüberstieg des Denkens in eine Erfahrung des Einen«, wobei »Ziel und Vollendung des Nicht-mehr-Denkenden, des intuitiv Berührenden, in einer ekstatischen Einung mit ihm« auf einem ›mystischen‹ Imperativ gründen (*Enneade* V 3,17,38): »ἄφελε πάντα – ›Laß ab von allem‹«.⁹³ Obwohl Augustinus bei der Suche nach dem wahren Leben, das er vom Zusammenspiel von eigener Suche und göttlicher Weisung bestimmt sieht, teilweise mit Worten Plotins spricht, stimmt er dessen Motiven nicht zu.⁹⁴ Nachdem er sich auf den Weg zu diesem Leben hat weisen lassen, beginnt er erneut, nach Maßgaben für das Handeln *in Zeit und Welt* zu suchen.

---

⁹² Mit der Anknüpfung an *lib. arb.* 1,9f. bestätigt Augustinus hier die Unterscheidung zwischen einer schlechten Begierde (›culpabilis‹, ›improbanda‹) und einer nicht zu tadelnden, die also ›non culpanda‹ ist. Er bekämpft die Schlechtigkeit der Seelen (›animarum‹); den schuldunfähigen, moralisch neutralen Stoff denunziert er nicht.

⁹³ Werner Beierwaltes: *Das wahre Selbst. Studien zu Plotins Begriff des Geistes und des Einen*, 13f., vgl. 86.

⁹⁴ In den *Confessiones* vgl. z. B. 2,18: »defluxi abs te ego et erravi, deus meus, nimis devius ab stabilitate tua in adulescentia et factus sum mihi regio egestatis.« 13,8: »inmunditia spiritus nostri defluens inferius amore curarum«. Heidegger greift die Defluxionsthematik als ›Abfallsrichtung‹ (*AuN* 199–201) auf, als Vorspiel für Möglichkeit des ›Verfallens‹ (*AuN* 206–210). Vgl. Friedrich-Wilhelm von Herrmann: *Gottsuche und Selbstauslegung. Das X. Buch der Confessiones des Heiligen Augustinus im Horizont von Heideggers Phänomenologie des faktischen Lebens*.

Das Ziel, dem die gesuchten Maßgaben dienen sollen, wird in den abschließenden Paragraphen des zehnten Buches genannt (67–70). Es besteht in der Heiligkeit Gottes, die für Menschen nur durch den Mittler, der sie als Mensch vorgelebt hat, zu einem erreichbaren Ziel werden konnte. Um auf den Weg zu gelangen, der zum wahren Leben führt, stellen sich ihm zwei Aufgaben: auf der einen Seite soll er an der eigenen Vervollkommnung arbeiten, auf der anderen Seite soll er den Anderen dienen, gemäß der Intention Christi, der gestorben ist, damit alle das Leben haben. Am Ausgangspunkt betont er erneut seine Schwäche und Unvollkommenheit (38), und macht sich klar, wie Martin Heidegger sagt (*AuN* 205), »daß das ›Leben‹ kein Spaziergang ist und gerade die ungeeignetste Gelegenheit, um sich wichtig zu machen. ›Oneri mihi sum.‹«

Der Abstieg nach außen läuft der immanenten Tendenz seines natürlichen Strebens zuwider, das auf eine Art von Glückseligkeit zielte, die autark, allein durch eigene Tätigkeit erworben ist. Im Anschluß an den Aufstieg nach innen, der diesem Ziel diente, begegnet ihm die Wahrheit, von der er gesteht, daß sie das Haupt seiner Seele überragt (11). Sie führt ihn zur Anerkennung seiner Schwäche und zur Offenheit für ein Ereignis, das über die Wahrheit hinausweist, die im Inneren zu finden war (37): »neque enim iam eras in memoria mea, priusquam te discerem«.[95] Die Neuorientierung, die auf dem Christusglauben fußt, läßt Augustinus, der durch die Inversion der Aktivität neu motiviert ist, den Weg zur Erfüllung der zwei grundlegenden Tugendpflichten suchen, wie Kant sie später bestimmt hat (*MST*

---

[95] In *vera rel.* 72 meinte Augustinus noch selbst, den Weg auf der dritten Stufe enden lassen zu können, in der er vom Suchenden das Übersteigen seiner selbst forderte: »transcende et te ipsum«. Die Überzeugung, die Kraft zum Selbstüberstieg zu besitzen, der auf eine Art Selbstvergottung hinausliefe, ist ihm inzwischen aber geschwunden. In den *Confessiones* steht an deren Stelle die Offenheit zum *Empfang* der höheren Wahrheit, die er sich faktisch nicht selbst zureichend sagen kann. Im dritten Buch von *De libero arbitrio* ist die Reduktion der Reichweite menschlicher Freiheit (unter Beibehaltung ihrer grundlegenden Wirklichkeit) schon durchgeführt (*lib. arb.* 3,53 ff.).

A 13–18). Deren erste fordert *eigene Vollkommenheit*, die den Weg bahnt, der zweiten Tugendpflicht, der *fremden Glückseligkeit*, dienen zu können. Die erste Pflicht fordert das Streben nach ›continentia‹.[96] In der zweiten geht es um selbstlose Liebe, die denen seliges Leben verheißt, die gerade nicht auf eigenes Glück lauern. Sie entspricht dem biblischen Gebot, das die Liebe Gottes und des Nächsten fordert. Teils zitiert Augustinus es wörtlich, teils gebraucht er eigene Formulierungen.[97]

Eigene Vollkommenheit zu befördern, versucht Augustinus in der Gegenbewegung zu den drei Grundarten von Begierden, die ihn drängen, sich maßlos ihren vielfältigen Zielen hinzugeben. Die Aufgaben sind durch naturhafte Neigungen gestellt: durch das Begehren des ›Fleisches‹, das Begehren der ›Augen‹ und das Streben nach Anerkennung (41): »›concupiscentia carnis et concupiscentia oculorum et ambitione saeculi‹«. Der Titel des ›fleischlichen Begehrens‹ zielt auf die Reize der Sexualität (41 f.), des Essens und Trinkens (43–47), der Wohlgerüche (48), der Wohlklänge (49 f.) und des Sehens (51–53).[98] Danach

[96] Von ›Pflicht‹ kann bei Augustinus insofern gesprochen werden, weil Gott befiehlt (40: »da quod iubes et iube quod vis«) – und weil Gott so befiehlt, daß er nicht selbst als allmächtiger Gebieter auftritt, sofern laut Augustinus kluge Berechnung und Eigennutz ausgeschlossen sind (vgl. dazu 8,10 und 13,17: »colere te gratis«).

[97] Zitationen: 3,15; 12,35. Freiere Aneignung: 4,14 (»beatus qui amat te et amicum in te et inimicum propter te«); 10,6 (»voluisti dominos meos, quibus iussisti ut serviam, si volo tecum de te vivere«); 10,61 (»nec te tantum voluisti a nobis verum etiam proximum diligi«); 12,36 (»tu mihi praecipis, ut diligam proximum meum sicut me ipsum«); 12,27 (»caritas de corde puro«); 13,21 (»diligens proximum in subsidiis necessitatum carnalium«). Vgl. 2,1; 11,1.

[98] Die Reihenfolge ist hier im Vergleich zu 38 umgedreht: erst Berührung, dann Schmecken, Hören und Sehen (bei spiegelbildlicher Umkehrung hätte das Hören am Ende stehen müssen; die Änderung hat ihren Grund vermutlich darin, daß die Untersuchung der ›concupiscentia oculorum‹ direkt anschließen kann). Zur Wirkungsgeschichte vgl. auch Blaise Pascal: *Pensées*, n° 178, 460, 519, 761; dazu Philippe Sellier: *Pascal et saint Augustin*, 169–196.

wird die eitle Wißbegier betrachtet (›vana et curiosa cupiditas‹), die in der *Schrift* als Begierde der Augen bezeichnet wird, die Augustinus aber als eine verfehlte Art von Streben nach Erkenntnis und Wissenschaft auslegt (54–58). Die Untersuchung der besonders gefährlichen Gier, gelobt zu werden, bildet den Abschluß (59–64).

Augustinus unterwirft seine Vergangenheit und seine Gegenwart der prüfenden Betrachtung, die einerseits Maßgaben aus Schriftworten bezieht, anderseits in selbstanordnender Vorsorge für die Einrichtung seines Lebens geschieht.[99] Er schwankt zuweilen, ob er das für gut erkannte Leben schon verwirklicht habe oder ob er sein Leben mit übertriebenen Anforderungen belaste. Die Untersuchung dient insgesamt der Konstitution eines Habitus, der es ihm erlaubt, ein Leben gemäß der ›continentia‹ zu führen und ihm zuletzt die Erfüllung des Liebesgebotes ermöglicht.

Die Selbstdiagnose seines inneren und äußeren Verhältnisses zu den genannten Begierden beginnt mit der Frage nach seinem Umgang mit der Sexualität. Die rücksichtslose, fast peinliche Selbstentblößung, die sexuelle Phantasien und körperliche Reaktionen betrifft (41 f.), soll nicht enthüllen, was Leser, wie Augustinus sie sich wünscht, schon immer nicht wissen wollten. Für die Neugierigen (das ›curiosum genus‹), die geneigt sein könnten, sich an solchen Berichten heimlich zu ergötzen oder sie öffentlich auszuschlachten, sind sie explizit nicht geschrieben.[100] Mit der Selbstentblößung will Augustinus auch

---

[99] Hier gilt wie immer das Motto, zugleich hören und verstehen zu wollen (11,5): »audiam et intelligam«. Die Bibel hat für Augustinus Autorität, weil sie diese nicht autoritär einfordert, sondern sich menschlichem Verstehen öffnet. Zur selbstanordnenden Vorsorge (=autepitaktische Epimeleia) vgl. Platon: *Politikos* 267a, 275c/d, 307e.

[100] Inwieweit er erreicht hat, was er erstrebenswert nennt, ist im Blick auf das Sexuelle unklar: denn er gesteht, daß ihn im Schlaf weiter sexuelle Wünsche und Phantasien belästigen; auch der Bericht des Possidius (*Vita S. Augustini Episcopi*, 26), laut denen er als Bischof Begegnungen mit Frauen streng gemieden hat, ist zu bedenken; vgl. Gerald Bonner: *Augustinus (vita)*, 539: »In his dealings with women he exhibited an extreme

kein Aufsehen erregen, sondern seine Entschiedenheit unter Beweis stellen, seinen unnachgiebigen Ernst, auf Grund dessen Gottfried Keller »den heiligen Augustinus« als »bitterlich ernsten Gottesmann« apostrophiert.[101] Ohne Rücksicht auf die öffentliche Resonanz besinnt Augustinus sich auf seine wirkliche Situation, um die Kräfte ausfindig zu machen, die den vernünftigen Willen beherrschen und versklaven (vgl. 10: »subditi iudicare non possunt«). Im Ringen um ›continentia‹ ringt er um die Einheit des eigenen Ich, die er durch die konkurrierenden Kräfte der Begierden einerseits und der Vernunft andererseits der entscheidenden Zerreißprobe ausgesetzt sieht (41).[102] Die inhaltlichen Lösungen, die Augustinus für die sich ihm stellenden Aufgaben anvisiert, mögen dem geistigen Milieu der spätantiken Philosophie verhaftet sein und deswegen heute nicht ohne Modifikation akzeptabel sein. Die grundlegende, mit beispielhaftem Ernst verfolgte Intention des Stre-

---

discretion, refusing to meet them except in the presence of one of his clergy.« Jean Paul, der oft im Geist Augustins schreibt, spießt diese Seite mit dem Zitat von 8,17 ironisch auf; in einer Fußnote zur Bemerkung: »die Beamten bitten Gott um Ehrlichkeit, wenn die Jahre kommen, wo sie zu leben haben«, fährt Jean Paul fort: »Augustin betete: da mihi castitatem, sed non modo, d.h. verleihe mir Keuschheit, aber nicht gleich« (vgl. *Komischer Anhang zum Titan. Sämtliche Werke* 3,957).

[101] Vgl. *Der grüne Heinrich*, 795. Im Text heißt es weiter (ebd.): »Er hatte Geist so gut als einer, aber wie streng hält er ihn in der Zucht, wo er es mit Gott zu tun hat! Lesen Sie seine Bekenntnisse, wie rührend und erbaulich es ist, wenn man sieht, wie ängstlich er alle sinnliche und geistreiche Bilderpracht, alle Selbsttäuschung oder Täuschung Gottes durch das sinnliche Wort flieht und meidet. Wie er vielmehr jedes seiner strikten und schlichten Worte unmittelbar an Gott selbst richtet und unter dessen Augen schreibt, damit ja kein ungehöriger Schmuck, keine Illusion, keine Art von Schöntun mit Unreinem in seine Geständnisse hineinkomme!«

[102] Im Hintergrund steht die Willensproblematik, die Augustinus durch die Einsicht, daß er sich Wollen und Nichtwollen selbst zuschreiben muß, zur Ablösung vom Manichäismus geführt hat; vgl. 7,5: »itaque cum aliquid vellem aut nollem, non alium quam me velle ac nolle certissimus eram«. Ohne die Annahmen der Einheit der Person und der Zurechenbarkeit freier Akte ist das Gesamtprojekt der *Confessiones* hinfällig.

bens nach ›continentia‹ ist jedoch eine Aufgabe, die sich über die Zeiten hinweg stellt.

In ähnlich strenger Weise sorgt er sich um ›continentia‹ im Blick auf Essen und Trinken: scheinbar selbstquälerisch gesteht er sich deren Annehmlichkeit ein und kämpft gegen sie an. Sein täglicher Krieg (›bellum cotidianum‹), den er bei der Aufnahme des täglichen Brotes führt, bekämpft nicht die Essenslust, sondern die Gefahr, von ihr gefangengenommen zu werden.[103] Augustinus kämpft, weil es ihm um Bewahrung des freien Selbst geht, das nicht von Begierden beherrscht werden darf, wo immer Menschen wahres Leben erstreben (43: »pugno, ne capiar«). Weil körperliches Wohlbehagen nicht die Führung übernehmen, weil es nicht handlungsleitend werden darf, achtet Augustinus übergenau auf Mäßigung der Essenslust. Etwas weniger streng geht er allerdings mit seiner Neigung zum Weingenuß um (45; dazu 9,18). Denn nicht die äußere Wirklichkeit, sondern die innere Herrschaft der Gier (46), gilt ihm als Wurzel des Übels. Die besondere Schwierigkeit im Umgang mit Essen und Trinken besteht darin, daß täglich die Notwendigkeit zur Nahrungsaufnahme besteht, Enthaltsamkeit (›abstinentia‹) also hier gar nicht möglich ist. Die täglich zu lösende Aufgabe kann demnach zweifellos nur in der Mäßigung (›continentia‹) bestehen, die Augustinus ausdrücklich in einer Mischung aus Nachgiebigkeit und Strenge gegenüber der Gier sieht (47: »temperata relaxatione et constrictione«).

Noch deutlicher wird das angestrebte Ziel der Befreiung in der Beurteilung seines Verhältnisses zu Wohlgerüchen, die angenehm sind, Lust hervorrufen und nicht getadelt werden (48). Der Tadel fehlt nicht, weil es bei Gerüchen um Harmlo-

---

[103] Laut Possidius war die Tafel des Bischofs bei den stets gemeinschaftlichen Mahlzeiten sparsam und grundsätzlich vegetarisch (außer für Gäste und Kranke); stets aber gab es Wein; gegessen wurde mit Silberbesteck. Vgl. *Vita S. Augustini Episcopi*, 22: »mensa usus est frugali et parca, quae quidem inter olera et legumina, etiam carnes aliquando propter hospites, vel quousque infirmiores, semper autem vinum habebat.« Grund für die Einschränkung war nicht Armut, sondern Augustins Willensentschluß: »non [...] necessitatis inopia, sed proposito voluntatis.«

seres ginge als bei der Sexualität oder der Nahrungsaufnahme, sondern weil er hier nicht fürchtet, sklavisch an dieser Lust zu hängen. In Augustins Bemühen steckt keine geheime Lustfeindlichkeit, sondern der entschiedene Wille, nicht von versklavenden Neigungen und Begehrlichkeiten dominiert zu werden, also sich, von Zwängen befreit, selbst zu finden, sich nicht von fremden Kräften leben zu lassen.

Bezüglich des Vergnügens, das mit dem Hören von Gesängen verbunden ist, äußert er sich fast übertrieben skrupulös und spricht von der Fesselung und Unterjochung durch diesen Sinn. Er selbst aber hält sich für befreit und gesteht, im Gesang für kurze Zeit eine Art Nähe zu Gott zu finden (49: »aliquantulum adquiesco«; vgl. auch 9,8).[104] Für das Eintreten dieser Folge nennt er ein künstlerisches Qualitätsmerkmal, nämlich die Bedingung, daß der Gesang mit angenehmer und ausgebildeter Stimme vorgetragen werde. Dennoch berichtet er, bisweilen die Neigung gehabt zu haben, den Wohlklang lieblicher Melodien ganz von den Ohren der Gemeinde fernzuhalten. Im Schwanken, ob die Gefahr des Zergehens in der Lust oder die Heilsamkeit der Gesänge den Vorrang besitze, stimmt er immerhin vorläufig der Praxis des Kirchengesangs zu, obwohl es ihm manchmal zustoße, daß auch ihn der Gesang mehr bewege als das, was gesungen wird (50). Wieder ist es der Ernst der Suche nach dem Wesentlichen, dem inneren Tun des Guten, der ihn zu akribischer Gewissenserforschung treibt, was der entscheidende Beweggrund seines Tuns ist. Wie er sich einst angesichts des Todes seines Jugendfreundes selbst zur großen Frage geworden war (4,9: »factus eram ipse mihi magna quaestio«), so wird er sich im Angesicht Gottes erneut

---

[104] Sofern das auf Gott hin geschaffene Menschenherz nur in Gott Ruhe finden kann (1,1), ist das ›aliquantulum adquiesco‹ eine starke Aussage, die eine ähnliche Erfahrung ausdrückt, wie die Berührung der ewigen Weisheit im neunten Buch (9,24): »et dum loquimur et inhiamus illi, attingimus eam modice toto ictu cordis«. Zur Diskussion um Augustins ›Mystik‹ vgl. Dieter Hattrup: *Confessiones 9: Die Mystik von Cassiciacum und Ostia*, bes. 389f. und 414–422. Vgl. auch Anselm von Canterbury: *Proslogion*, cap. 1: »requiesce aliquantulum in eo.«

zur Frage, weil er nicht deutlich zu sehen vermag, ob er den Weg des wahren Lebens, zu dem er sich gerufen weiß, in seinem faktischen Leben wirklich beschreitet.

Als letzten Sinn, für dessen Vollzugslust er Mäßigung sucht, nimmt Augustinus sich die Augen vor (51): »restat voluptas oculorum istorum carnis meae«. Er behandelt das Sehen in zweierlei Hinsichten: zunächst als Funktion der leiblichen Augen, sodann im Sinne der eitlen Wißbegier, die sich als Wissenschaft gebärdet (54): »vana et curiosa cupiditas nomine cognitionis et scientiae palliata«. Über die mit dem Sehen der leiblichen Augen verbundene Lust spricht Augustinus zwar abstrakt ebenso verächtlich wie über die anderen Sinne, sobald es konkret wird, sind seine Aussagen aber sehr viel gemäßigter und teilweise sogar eindeutig positiv. Das allgemeine Kriterium für die Annehmbarkeit sinnlicher Vollzüge fordert, daß die Seele durch sie nicht in Beschlag genommen und von ihrer Ausrichtung auf Gott abgezogen werden soll (51): »non teneant haec animam meam; teneat eam deus«. Abgesehen von der Erwähnung dieser Gefahr trägt Augustinus ein hymnisches Lob der Königin der Farben (›regina colorum‹) vor, an das in teils wörtlichem Anklang der Beginn der *Hymnen an die Nacht* von Novalis erinnert.[105]

---

[105] Vgl. *Schriften* I,131: »Welcher Lebendige, Sinnbegabte, liebt nicht vor allen Wundererscheinungen des verbreiteten Raums um ihn, das allerfreuliche Licht – mit seinen Farben, seinen Strahlen und Wogen; seiner milden Allgegenwart, als weckender Tag. [...] Wie ein König der irdischen Natur ruft es jede Kraft zu zahllosen Verwandlungen, knüpft und löst unendliche Bündnisse, hängt sein himmlisches Bild jedem irdischen Wesen um.– Seine Gegenwart allein offenbart die Wunderherrlichkeit der Reiche der Welt.« Novalis nimmt das Licht als Ausgangspunkt für seine Hinwendung »zu der heiligen, unaussprechlichen, geheimnisvollen Nacht« (ebd.). Auf die klagende Frage (133): »Endet nie des Irdischen Gewalt?« antwortet er in Augustins Denken verwandtem Duktus (ebd.): »Unselige Geschäftigkeit verzehrt den himmlischen Anflug der Nacht.« Im weiteren geht Novalis andere Wege. Augustinus denkt hier erlebnisbezogen und

Augustinus lobt das Licht nicht nur auf Grund unmittelbaren Erlebens, sondern auch unter Hinweis auf biblische Erzählungen (Tobit, Jakob). Dem Licht schreibt er die wohltätige Wirkung zu, alle zu vereinen, die es lieben (52): »ipsa est lux, una est et unum omnes, qui vident et amant eam.« Obwohl er die gefährliche Süße des Lichtes erwähnt, die zum ›Aufgehen in der Welt‹ verleiten kann, betont er doch, daß es auch das Lob Gottes mehren kann. Er macht also keine Versuche, Sinnliches zu verteufeln, sondern müht sich, die Beziehung zu Gott nicht zu beschädigen, in der er den Weg zum wahren Leben sieht. Die Kritik gilt denen, die sichtbaren Dingen nachjagen, die sie schaffen wollen, und dabei Gott verlieren, der sie geschaffen hat – also gegen solche, die ihre Kraft vergeuden und in sinnlichem Genuß erlahmen (53).

Das Sehen wird nun zum Bindeglied zur nächsten Art der Begehrlichkeit, zur ›concupiscentia oculorum‹, die nicht mehr zur Begehrlichkeit des ›Fleisches‹ gehört, weil hier nicht mehr das Sehen ›in carne‹ Thema ist, sondern das Sehen ›per carnem‹, was schon Heidegger betont hat.[106] Diese Art von Sehen vereint einerseits die vorher untersuchten Zugangsarten zur Wirklichkeit, die synästhetisch als Sehen begriffen werden.[107] Andererseits bietet sie den Übergang zur dritten Form der ›temptatio‹, nämlich dem Ehrverlangen (›ambitio saeculi‹), worauf Heidegger implizit hinweist, indem er sagt (*AuN* 223): »Curiositas, Neu-gier, ›cupiditas, nomine cognitionis et scientiae palliata‹ (›pallium‹ wohl: griechischer Gelehrter und Philosoph), sich umhängend den Mantel des Tiefsinns und der absoluten

---

konkret. Die neuplatonische Lichtmetaphysik bleibt ohne Widerhall. Zum Thema vgl. Werner Beierwaltes: *Plotins Metaphysik des Lichtes*.

[106] Vgl. *AuN* 222: »In den vorgenannten Versuchungsmöglichkeiten ist der appetitus gerichtet auf ein oblectari: zum Zeitvertreib sich ergötzen an«; jetzt geht es um »appetitus des experiendi« (*AuN* 223).

[107] 54: »utimur autem hoc verbo etiam in ceteris sensibus, cum eos ad cognoscendum intendimus.« Vgl. *TI* 162: »Comme l'a fait remarquer Heidegger après St. Augustin, nous employons le terme vision indifféremment pour toute expérience, même quand elle engage d'autres sens que la vue.« Dazu *AuN* 222.

Kulturnotwendigkeit der besonderen Leistungen.« Augustinus zielt von vornherein nicht auf eigentliche Erkenntnis und Wissenschaft, sondern auf Tätigkeiten, die sich ohne Grund mit diesen Namen bemänteln und zieren (vgl. auch 67).

Er steht damit in einer langen Tradition, die sich auch schon auf Platons Sokrates berufen kann, der es für lächerlich gehalten hat, fernabliegende Dinge zu erforschen, solange er sich nicht in der Lage sieht, sich selbst zu erkennen (*Phaidros* 229e): οὐ δύναμαί πω κατὰ τὸ Δελφικὸν γράμμα γνῶναι ἐμαυτόν· γελοῖον δή μοι φαίνεται τὰ ἀλλότρια σκοπεῖν. Wie der Platonische Sokrates vertritt Augustinus den Vorrang des Strebens nach Selbsterkenntnis und die strikte Forderung nach Nützlichkeit des Erkenntnisstrebens. Abzulehnen sei die Art des Wissens, das zu wissen nicht nützt und nur um des Wissens willen gesucht wird (55): »quae scire nihil prodest et nihil aliud quam scire homines cupiunt«. Die Aufhäufung unnützen Wissens bezeichnet er folgerichtig als pervertierte Wissenschaft, deren Zwecke auch mit Hilfe der Magie verfolgt werden (55). Wo es Menschen auf menschliche Weise um für Menschen Nützliches geht, hätte die von Augustinus vorgebrachte Kritik also keinen Anhaltspunkt.

Obwohl die Grundlagen der vorgetragenen Position bei genauerem Hinsehen einleuchtend sind, enthält sie doch einige Aspekte, die manche Leser zu hinterfragen geneigt sein könnten. An konkreten Betätigungen, die Augustinus auf bloße Schaulust und eitles Interesse zurückführt, nennt er die sensationslüsterne Betrachtung von Schrecklichem, von Theateraufführungen, des Sternenlaufs, von Geisterbeschwörungen und die Beobachtung des Naturgeschehens in der unmittelbaren Umwelt. Sensationsgier, die auf Kosten der Würde der beäugten Menschen geht, soll ebensowenig rehabilitiert werden wie Geisterbeschwörungen und die Beobachtungen des Sternenlaufs um der ›astrologischen‹ Schicksalsbestimmung willen. Bei anderen Tätigkeiten bleibt immer noch zu diskutieren, *ob und wie sie Menschen nützen*. Solcher Nutzen ist das hier gemeinte, allgemeine Kriterium (vgl. *1 Cor* 8,1: »scientia inflat, caritas vero aedificat«).

Daß Augustinus selbst mit offenen Augen durch die Welt gegangen ist und vieles ›Interessante‹ beobachtet und erfahren hat, läßt sich den Beispielen entnehmen, die in den *Confessiones* gelegentlich zu finden sind. Solange durch Hinsehen erworbenes Wissen (auch ohne unmittelbare Nützlichkeit) Verweisfunktion ausübt und Fragen nach dem weckt, was für die Menschen wesentlich ist, hat solches Wissen laut Augustinus positiven Sinn. So berichtet er von sich, die Weite des Weltalls, ebenso die Erde, das Meer, die Tierwelt und vieles Andere befragt zu haben. Nur weil ihm diese Fragen als Stufen auf seinem Weg wichtig sind, führt er sie explizit an (9). Auch in der Betrachtung der ›curiositas‹ bleibt es bei der Ambivalenz des Urteils (57): obwohl Augustinus sich durch seine Beobachtungen am Ende oft dazu bewegt sieht, Gott als Schöpfer zu loben, mißbilligt er doch den Umweg, der mit der Ablenkung verbunden war. Er hat sich, wie er berichtet, von äußerem Geschehen fesseln lassen, und zum Beispiel die Jagd von Hunden auf Hasen, von Sterneidechsen und Spinnen auf Mücken beobachtet, sich nachher aber eingestanden, dabei nur einem Schwall üppiger Nichtigkeiten ausgesetzt gewesen zu sein.

An diesem Interesse, zu dem er sich unwillentlich hinreißen läßt, tadelt er, daß es sein Herz aus der Bahn werfe, daß er sich dadurch verliere und abstumpfe. Grund der *curiositas*-Kritik ist sein Wille, auf dem Weg des wahren Lebens zu bleiben, sich nicht selbst und sein Ziel aus dem Auge zu verlieren. Insofern setzt Hans Blumenberg im apodiktischen Endurteil falsche Akzente. Er schließt die explizite Betrachtung zu Augustinus mit dem Satz: »Als das auf den innerweltlichen Möglichkeiten des Menschen insistierende Verhaltenskorrelat dieses Naturbegriffs wird die *curiositas* von Augustin endgültig dem Lasterkatalog eingefügt.«[108] Zuvor hatte er gesagt (360f.): »Das Wissenwollen als solches ist also keineswegs schon *curiositas*. Im Gegenteil: Die *saecularis sapientia* unterscheidet sich gerade dadurch vorteilhaft von der gnostischen Spekulation, daß

---

[108] Vgl. *Die Legitimität der Neuzeit*, 376. Vgl. dazu weiter Norbert Fischer: *Einleitung* (Tusculum), bes. 798–800.

sie empirische Bestätigung zuläßt, während die Gnosis für ihre Aussagen über die Welt eine glaubensartige Zustimmung ohne Verifikationsanspruch gefordert hatte. Augustin verbindet die Verfehlung, die er in der *curiositas* sieht, an dieser Stelle also weder mit einem bestimmten Gegenstand, etwa dem astronomischen, noch mit dem eigentlich theoretischen Insistieren auf Genauigkeit und Nachprüfbarkeit, sondern allein mit der Unreflektiertheit des Gebrauchs der Vernunft, die als solche schon Verweigerung der Dankesschuld für die Kreatürlichkeit ist.« Dieser zutreffenden Erklärung folgt jedoch die kaum zum obengenannten Verdikt passende These (361): »In dieser Subtilität war der Gedanke freilich nicht traditionsfähig.«

Auf den originalen Gedanken Augustins hatte sich Heidegger schon in der frühen Vorlesung aus dem Sommersemester 1921 mit dem Titel *Augustinus und der Neuplatonismus* eingelassen.[109] Laut Heidegger zielt Augustinus kritisch auf die Begierde »des kenntnisnehmenden, kennenlernenden Erfahrens, des *Sichumsehens* (nicht Umgehens) in den verschiedensten Bereichen und Feldern, ›was da los ist‹« (*AuN* 223). Die Intention sei eine solche, »daß sie sich den Gehalt des Was so zugänglich macht, daß er ihr nichts anhaben kann, vom Leibe hält, aber gerade dabei sich ansieht – und nur ansieht –, und ein Sichbewegenlassen erst auf dem Grunde dieses Sich-vom-Leibe-Haltens möglicherweise gesucht wird« (*AuN* 223). Da-

---

[109] Zur Bedeutung von Heideggers Augustinus-Lektüre für seinen weiteren Denkweg vgl. Friedrich-Wilhelm von Herrmann: *Die »Confessiones« des Heiligen Augustinus im Denken Heideggers*. Im Blick auf das zehnte Buch vgl. 116–128; hier vor allem 128: »Auch die Neugier ist eine Bekümmerungsrichtung des Lebens, jene, in der wir uns mit Nichtigkeiten abgeben, die uns gegen die Möglichkeit einer primären Bekümmerung um Gott verschließt. Die *curiositas* ist daher eine *abfallende* Vollzugsweise der Selbstbekümmerung des Lebens, abfallend aus dem primären Selbstbezug zu Gott und verfallend an die Nichtigkeiten bloßer Neugier. Augustins Analyse der *curiositas* hat dann in Heideggers daseinsanalytischer Thematisierung der Neugier im Rahmen seiner Analyse des Existenzials des Verfallens Aufnahme gefunden (*Sein und Zeit*, § 36).«

mit geht es in der *curiositas* um das »*bloße Sehenwollen*«, um »die nackte Neugier«, deren emotionales Korrelat »Furcht, Schrecken, Gruseln« sei (*AuN* 224; vgl. dazu 55: »quid enim voluptatis habet videre in laniato cadavere quod exhorreas?«). Heidegger kann mit Augustinus die Gefährlichkeit der *curiositas* betonen (*AuN* 226): »In der Neugier, in dieser Bezugsrichtung ist prinzipiell alles zugänglich; hemmungslos.« Indem Heidegger darauf verweist, daß sie »Höhlen, Verstecke für die Aufnahme und das Insichbergen gottloser Eitelkeiten« biete, weist er auf den Übergang zur dritten Form der ›temptatio‹, auf das Ehrverlangen, die ›ambitio saeculi‹. Mit Wissenschaftsfeindlichkeit hat die *curiositas*-Kritik Augustins im zehnten Buch der *Confessiones* nichts zu tun.

Dieser Befund läßt sich an der Karriere des Wortes ›curiosum‹ im 17. Jahrhundert verfolgen, einer Zeit, in der zahlreiche Bücher ein »opus curiosum« ankündigen.[110] Im Deutschen wurde *curiositas* als ›Wundergernekeit‹ wiedergegeben – und das Beiwort ›curios‹ war »das ehrende Prädikat für die neuen Erfindungen und für die Menschen, die sie hervorbringen, verstehen und fördern«; als kurios galten zum Beispiel: »Ölpressen, Bratenwender, Schleifräder mit Wasserantrieb«, wobei ›curiosum‹ gleichbedeutend mit ›novum‹ ist (101). Zwar wurde der Wille zum ›curiosum‹ teils auch biblisch begründet, meistens aber in der Gegenbewegung zur Tradition als der Wille zum Neuen verstanden, so daß das Althergebrachte unter Rechtfertigungsdruck geriet, die ›Legitimität‹ des Neuen hingegen selbstverständlich zu sein schien (102).

Immerhin kann kritisch vermerkt werden, daß Augustinus seine Aufmerksamkeit eher nachlässig auf Kontexte richtet, in denen die Antriebe der ›Neugier‹ eine womöglich förderliche oder sogar notwendige, aber dennoch im Ansatz zugleich

---

[110] Vgl. Ansgar Stöcklein: *Leitbilder der Technik. Biblische Tradition und technischer Fortschritt*, 101 f. und 151 f. Die positive Bewertung der ›curiositas‹ ist wohl unter dem Pontifikat Leos X. (1513–1521) aufgekommen; vgl. 151.

unschuldige und harmlose Rolle spielen. Beispiele für dieses Defizit enthält die explizite Untersuchung der ›curiositas‹ im zehnten Buch. Selbstredend ist die geschilderte Betrachtung tierlichen Verhaltens nicht in sich tadelnswert, weil der Autor ohne Beobachtungen auch in diesem Bereich keine Grundlage hätte, über Welt, Mensch und Gott nachzusinnen, und auch keine Grundlage, das Wort der Schrift zu verstehen.

Selbstredend wäre auch die geforderte ›Rückkehr nach innen‹ ein sinnwidriges Unterfangen, wenn sie nicht auf die Hinwendung nach außen folgte, die also unvermeidlich vorausgesetzt ist.

Mensch, Zeit und Welt denkt Augustinus nicht als Folgen menschlichen Übermuts und des tollkühnen Willens der Seelen, sich selbst zu gehören, sondern als Werk des Schöpfergottes.[111] Das Hinausgehen (»foras ire«) hat auch einen, von Augustinus wenig bedachten positiven Sinn, der die geforderte Rückkehr erst ermöglicht.[112] Und so geht es auch im Bereich der ›curiositas‹ der Sache nach um ›continentia‹, um ein Zurückdrängen der Eitelkeit, nicht um ›abstinentia‹.

Gleichsam fließend geht Augustinus zur Betrachtung der dritten Begehrlichkeit über, vermutlich deswegen, weil er sie eng mit der Selbstgefälligkeit der ›curiositas‹ verbunden sieht. Zunächst behauptet er, vom schmählichen Drang geheilt zu sein, sich selbst in Schutz zu nehmen, da die Scheu vor Gott seine Überheblichkeit gebändigt habe (58).[113] Die Mäßigung der Begierde, die Augustinus sucht, weil er sie für geboten hält (›continentiam iubes‹), hat nicht den Sinn, von der Welt zu lassen, sondern das Streben auf höhere Güter zu richten, in denen

---

[111] Gegenposition ist wiederum Plotin (*Enneade* V 1,1,1–5), der weder ›Schöpfung‹ noch ›Gericht‹ kennt.

[112] Den Sinn unschuldiger Neugier nennt Rilke im Blick auf den Erzengel Raphael und Tobias (*Duineser Elegien* 2; *KA* 2,205): »Wohin sind die Tage Tobiae,/ da der Strahlendsten einer stand an der einfachen Haustür,/ zur Reise ein wenig verkleidet und schon nicht mehr furchtbar;/ (Jüngling dem Jüngling, wie er neugierig hinaussah).«

[113] Der Grund dieser Scheu ist die Heiligkeit Gottes, die eine unüberwindbare Hürde aufrichtet (vgl. 67–70).

die niederen Güter nicht negiert, aber ihrer höhere Güter negierenden Antriebskräfte entledigt sind. Damit ist der Sinn der Gnade klar, auf die Augustinus hofft: sie destruiert nicht die Natur des Menschen und seiner Ziele, sondern setzt sie voraus und gibt ihnen ein vollkommeneres Ziel.[114] Indem Gott die ›Sehnsucht nach Gutem‹ stillt (58), also die natürlichen Möglichkeiten nicht einfach durchkreuzt, sondern überbietet (8), gibt er zugleich die Kraft, dem Überschwang der Begierden in Mäßigung Einhalt zu gebieten (40 und 60): »da quod iubes et iube quod vis«.

Die dritte Art der Prüfung besteht in dem durch die menschliche Natur motivierten Willen, von anderen Menschen geliebt und gefürchtet zu werden. Laut dem Anfang des Prooemiums der *Confessiones* ist der natürliche Mensch faktisch von vier Schwächen bestimmt (1,1): von seiner Bedeutungslosigkeit angesichts der raumzeitlichen Größe des Ganzen der Schöpfung (»aliqua portio creaturae tuae«), von seiner Sterblichkeit (»homo circumferens mortalitatem suam«),[115] von der Verfehltheit seines Lebens (»circumferens testimonium peccati sui«) und zugleich vom Unvermögen, die Situation hochmütig aus eigener Kraft bewältigen oder überspielen zu können (»et [circumferens] testimonium, quia ›superbis resistis‹«; diese Formel ist aufgegriffen in 59). In dieser Lage, die jedem Einzelnen damit droht, in völliger Bedeutungslosigkeit unterzugehen,

---

[114] Damit wäre das Thomasische Axiom der Sache nach schon bei Augustinus zu finden; z. B. *S.th.* I,2,2 ad 1: »sic enim fides praesupponit cognitionem naturalem, sicut gratiam naturam, et perfectio perfectibile.« Vgl. I,1,8 ad 2.

[115] Die Sterblichkeit ist laut Augustinus keine Folge der Sünde, sondern von Natur aus gegeben, also Teil der Schöpfungswirklichkeit (*Gn. litt.* 6,22,33): »ut videlicet mors corporis non de peccato accidisse videatur, sed naturaliter, ut animalium caeterorum«. Obwohl der Mensch in seinem ursprünglichen Schöpfungszustand nicht dem Tod anheimgefallen wäre, wenn er nicht gesündigt hätte, war er dennoch durch seine Animalität sterblich. Diesen Zustand nennt Augustinus (*Gn. litt.* 6, 21, 32): »sine morte mortalis«; vgl. dazu *APE* 166–169.

scheint das Streben nach Ehre einen Ausweg zu bieten, der Wille, von anderen geliebt oder gefürchtet zu werden. Kritisch sieht Augustinus dieses Streben, sofern es in ihm nur um die Freude an der Ehre geht, die eigentlich keine Freude sei, weil solches Leben elend sei und eine widerliche Prahlerei (59: »misera vita est et foeda iactantia«). Nicht die Ehre selbst wird also abgelehnt, sondern die verlogene Selbstgefälligkeit, die sich bei Menschen im Ehrverlangen verbergen kann. Das Ideal der Herrschaft ist laut Augustinus Herrschaft ohne Selbstgefälligkeit, ein Ideal, dessen Verwirklichung Menschen auf Grund ihrer Endlichkeit versagt bleibt.

Dennoch gesteht Augustinus, daß es Aufgaben der menschlichen Gesellschaft gibt, die Menschen nur unter der Voraussetzung erfüllen können, daß sie geliebt und gefürchtet werden.[116] Damit trägt er dem Gedanken Rechnung, den Aristoteles in seiner Betrachtung der drei grundlegenden Lebensmodelle für das politische Leben vorgetragen hatte, das auf die Ehre (τιμή) zielt.[117] Im Bewußtsein der Unvermeidlichkeit des Strebens nach Ehre sucht Augustinus das wahre Maß, Mäßigung der Begierden, ›continentia‹. Demnach droht Gott den ehrgeizigen Bestrebungen nicht aus Neid und Mißgunst, weil er in Konkurrenz zu den Menschen stünde und ihnen, die um sich be-

---

[116] 59: »propter quaedam humanae societatis officia necessarium est amari et timeri ab hominibus«.

[117] Vgl. *NE* 1095b14–19. Das bloße Lustleben, das den Begierden folgt (βίος ἀπολαυστικός), bezeichnet Aristoteles als Lebensweise der Menge (der πολλοί), nicht der edleren Menschen. Aber auch das Streben nach Ehre ist laut Aristoteles nicht das höchste Leben. Die höchste Möglichkeit des Lebens, die unter den tugendgemäßen Handlungen zugleich die genußreichste ist, sieht er in der Betrachtung der höchsten Wahrheit (*NE* 1177a17–25). Ein ähnliches Ziel hatte Augustinus zunächst – jedoch vergeblich – im Streben nach Selbstvergöttlichung gesucht (*ep.* 10,2: »deificari in otio«). Aber auch Aristoteles erklärt, daß dies Leben die Kraft der Menschen übersteigt und auf etwas Göttliches in ihm verweist (1177b26–28). Für ihn bleibt es dennoch eine Aufgabe, auch wenn sie unlösbar ist (1177b31–34). Die Lösung der Aufgabe geschieht laut Augustinus durch den wahren Mittler, in dem die Liebe Gottes offenbar geworden ist und der den Weg zum wahren Leben weist (bes. 67–70).

sorgt sind, Glück und Vollendung mißgönnte,[118] sondern weil er sie auf sich hin (auf göttliche Höhe hin) geschaffen hat (1,1), weil er sie zu edlerer Höhe befähigen will, als die Höhe, die sie mit natürlicher Kraft erstreben, wenn auch niemals völlig erreichen können. Damit Menschen ihre natürliche Motivation, die ihr eigenes Glück bezweckt, übersteigen und beginnen können, selbst Handlungen aus reiner Liebe zu erstreben, bedürfen sie des Anstoßes, von dem Augustinus im Zentrum des zehnten Buches berichtet und der christologisch zu deuten ist. Das höhere Ziel reiner Liebe, das die Ziele überschreitet, die Menschen natürlicherweise erstreben, ist der wichtigste Grund, der die Mäßigung des Ehrverlangens notwendig macht. Deswegen sagt Augustinus, daß einer, der einen Anderen gelobt hat, besser sei als einer, der gelobt worden ist (59): »melior iam ille, qui laudavit, quam iste, qui laudatus est.«

Die Mäßigung des Ehrverlangens hält Augustinus jedoch für ein schwieriges Unterfangen, weil es sinnwidrig ist, wenn eine Person ein übles Leben führte, um feststellen zu können, wie wichtig ihr das Lob ist. Das Lob, das sich auf das gute Leben richtet, dürfe vielmehr ebensowenig mißachtet werden wie das gute Leben selbst (60). Allerdings ist Augustinus sich bewußt, daß zuweilen tadelnswerte Lebensweisen gelobt werden, und will sich deshalb von der Abhängigkeit von Lob freimachen. Er gesteht allerdings, daß seine Freude über etwas Gutes durch Beifall aus fremdem Mund wächst und er diesen Zusammenhang auch für gefährlich hält (61). Denn Lobworte sollen ihn ja nicht

---

[118] Die altgriechische Theologie kannte den Neid der Götter, wie ihn Friedrich Schiller zur Sprache bringt; vgl. *Der Ring des Polykrates* (*SW* 1,344; V.52–54): »Mir grauet vor der Götter Neide,/ des Lebens ungemischte Freude/ ward keinem Irdischen zuteil«. Vgl. Karl Reinhardt: *Aischylos als Regisseur und Theologe*, 13. Dagegen hat sich insbesondere Platon zur Wehr gesetzt (vgl. *Politeia* 380a) und die Neidlosigkeit Gottes gelehrt; z. B. *Timaios* 29e: Ἀγαθὸς ἦν, ἀγαθῷ δε οὐδεὶς περὶ οὐδενὸς οὐδέποτε ἐγγίγνεται φθόνος· τούτου δ᾽ ἐκτὸς ὢν πάντα ὅτι μάλιστα ἐβουλήθη γενέσθαι παραπλήσια ἑαυτῷ. Im Rahmen der Philosophie Platons ist damit Anähnlichung an Gott gefordert, soweit sie Menschen möglich ist (*Theaitetos* 176b): ὁμοίωσις θεῷ κατὰ τὸ δυνατόν.

stolz machen, sondern zum Vorteil des Nächsten beflügeln (62): »video non me laudibus meis propter me, sed propter proximi utilitatem moveri oportere«. Er weist also weniger das Ehrverlangen selbst zurück als vielmehr die übertriebene Selbstliebe, die ungerechten Tadel bei sich für schmerzlicher hält als ebendiesen Tadel Anderer. Wer sich rühme, nicht nach billigem Beifall zu haschen, sei nur einer gesteigerten Eitelkeit verfallen (63). Das Übel, das durch Mäßigung der ›ambitio saeculi‹ bekämpft werden soll, ist die Selbstgefälligkeit, die auf einem Urteil des Menschen über sich beruht, dessen er nicht fähig ist (64).[119]

5. Zu Christus als dem Weg zum wahren Leben

Nachdem Augustinus die Gefährdungen des wahren Lebens durchgemustert und den zurückgelegten Weg vergegenwärtigt hat, folgt eine ernüchternde Diagnose, die an den Beginn des zehnten Buches anknüpft, wo er bekennt, über sich zu erröten, sobald er Gottes Blick auf sich gerichtet spürt (2): »gemitus meus testis est displicere me mihi, tu refulges et places et amaris et desideraris, ut erubescam de me«.[120] Indem er sich vor Gottes Angesicht niedergedrückt findet (66: »proiectus sum a facie oculorum tuorum«), spricht er aus der Perspektive des Menschen, der göttliche Vollendung sucht und bemerkt, sie nicht aus eigener Kraft erreichen zu können. Da er sich auf solche Nähe zu Gott hin geschaffen glaubt, hat er, um sich dem Ziel zu nähern, von Natur aus die Aufgabe, seinen faktischen Zustand mit dem überhohen Anspruch zu versöhnen. Das Bekenntnis seines Unvermögens führt ihn zuletzt zur Frage, wen

---

[119] Das gehört in den Kontext von 5: »bona mea sunt instituta tua et dona tua, mala mea sunt delicta mea et iudicia tua«. Wie berichtet lehnt Kant wie Augustinus Selbstgefälligkeit ab und erklärt (*Päd* A 124): »daß wir in Rücksicht auf Gott nie mehr, als unsere Schuldigkeit thun können«. Auch er denkt aus der Dialektik von Freiheit und Gnade.

[120] Vgl. auch 7: »prae tuo conspectu me despiciam et aestimem me terram et cinerem«.

er finden könnte, der ihn mit dem Schöpfer auszusöhnen vermöchte (67): »quem invenirem, qui me reconciliaret tibi?«[121]

Im Wissen, das Zeitgenossen Engeln und Dämonen zuschreiben, sucht Augustinus nicht die Rettung, weil es ohne Liebe sei (vgl. *civ.* 9,20): »est ergo in daemonibus scientia sine caritate«. Ebensowenig kommen mantische Praktiken, Zauberei und theurgische Orakel in Frage (67).[122] Ethische Bemühungen aus eigener Kraft tadelt er nicht, stellt jedoch ihre Erfolglosigkeit fest. Die Weise, wie er den ›Mittler‹ sucht, der uns Menschen den Weg zum wahren Leben bahnen könnte, zeigt, daß er *urteilend* agiert und nicht bereit ist, sich bloßer *Autorität* zu unterwerfen. Sein entschlossen beschrittener Weg hat ihn zur Einsicht geführt, daß er die Ohren öffnen muß, um auf den Weg der Wahrheit zu gelangen. Allerdings will er so *hören*, daß er auch *versteht*. Sein Leitwort heißt also (11,3): »audiam et intelligam«. Und so nennt er als Kriterium für einen wahren Mittler, daß er einerseits Gott, andererseits den Menschen ähnlich sein sollte (67).

---

[121] Diese Frage impliziert den Sündenfall, der den Weg zum wahren Leben verbaut, zu Unwissenheit und Schwäche führt (*lib. arb.* 3,52). Zu den Folgen vgl. Friedrich Schiller: *Wallenstein. Die Piccolomini* (5, V. 2452f.; *SW* 2,398): »Das eben ist der Fluch der bösen Tat,/ Daß sie, fortzeugend, immer Böses muß gebären.« Nüchternes Urteil wird Spätere, bei denen die böse Saat aufgegangen ist, eher von Schuld entlastet sehen. Die Ursündenlehre ist nicht Folge eines finsteren Menschenbilds, sondern entlastet die Einzelnen sogar von zurechenbarer Schuld an faktischen Übeln (vgl. 1,14; zitiert von Ludwig Wittgenstein: *Philosophische Bemerkungen*, 5): »et multi ante nos vitam istam agentes praestruxerant aerumnosas vias, per quas transire cogebamur multiplicato labore et dolore filiis Adam.«

[122] Vgl. John J. O'Meara: *Porphyry's Philosophy from Oracles in Augustine*, 155f. Augustinus hatte Neuplatoniker im Auge, die von den ›Chaldäischen Orakeln‹ beeinflußt waren. Vgl. Beate Nasemann: *Theurgie und Philosophie in Jamblichs* De Mysteriis, 18–24 (mit weiterer Literatur). Vgl. William E. Klingshirn: *Divination and the Disciplines of Knowledge according to Augustine*, 117–124; bes. 138: »Augustine not only attacked theurgy and Neoplatonism; he also permanently reconfigured for himself the problem of human access to divine knowledge«.

Um den angezielten Schritt gehen zu können, folgen – allerdings nur negative – Aussagen zum Sein Gottes (67): »tu autem, domine, [...] immortalis et sine peccato«. Deren positive Korrelate – Ewigkeit und Heiligkeit – werden nicht analysiert, aber als *Ideal* asymptotisch angezielt.[123] Obwohl Augustinus ja glaubt, daß Gott die Menschen auf sich hin geschaffen hat und die Menschen zur *Mitwirkung* an der Lösung dieser Aufgabe heranzieht (1,1: »tu excitas«), gesteht er sich ein, daß die faktische Wirklichkeit des menschlichen Lebens verhindert, daß Menschen das wahre Leben – ein Leben ohne Tod und Sünde – allein auf sich gestellt erstreben können. Obwohl er überzeugt war, daß die Sterblichkeit, die den Menschen wie allen irdischen Lebewesen auferlegt ist,[124] nicht zum Vollzug gekommen wäre, wenn Adam nicht gesündigt hätte,[125] deutet er den wirklichen Tod doch als Folge der Sünde (67): »›stipendium peccati mors est‹«. Um das in der Schöpfungswirklichkeit (also in der ›Natur‹ des Menschen) grundgelegte Ideal in die Wirklichkeit überführen zu können, muß beim Streben nach Heiligkeit angefangen werden. Auf diesem rational klaren Fundament ruht nun die hier vorgetragene Christologie.[126]

Die Mittlerfunktion Christi verdirbt nicht Verantwortlichkeit und Freiheit der Menschen, da ihnen das wahre Leben

---

[123] Eine positive Erklärung der Unsterblichkeit müßte ›Ewigkeit‹ erläutern (»aeternitas«); im Hintergrund wäre das Wort Heraklits zu bedenken (B 62): ἀθάνατοι θνητοί· θνητοὶ ἀθάνατοι, ζῶντες τὸν ἐκείνων θάνατον, τὸν δὲ ἐκείνων βίον τεθνεῶτες. Wesensaussagen ›über‹ Gott sind nicht möglich, nur die Selbsterkenntnis von Menschen als endlichen Wesen, die von der (begrifflich nicht faßbaren) Beziehung zum Unendlichen lebt.

[124] Vgl. *Gn. litt.* 6,22,33; dies im Sinne der Rede Platons von den θνητὰ γένη; vgl. *Protagoras* 320c–322d.

[125] Dann wäre Adam ohne Tod in einen spirituellen Leib verwandelt worden (*Gn. litt.* 6,24,35): »in quod nondum mutatus, sed mutandus erat Adam, nisi mortem etiam corporis animalis peccando meruisset.«

[126] Laut Kant dient uns die Heiligkeit als *Urbild*, »welchem sich ins Unendliche zu nähern das einzige ist, was allen endlichen vernünftigen Wesen zusteht« (*KpV* A 58) und Basis des Unsterblichkeitspostulats ist (*KpV* A 219–223).

nicht unmittelbar geschenkt wird, sondern zur Nachfolge aufgegeben ist.

Den Menschen bleibt etwas zu lernen, was sie ohne Vorbild vergeblich zu erreichen suchten: nämlich selbstlose Liebe, die nicht auf Selbstbereicherung zielt, aber sie eben dadurch bewirkt, gemäß dem vom Vorbild Christi ausgehenden Imperativ im vierten Buch der *Confessiones* (4,19): »descendite, ut ascendatis et ascendatis ad deum.« Die naturhaft nach Aufstieg strebenden Menschen[127] haben es schwer mit der Einsicht, daß Gott sich den Demütigen offenbart hat, damit sie an einem Vorbild wahre Demut lernen (68). Dies Lernen ist möglich, sofern Christus als vermittelnde Brücke zwischen Mensch und Gott fungiert und ihm im Sinne der Idiomenkommunikation Sterblichkeit mit den Menschen, Gerechtigkeit mit Gott zukommt.

Sofern Augustinus das »Ideal der Gott wohlgefälligen Menschheit« denkt (*RGV* B 75; 193), ist Christus Mittler. Sofern er ›Wort Gottes‹ ist, wie Augustinus sagt, ist er selbst Gott, der bei Gott ist und zugleich der eine Gott ist, der die Menschen auf sich hin geschaffen hat (68; 1,1). Eine Erklärung der christologischen Kernaussage Augustins ist bei Kant zu finden (*RGV* B 77): »Es bedarf also keines Beispiels der Erfahrung, um die Idee eines Gott moralisch wohlgefälligen Menschen für uns zum Vorbilde zu machen; sie liegt als ein solches schon in unsrer Vernunft.« Die gestellte Aufgabe fordert laut Kant höchsten Gehorsam (*RGV* B 75): »Das Ideal der Gott wohlgefälligen Menschheit (mithin einer moralischen Vollkommenheit, so wie sie an einem von Bedürfnissen und Neigungen abhängigen Weltwesen möglich ist) können wir uns nun nicht anders denken, als unter der Idee eines Menschen, der nicht allein alle Menschenpflicht selbst auszuüben, zugleich auch

---

[127] Naturhaft geht es ihnen um Lebenserhaltung und Lebenssteigerung; dies hat für sie von Natur aus ›Wert‹; vgl. Friedrich Nietzsche (*NF* 11 [73] (331); *KSA* 13,36): »Der Gesichtspunkt des ›Werths‹ ist der Gesichtspunkt von *Erhaltungs- Steigerungs-Bedingungen* in Hinsicht auf complexe Gebilde von relativer Dauer.«

durch Lehre und Beispiel das Gute in größtmöglichem Umfange um sich auszubreiten, sondern auch, obgleich durch die größten Anlockungen versucht, dennoch alle Leiden bis zum schmählichsten Tode um des Weltbesten willen und selbst für seine Feinde zu übernehmen bereitwillig wäre.«[128] Derart ist das Ideal der Heiligkeit von keinem Geschöpfe erreichbar und »dennoch das Urbild [...], welchem wir uns zu nähern und in einem ununterbrochenen, aber unendlichen Progressus gleich zu werden streben sollen« (*KpV* A 149).

Augustinus hätte also mit Kant gegen Pelagius betonen können, daß sterbliche Menschen ohne Gnade ihr Ziel nicht erreichen können: »nisi dei gratia liberetur a servitute [...] recte pieque vivi a mortalibus non potest.«[129] Befreiung gewährt erst der Glaube an den Mittler, der mit den Menschen die Sterblichkeit, mit Gott aber die Heiligkeit gemeinsam hat und der die Menschen zur Nähe mit dem unsterblichen und heiligen Gott befähigen kann, dessen Blick sie nicht ertragen können, solange sie nicht heilig sind. In der Weltzeit erweist sich das menschliche Leben insgesamt als Prüfung und Versuchung (39): »›temptatio est vita humana super terram‹«, als sich steigernde Herausforderung der menschlichen Freiheit.[130]

---

[128] Kant geht also ähnliche Wege, wie sie in den christologischen Passagen des zehnten Buches vorgezeichnet sind. Er erklärt deswegen auch (*KU* B 139): »Selbst in der Religion [...] wird doch nie durch allgemeine Vorschriften [...] so viel ausgerichtet werden, als durch ein Beispiel der Tugend oder Heiligkeit, welches, in der Geschichte aufgestellt, die Autonomie der Tugend aus der eigenen und ursprünglichen Idee der Sittlichkeit (*a priori*) nicht entbehrlich macht, oder diese in einen Mechanism der Nachahmung verwandelt. *Nachfolge*, die sich auf einen Vorgang bezieht, nicht Nachahmung ist der rechte Ausdruck für allen Einfluß, welchen Producte eines exemplarischen Urhebers auf Andere haben können; welches nur so viel bedeutet als: aus denselben Quellen schöpfen, woraus jener selbst schöpfte, und seinem Vorgänger nur die Art, sich dabei zu benehmen, ablernen.«

[129] Vgl. *retr.* 1,9,4.

[130] Formen der Wörter ›temptatio‹ und ›temptare‹ sind im zehnten Buch der *Confessiones* weithin gegenwärtig; vgl. 7, 39 (3), 44, 46 (2), 47, 48, 51, 54, 55 (2), 57, 59, 60 (4), 61, 63 (2), 64, 67.

Augustinus weist also zugleich auf die Notwendigkeit der Gnade wie auf die Lehre von der Freiheit der Entscheidung. Einem Gott, der alles in allem wirkte und gleichsam autistische Züge hätte, könnte nicht wahrhaft der Dank entgegengebracht werden, der sich im jubelnden Ausruf an den ›guten Vater‹ bezeugt, wie sehr er uns geliebt habe (69): »quomodo amasti, pater bone«. Als entscheidendes Werk Christi nennt Augustinus die Befreiung aus der Knechtschaft, wodurch die Befreiten in die Kindschaft Gottes eintreten (69): »faciens tibi nos de servis filios«. Mit diesem Ziel ist das vormals weitgehend autark verfolgte Motiv der Vergottung (»deificari«) aufgegriffen, aber in einer Wandlung, die das Bild Gottes und das Bild vom Menschen ändert. Die zuvor bestimmenden Richtpunkte in der Vorstellung Gottes – unendliche Vollkommenheit in Allmacht, Allwissenheit, Gerechtigkeit und Glück – werden zwar nicht aufgegeben, aber dem neuen Gesichtspunkt selbstlos sich hingebender Liebe unterstellt, für die das Leben Christi das offenbare Wort ist, sofern dieser Mensch für die Ungerechten gehorsam geworden ist bis zum Tod des Kreuzes (69). So denkt Augustinus ihn als das wirksame Heilmittel, das den Menschen den Weg zum wahren, göttlichen Leben bahnt. Zugleich denkt er ihn als Weg, mit dem Gott sich einen Zugang zu den Menschen öffnet, die er liebt und in denen er ruhen möchte (13,52).

Augustinus schließt das zehnte Buch im Wissen, vom wahren Leben noch unendlich entfernt zu sein.[131] Rilke sagt zum

---

[131] Emmanuel Levinas läßt den Haupttext von *Totalité et Infini* antithetisch im Sinne Augustins beginnen (*TI* 3): »»La vraie vie est absente.« Mais nous sommes au monde.« Das metaphysische Sehnen strebt nach *ganz Anderem*, nicht nach einer Art Rückkehr ins Heimatland (*TI* 268): »Le bonheur austère de la bonté invertirait son sens et se pervertirait s'il nous confondait avec Dieu.« Vgl. dagegen Plotin, der ›unser Vaterland‹ dort sieht, ›von wo wir gekommen sind‹ (*Enneade* I 6,8,21 f.): πατρὶς δὴ ἡμῖν, ὅθεν παρήλθομεν. Laut Plotin will das Eine sich selbst, nicht Anderes. Obwohl Augustinus oft von ›Rückkehr‹ spricht, geht es in der Schöpfung um Anderes, das erst am ›siebenten Tag‹ Ruhe findet. Es geht nicht um Rückkehr zum ›ersten Tag‹, sondern um die ›sancta civitas‹ (11,3).

wahren Leben (*KA* 2,72): »Ist Leben Leben, setzt es nirgends aus«. Ziel ist das lebendige Leben für *alle*, nicht für die *kleine Schar*, die sich im Unterschied zu den Anderen das seltsame Glück zuspricht, ohne Verdienst auserkoren zu sein. Das ›Wort Gottes‹ dazu findet Augustinus bei Paulus, der erklärt, Christus sei für alle gestorben, damit sie nicht mehr für sich selbst leben, sondern für den, der gestorben ist, damit alle leben (70). Das ersehnte wahre Leben für alle sieht er ermöglicht durch die Tat der reinen Liebe. In die Gemeinschaft des Lebens, die hier eucharistische Konnotationen weckt, sieht Augustinus sich dankbar gestellt. Weil nur Menschen, die dem Gottmenschen, in dem Gott die Welt geliebt hat, als Ideal nachstreben, würdige Ruhepunkte Gottes sind, bleibt es ungewiß, ob alle das wahre Leben erreichen. So endet das zehnte Buch mit der von Gott ausgehenden ›excitatio‹, die dazu antreibt, sich auf den Weg der Suche zu machen (70; *Ps* 21,27): »›et laudant dominum qui requirunt eum‹«.

III. Zu dieser Ausgabe

1. Der lateinische Text stammt aus dem *CAG* 2, er wurde aber mit der revidierten Skutella-Ausgabe verglichen. Abweichungen oder Änderungen sind in den Fußnoten belegt. Von Augustinus zitierte Stellen sind – wie im *CAG* 2 – in Anführungszeichen gesetzt (bei Skutella sind sie durch Sperrung kenntlich gemacht); sie werden wie im *CAG* 2 am Rand nachgewiesen. Kleinere Abweichungen, z.B. die unterschiedliche Assimilation von Buchstabenkombinationen werden nicht dokumentiert (Beispiele: 5; im *CAG* 2: »improbat«; Skutella: »inprobat«. – 7; im *CAG* 2: »tandiu«, bei Skutella: »tamdiu«. – 30; im *CAG* 2: »execror«, bei Skutella: »exsecror«).

2. Wo Augustinus laut *CAG* 2 zitiert (meist aus der Hl. Schrift), sind die Siglen am Rand nach dem *CAG* angeführt, sonst nach *LThK*. Es gibt Passagen mit häufigen Zitaten und solche, in denen kein Zitat zu erkennen ist. Einige zusätzliche Referenzen laut *Bernhart* in den Fußnoten.

AURELIUS AUGUSTINUS

Suche nach dem wahren Leben
(Confessiones X / Bekenntnisse 10)

CONFESSIONES X

1 »cognoscam« te, cognitor meus, »cognoscam« sicut et cogni-
1 Cor 13,12   tus sum«. virtus animae meae, intra in eam et coapta tibi, ut
Eph 5,27   habeas et possideas »sine macula et ruga«. haec est mea spes,
ideo loquor et in ea spe gaudeo, quando sanum gaudeo. cetera vero vitae huius tanto minus flenda, quanto magis fletur, et tanto magis flenda, quanto minus fletur in eis. »ecce enim ve-
Io 3,21   ritatem dilexisti«, quoniam »qui facit« eam, »venit ad lucem«. volo eam facere in corde meo coram te in confessione, in stilo autem meo coram multis testibus.

Hbr 4,13   2 et tibi quidem, domine, cuius »oculis nuda« est abyssus humanae conscientiae, quid occultum esset in me, etiamsi nollem confiteri tibi? te enim mihi absconderem, non me tibi. nunc autem quod gemitus meus testis est displicere me mihi, tu refulges et places et amaris et desideraris, ut erubescam de me et abiciam me atque eligam te et nec tibi nec mihi placeam nisi de te. tibi ergo, domine, manifestus sum, quicumque sim, et quo fructu tibi confitear, dixi. neque id ago verbis carnis et vocibus, sed verbis animae et clamore cogitationis, quem novit auris tua. cum enim malus sum, nihil est aliud confiteri tibi quam displicere mihi; cum vero pius, nihil est aliud confiteri tibi quam hoc
Ps 5,13   non tribuere mihi, »quoniam tu«, domine[1] »benedicis iustum«
Rm 4,5   sed prius eum »iustificas impium«. confessio itaque mea, deus

---

[1] Skutella: Komma nach »domine«.

BEKENNTNISSE 10

1 ›Erkennen werde ich‹ Dich, der Du mich kennst, ›kennen werde ich Dich, wie ich erkannt bin‹.¹ Du bist die Kraft meiner Seele: tritt in sie ein und befähige sie, Dir nahe zu sein, damit sie Dir ›rein und unversehrt‹ gehöre und zu eigen sei.² Das ist meine Hoffnung, aus ihr rede ich, in dieser Hoffnung freue ich mich, wann immer heilsam ist, was mich freut.³ Das Leidige an diesem Leben ist der Tränen wahrlich umso weniger wert, je mehr man es beweint; und umso mehr ist es zu beweinen, je weniger man es beweint.⁴ ›Denn siehe, Du hast der Wahrheit den Vorzug gegeben‹.⁵ ›Zum Licht gelangt‹ ja, ›wer den Weg der Wahrheit geht‹.⁶ Ich will ihn gehen: im Bekenntnis meines Herzens vor Deinem Angesicht, mit meiner Schrift jedoch vor dem Angesicht vieler Zeugen.⁷

2 Gewiß liegen Dir, Herr, die entlegensten Tiefen menschlichen Bewußtseins ›unverhüllt vor Augen‹: was in mir wäre Dir verborgen, auch wenn ich Dir nicht bekennen wollte?⁸ Dann verlöre ich Dich aus dem Blick, entkäme aber nicht Deinem Auge.⁹ Da mein Seufzen jetzt aber bezeugt, daß ich mir mißfalle,¹⁰ leuchtest Du auf, weckst Du Gefallen, Liebe und Begehren bei mir, so daß ich über mich erröte, mich geringschätze und Dir den Vorzug gebe:¹¹ Weder Dir noch mir könnte ich gefallen, wenn nicht Dein Gefallen von Anfang an auf mir ruhte.¹² Du, Herr, kennst mich ganz und gar, wer immer ich wirklich sein mag.¹³ Was ich als Frucht meines Bekenntnisses erhoffe, habe ich bereits gesagt.¹⁴ Nicht mit hörbaren Wörtern und Lauten bekenne ich, sondern mit Worten der Seele und dem Klageschrei des Denkens, den Dein Ohr kennt.¹⁵ Was heißt denn: Dir zu bekennen? Sofern ich schlecht bin, heißt es: mir zu mißfallen. Sofern ich aber rechtschaffen bin, heißt es: mir meine Rechtschaffenheit nicht als Leistung anzurechnen.¹⁶ ›Du bist es ja‹, Herr, der ›dem Gerechten Lob spendet‹; aber

Ps 95,6 meus, »in conspectu tuo« tibi tacite fit et non tacite. tacet enim strepitu, clamat affectu. neque enim dico recti aliquid hominibus, quod non a me tu prius audieris, aut etiam tu aliquid tale audis a me, quod non mihi tu prius dixeris.

3 quid mihi ergo est cum hominibus, ut audiant confessiones meas, quasi ipsi sanaturi sint »omnes languores« meos? curiosum genus ad cognoscendam vitam alienam, desidiosum ad corrigendam suam. quid a me quaerunt audire qui sim, qui nolunt a te audire qui sint? et unde sciunt, cum a me ipso de me ipso audiunt, an verum dicam, quandoquidem nemo scit[1] hominum, »quid agatur in homine, nisi spiritus hominis, qui in ipso est?« si autem a te audiant de se ipsis, non poterunt dicere: mentitur dominus. quid est enim a te audire de se nisi cognoscere se? quis porro cognoscit et dicit: falsum est, nisi ipse mentiatur? sed quia »caritas omnia credit«, inter eos utique, quos conexos sibimet unum facit, ego quoque, domine, etiam sic tibi confiteor, ut audiant homines, quibus demonstrare non possum, an vera confitear; sed credunt mihi, quorum mihi aures caritas aperit.

Ps 102,3 (left margin)
1 Cor 2,11 (left margin)
1 Cor 13,7 (left margin)

4 verum tamen tu, medice meus intime, quo fructu ista faciam, eliqua mihi. nam confessiones praeteritorum malorum meorum, quae remisisti et texisti, ut beares me in te, mutans animam meam fide et sacramento tuo, cum leguntur et audiuntur, excitant cor, ne dormiat in desperatione et dicat: non possum,

---

[1] Skutella: »scit« zutreffend als Bestandteil des Zitats hervorgehoben.

zuvor ›machst Du‹ den, ›der gottlos war, gerecht‹.¹⁷ Mein Bekenntnis geschieht daher, mein Gott, ›vor Deinem Angesicht‹. Es geschieht im Stillen – und auch nicht im Stillen: denn es vermeidet äußeren Lärm, schreit aber vor innerer Erregung. Den Menschen sage ich freilich nichts Wahres und Gutes, was Du nicht vorher von mir gehört hättest; zudem hörst Du nichts dergleichen von mir, was Du mir nicht schon vorher gesagt hättest.¹⁸

3 Was liegt mir also daran, daß Menschen meine Bekenntnisse hören? Als ob sie fähig wären, ›alle‹ meine ›Schwächen‹ zu heilen!¹⁹ Es gibt einen Menschenschlag, der sich sorgt, das Leben Anderer auszuspähen, aber zu träge ist, das eigene zu bessern.²⁰ Was wollen Leute von mir hören, wer ich bin, die von Dir nicht hören wollen, wer sie sind? Und woher wissen sie, wenn sie mich selbst über mich reden hören, ob wahr ist, was ich sage? Wer weiß denn, ›was in einem Menschen vorgeht, außer der Geist, der in diesem Menschen ist?‹²¹ Wenn sie aber von Dir etwas über sich hören, werden sie nicht sagen können: der Herr lügt.²² Was heißt denn, Dein Wort über sich zu hören? Doch nur, sich zu erkennen!²³ Zudem: wer Dein Wort kennt und sagt, es sei unwahr, belügt sich nur selbst!²⁴ Weil aber ›reine Liebe alles glaubt‹, lege ich Dir, Herr, meine Bekenntnisse im Kreis der Menschen vor, die durch reine Liebe geeint sind.²⁵ Ich trage sie Dir so vor, daß auch Menschen sie hören, obwohl ich ihnen nicht beweisen kann, daß wahr ist, was ich bekenne. Aber es glauben mir die, deren Ohren die reine Liebe mir geöffnet hat.

4 Doch laß Du mich sehen, was mein Bekennen fruchtet, Du, mein Arzt, der im Innersten wirkt.²⁶ Die Bekenntnisse meiner vergangenen Irrwege spornen das Herz an, sooft sie gelesen und gehört werden,²⁷ da Du die Fehltritte vergeben und dem Blick entzogen hast, um mich in Dir zu beseligen. Denn Du verwandelst meine Seele im Glauben und durch Dein Sakrament.²⁸ Die Bekenntnisse spornen das Herz an, nicht lähmender Verzweiflung zu verfallen und nicht zu sagen: ich kann

sed evigilet in amore misericordiae tuae et dulcedine gratiae tuae, qua potens est omnis infirmus, qui sibi per ipsam fit conscius infirmitatis suae. et delectat bonos audire praeterita mala eorum, qui iam carent eis, nec ideo delectat, quia mala sunt, sed quia fuerunt et non sunt. quo itaque fructu, domine meus, cui cotidie confitetur conscientia mea spe misericordiae tuae securior quam innocentia sua, quo fructu, quaeso, etiam hominibus coram te confiteor per has litteras adhuc[1] quis ego sim, non quis fuerim? nam illum fructum vidi et commemoravi. sed quis adhuc sim ecce in ipso tempore confessionum mearum, et multi hoc nosse cupiunt, qui me noverunt, et non me noverunt, qui ex me vel de me aliquid audierunt, sed auris eorum non est ad cor meum, ubi ego sum quicumque sum. volunt ergo audire confitente me, quid ipse intus sim, quo nec oculum nec aurem nec mentem possunt intendere; credituri tamen volunt, numquid cognituri? dicit enim eis caritas, qua boni sunt, non mentiri me de me confitentem, et ipsa in eis credit mihi.

5 sed quo fructu id volunt? an congratulari mihi cupiunt, cum audierint, quantum ad te accedam munere tuo, et orare pro me, cum audierint, quantum retarder pondere meo? indicabo me talibus. non enim parvus est fructus, domine deus meus, »ut a multis« tibi »gratiae agantur de nobis« et a multis rogeris pro nobis. amet in me fraternus animus quod amandum doces, et doleat in me quod dolendum doces. animus ille hoc faciat fraternus, non extraneus, non »filiorum alienorum, quorum os locutum est vanitatem, et dextera eorum dextera iniquitatis«,

2 Cor 1,11

Ps 143,7

---

[1] Skutella: Komma nach »adhuc«.

nicht, sondern aufzuwachen.²⁹ Es wache auf in der Liebe Deiner Barmherzigkeit und in der Wonne Deiner Gnade, durch die jeder Schwache Kraft erlangen kann, dem seine Schwäche durch Gnade bewußt wird.³⁰ Gute freut es, von einstigen Fehlern derer zu hören, die diesen nicht mehr anhaften. Nicht deshalb freuen sie sich, weil es um Fehltritte geht, sondern weil das verfehlte Leben vergangen ist und nicht weiterbesteht.³¹ Was fruchtet das Bekenntnis also, mein Herr? Täglich bekennt Dir mein Gewissen, daß die Hoffnung auf Dein Erbarmen es eher von Sorgen befreit als seine Unschuld.³² Was, um Himmels willen, fruchtet es aber, vor Deinen Augen mit dieser Schrift auch Menschen zu bekennen, wer ich jetzt bin, nicht nur, wer ich gewesen bin?³³ Die Frucht des erinnernden Bekenntnisses kenne ich ja und habe ihrer schon gedacht.³⁴ Viele wünschen aber auch zu wissen, wer ich jetzt bin, zur Zeit der Niederschrift meiner Bekenntnisse. Obwohl sie mich mehr oder weniger kennen und etwas von mir oder über mich gehört haben, reicht ihr Ohr nicht an mein Herz, wo ich der bin, der ich wirklich bin. Sie wollen also durch mein Bekenntnis hören, was ich selbst im Inneren bin, wohin sie weder Auge, noch Ohr oder Geist richten können.³⁵ Sie wollen hören, um zu glauben; wollen sie etwa auch erkennen?³⁶ Die reine Liebe, die bewirkt, daß sie gut sind, sagt ihnen freilich, daß ich nicht lüge, der ich mein Bekenntnis über mich ablege. Und diese Liebe, die in ihnen wirkt, glaubt mir.³⁷

5 Aber welche Früchte wollen sie ernten? Wollen Sie mich beglückwünschen, wenn sie etwa hören, wie sehr ich mich Dir mit Deiner Hilfe nähere, und für mich beten, wenn sie hören, wie sehr meine Trägheit mich noch lähmt? Ja, solchen will ich mich zu erkennen geben. Denn die Ernte ist nicht gering, wenn Dir, Herr, mein Gott, ›viele für uns Dank sagen‹ und viele für uns bitten. Der Geist des Wohlwollens soll an mir lieben, was Du zu lieben lehrst; und beklagen soll er an mir, was Du zu beklagen lehrst.³⁸ Das bewirke der Geist des Wohlwollens, der sich nicht distanziert verhält, nicht der Geist ›fremder Kinder‹ ist, ›die großmäulig Sprüche klopfen, deren Tun aber voller

sed fraternus ille, qui cum approbat me, gaudet de me, cum autem improbat me, contristatur pro me, quia sive approbet sive improbet me, diligit me. indicabo me talibus: respirent in bonis meis, suspirent in malis meis. bona mea instituta tua sunt et dona tua, mala mea delicta mea sunt et iudicia tua. respirent in illis et suspirent in his, et hymnus et fletus ascendant in conspectum tuum de fraternis cordibus, turibulis tuis. tu autem, domine, delectatus odore sancti templi tui, »miserere mei secundum magnam misericordiam tuam« propter nomen tuum et nequaquam deserens coepta tua consumma imperfecta mea.

Ps 50,3

6 hic est fructus confessionum mearum, non qualis fuerim, sed qualis sim, ut hoc confitear non tantum coram te secreta exultatione »cum tremore« et secreto maerore cum spe, sed etiam in auribus credentium filiorum hominum, sociorum gaudii mei et consortium mortalitatis meae, civium meorum et mecum peregrinorum, praecedentium et consequentium et comitum vitae meae. hi sunt servi tui, fratres mei, quos filios tuos esse voluisti dominos meos, quibus iussisti ut serviam, si volo tecum de te vivere. et hoc mihi verbum tuum parum erat si loquendo praeciperet, nisi et faciendo praeiret. et ego id ago factis et dictis, id ago sub alis tuis nimis cum ingenti periculo, nisi quia sub alis tuis tibi subdita est anima mea et infirmitas mea tibi nota est. parvulus sum, sed vivit semper pater meus et idoneus est mihi tutor meus; idem ipse est enim, qui genuit me et tuetur me, et tu ipse es omnia bona mea, tu omnipotens, qui mecum es et

Ps 2,11

Ungerechtigkeit ist‹.³⁹ Anders jener Geist des Wohlwollens: er freut sich über mich, sofern er mein Tun gutheißt. Sofern er es jedoch mißbilligt, leidet er für mich. Denn er liebt mich, ob ich ihm nun gefalle oder mißfalle. Ja, Menschen solchen Geistes werde ich mich zu erkennen geben. Aufatmen lasse sie, was gut an mir ist; beseufzen mögen sie, was schlecht an mir ist. Gut an mir ist, was Du geschaffen und dazugegeben hast; schlecht an mir ist, was ich verdorben habe und was Du im Gericht ahndest.⁴⁰ Aufatmen lasse sie das Gute, aufseufzen lasse sie das Schlechte: Jubel und Klage mögen aus einträchtigen Herzen aufsteigen, aus Deinen Opferschalen, und vor Dein Angesicht gelangen.⁴¹ Du aber, Herr, der Du Dich am Wohlgeruch Deines heiligen Tempels freust, ›erbarme Dich meiner‹ um Deines Namens willen, ›wie es Deiner großen Barmherzigkeit entspricht‹. Laß doch nicht verderben, was Du begonnen hast, und bringe zur Vollendung, was unvollkommen an mir ist.⁴²

6 Das ist die Frucht meiner Bekenntnisse, die jetzt nicht mehr davon handeln, wie ich gewesen bin, sondern wie ich bin.⁴³ Deshalb bekenne ich vor Deinem Angesicht: in heimlichem Jubel, doch ›mit Zittern‹, in stillem Schmerz, doch mit Hoffnung. Aber mein Bekenntnis soll auch die Ohren der Glaubenden erreichen, der Menschenkinder, die sich mit mir freuen und am Los meiner Sterblichkeit teilhaben.⁴⁴ Hören sollen es Mitbürger und Weggefährten, die mir vorausgehen, die mir nachfolgen und die mein Leben begleiten.⁴⁵ Sie sind Deine Diener, meine Brüder, die Du als Deine Kinder wolltest.⁴⁶ Du wolltest, daß sie meine Herren sind, und befahlst mir, ihnen zu dienen, falls ich mit Dir aus Deinem Geiste leben will.⁴⁷ Dies Wort galt mir solange nicht viel, als es mir nur in Reden begegnete und nicht tätig vorgelebt wurde.⁴⁸ Nun aber folge ich ihm in Taten und Worten. Ich folge ihm unter dem Schutz Deiner Flügel und doch unter Gefahr. Deren Übermaß ertrage ich nur, weil Dein Flügel mich schützt und Du meinen Mangel an Kraft kennst.⁴⁹ Klein bin ich und schwach; mein Vater aber lebt ewig und kann mich schützen: denn es ist eben derselbe, der mich hervorgebracht hat und mich schützt.⁵⁰ Du selbst bist

priusquam tecum sim. indicabo ergo talibus, qualibus iubes ut
serviam, non quis fuerim, sed quis iam sim et quis adhuc sim;
1 Cor 4,3 »sed neque me ipsum diiudico«. sic itaque audiar.

7 tu enim, domine, diiudicas me, quia etsi nemo »scit homi-
1 Cor 2,11 num, quae sunt hominis[1] nisi spiritus hominis, qui in ipso est«,
tamen est aliquid hominis, quod nec ipse scit spiritus hominis,
qui in ipso est, tu autem, domine, scis eius omnia, qui fecisti
eum. ego vero quamvis prae tuo conspectu me despiciam et
aestimem me terram et cinerem, tamen aliquid de te scio, quod
de me nescio. et certe »videmus nunc per speculum in aenig-
1 Cor 13,12 mate«, nondum »facie ad faciem«; et ideo, quandiu peregrinor
abs te, mihi sum praesentior quam tibi et tamen te novi nullo
modo posse violari; ego vero quibus temptationibus resistere
valeam quibusve non valeam, nescio. et spes est, quia »fidelis«
es, »qui« nos »non« sinis »temptari supra quam« possumus
»ferre, sed« facis »cum temptatione etiam exitum, ut« possi-
1 Cor 10,13 mus »sustinere«. confitear ergo quid de me sciam, confitear
et quid de me nesciam, quoniam et quod de me scio, te mihi
lucente scio, et quod de me nescio, tandiu nescio, donec fiant
Is 58,10 »tenebrae« meae »sicut meridies« in vultu tuo.

8 non dubia, sed certa conscientia, domine, amo te. percussisti
cor meum verbo tuo, et amavi te. sed et caelum et terra et omnia, quae in eis sunt, ecce undique mihi dicunt, ut te amem, nec

---

[1] Skutella: Komma nach »hominis«.

alles, was gut für mich ist, Du, der Allmächtige, der Du mir nahe bist, bevor ich Dir nahe bin.[51] Ich öffne mich Menschen, denen Du mir zu dienen befiehlst. Aber ich werde nun nicht mehr berichten, wer ich war, sondern, wie nahe ich Dir schon bin und wie fern ich Dir noch immer bin.[52] ›Doch urteile ich nicht über mich selbst‹.[53] Unter dieser Vorgabe möchte ich gehört werden.

7 Du, Herr, bist es ja, der über mich urteilt.[54] Denn obwohl niemand ›das Innere eines Menschen kennt, außer der Geist, der im Menschen selbst ist‹,[55] gibt es etwas im Inneren, das nicht einmal der Geist kennt, der im Menschen ist.[56] Du aber, Herr, weißt alles von ihm, denn Du hast ihn geschaffen.[57] Obwohl ich mich geringschätze, sobald ich Deinen Blick auf mir fühle,[58] und mich dann für Erde und Asche halte, weiß ich von Dir etwas, was ich von mir nicht weiß.[59] Gewiß ›sehen wir jetzt im Spiegel und im dunklen Rätselbild‹, noch nicht ›von Angesicht zu Angesicht‹. Deshalb richtet sich mein Geist gewiß mehr auf mich als auf Dich, solange ich fern von Dir meine Wege suche.[60] Trotzdem weiß ich, daß Deine Heiligkeit auf keine Weise entehrt werden kann.[61] Eben das weiß ich von mir nicht: meine Kraft reicht zwar, manchen Lockungen zu widerstehen, für manche reicht sie aber nicht. Doch gibt es Hoffnung, da Du ›treu‹ bist und uns der Versuchung ›nicht über das Maß‹ auslieferst, das wir ›ertragen‹ können. Vielmehr gibst Du ›mit der Versuchung zugleich den Ausweg, damit wir bestehen‹ können.[62] Bekennen will ich also, was ich von mir weiß; bekennen will ich aber auch, was ich von mir nicht weiß. Denn was ich von mir weiß, weiß ich, weil Du mir Licht spendest;[63] und was ich von mir nicht weiß, weiß ich solange nicht, bis meine ›Finsternis‹ in Deinem Blick so hell wird ›wie der Mittag‹.[64]

8 Nicht zweifelnd, sondern ganz sicher bin ich mir bewußt, Dich zu lieben, Herr.[65] Du hast mein Herz mit Deinem Wort durchbohrt: und sogleich habe ich Dich geliebt.[66] Aber auch Himmel und Erde, dazu alles, was in ihnen ist, sie alle rufen mir

Rm 1,20 cessant dicere omnibus, »ut sint inexcusabiles«. altius autem tu misereberis, cui misertus eris, et misericordiam praestabis, cui misericors fueris: alioquin caelum et terra surdis loquuntur laudes tuas. quid autem amo, cum te amo? non speciem corporis nec decus temporis, non candorem lucis ecce istis amicum oculis, non dulces melodias cantilenarum omnimodarum, non florum et unguentum[1] et aromatum suaviolentiam, non manna et mella, non membra acceptabilia carnis amplexibus: non haec amo, cum amo deum meum. et tamen amo quandam lucem et quandam vocem et quendam odorem et quendam cibum et quendam amplexum, cum amo deum meum, lucem, vocem, odorem, cibum, amplexum interioris hominis mei, ubi fulget animae meae, quod non capit locus, et ubi sonat, quod non rapit tempus, et ubi olet, quod non spargit flatus, et ubi sapit, quod non minuit edacitas, et ubi haeret, quod non divellit satietas. hoc est quod amo, cum deum meum amo.

9 quid est hoc?[2] interrogavi mundi molem de deo meo, et respondit mihi: non ego sum, sed ipse me fecit.[3] interrogavi terram, et dixit: non sum; et quaecumque in eadem sunt, idem confessa sunt. interrogavi mare et abyssos et reptilia animarum vivarum, et responderunt: non sumus deus tuus; quaere super nos. interrogavi auras flabiles, et inquit universus aer cum incolis suis: fallitur Anaximenes; non sum deus. interrogavi caelum, solem, lunam, stellas: neque nos sumus deus, quem quaeris, inquiunt. et dixi omnibus his, quae circumstant

---

[1] Skutella: ungentorum.
[2] Skutella: Et quid est hoc?
[3] Zweiter Satz (»interrogavi mundi [...] fecit«) fehlt bei Skutella.

von allen Seiten zu, ich solle Dich lieben.⁶⁷ Da sie nicht ablassen, allen dieses Wort zuzurufen, ›ist keiner zu entschuldigen‹, der Dich nicht liebt.⁶⁸ Tiefer wird Dein Erbarmen aber in dem wirken, dessen Du Dich schon erbarmt hast; leuchtender wird Deine Barmherzigkeit einem Menschen vor Augen treten, dem Du schon barmherzig gewesen bist: denn ohne Dein Erbarmen verhallt das Lob ungehört, das Himmel und Erde von Dir künden.⁶⁹ Was aber liebe ich, seit ich Dich liebe?⁷⁰ Nicht die Schönheit eines Körpers, nicht flüchtigen Reiz, nicht den Glanz des Lichtes, der lieb ist den Augen, nicht die süßen Melodien aller Art von Musik, nicht den Wohlgeruch der Blumen, Salben und Gewürze, nicht Manna und Honig, nicht körperliche Schönheit, die zu Umarmungen lockt:⁷¹ nicht das liebe ich, seit ich meinen Gott liebe. Und doch liebe ich eine Art Licht, eine Art Stimme, eine Art Duft, eine Art Speise und eine Art Umarmung, seit ich meinen Gott liebe: ein Licht, eine Stimme, einen Duft, eine Speise, eine Umarmung meines inneren Menschen. Das Licht, das meiner Seele dort erstrahlt, nimmt keinen Raum ein;⁷² dort erklingt eine Stimme, die keine Zeit hinwegrafft; dort entzückt ein Duft, den kein Wind verweht; dort wird gekostet, was die Lust zu essen nicht mindert; und die Umarmung, die dort verbindet, reißt der Überdruß nicht wieder auseinander. Gerade das ist es, was ich liebe, seit ich meinen Gott liebe.⁷³

9 Was ist das, was ich liebe? Befragt habe ich die Weite des Weltalls nach meinem Gott, und es antwortete mir: nicht ich bin Gott; Gott ist vielmehr der, der mich geschaffen hat.⁷⁴ Ich habe die Erde befragt, und sie sagte: nicht ich bin Gott; und alles, was in der Welt ist, hat dasselbe Bekenntnis abgelegt.⁷⁵ Befragt habe ich das Meer, den Weltraum und das kriechende Getier; und sie antworteten: nicht wir sind dein Gott; suche über uns. Ich habe die wehenden Lüfte befragt; und das ganze Luftreich mit all seinen Bewohnern sprach: Anaximenes irrt, nicht ich bin Gott.⁷⁶ Ich habe den Himmel befragt, die Sonne, den Mond, die Sterne: nicht wir, sagten sie, sind der Gott, den du suchst.⁷⁷ Und ich habe zu allen diesen Wirklichkeiten ge-

fores carnis meae: dicite mihi de deo meo, quod vos non estis, dicite mihi de illo aliquid. et exclamaverunt voce magna: »ipse fecit nos«. interrogatio mea intentio mea et responsio eorum species eorum. et direxi me ad me et dixi mihi: tu quis es? et respondi: homo. et ecce corpus et anima in me mihi praesto sunt, unum exterius et alterum interius. quid horum est, unde quaerere debui deum meum, quem iam quaesiveram per corpus a terra usque ad caelum, quousque potui mittere nuntios radios oculorum meorum? sed melius quod interius. ei quippe renuntiabant omnes nuntii corporales praesidenti et iudicanti de responsionibus caeli et terrae et omnium, quae in eis sunt, dicentium: non sumus deus et: »ipse fecit nos«. homo interior cognovit haec per exterioris ministerium; ego interior cognovi haec, ego, ego animus per sensum corporis mei. interrogavi mundi molem de deo meo, et respondit mihi: non ego sum, sed »ipse« me »fecit«.

10: nonne omnibus, quibus integer sensus est, apparet haec species? cur non omnibus eadem loquitur? animalia pusilla et magna vident eam, sed interrogare nequeunt. non enim praeposita est in eis nuntiantibus sensibus iudex ratio. homines autem possunt interrogare, ut »invisibilia« dei »per ea, quae facta sunt, intellecta conspiciant«, sed amore subduntur eis et subditi iudicare non possunt. nec respondent ista interrogantibus nisi iudicantibus nec vocem suam mutant, id est speciem suam, si alius tantum videat, alius autem videns interroget, ut aliter illi appareat, aliter huic, sed eodem modo utrique appa-

sagt, die meine Sinne umlagern, die Pforten meines Leibes:[78] berichtet mir, da nicht ihr mein Gott seid, von meinem Gott, sagt mir etwas von ihm! Und sie riefen mit mächtiger Stimme: ›Er ist der, der uns geschaffen hat‹.[79] Die Frage zu stellen, ist meine Sache, meine Bestrebung;[80] die Antwort ist ihre Sache, sie liegt in ihrer Schönheit. Auch mir selbst habe ich mich zugewandt und zu mir gesprochen: wer bist du?[81] Und ich antwortete: ein Mensch. Siehe, in mir finden sich Körper und Seele, der Körper eher außen, die Seele eher innen.[82] Was von beiden soll ich nun zum Ausgangspunkt meiner Gottsuche machen? Mit Hilfe des Körpers habe ich Gott schon von der Erde bis zum Himmel gesucht, soweit ich die Strahlen meiner Augen als Boten senden konnte.[83] Aber besser ist, was im Inneren ist. Denn alle Boten des Körpers gaben dorthin ihren Bericht; das Innere aber leitete die Verhandlung und beurteilte die Antworten.[84] Himmel und Erde und alles, was in ihnen ist, sagten: nicht wir sind Gott. Sie sagten: ›Er ist der, der uns geschaffen hat‹. Der innere Mensch hat das durch den Dienst erkannt, den der äußere Mensch leistet.[85] Mein inneres Ich weiß das: ich weiß es, mein geistiges Ich weiß es vermittelst der Sinnesorgane meines Körpers. Ich habe die räumlich ausgedehnte Welt über meinen Gott befragt. Und sie antwortete mir: nicht ich bin Dein Gott; Gott ist vielmehr ›der‹, der mich ›geschaffen hat‹.

10 Zeigt sich diese Schönheit nicht allen, deren Sinne ungestört arbeiten? Warum nur redet sie nicht zu allen dasselbe? Tiere sehen sie, die allerkleinsten wie die großen. Aber fragen können sie nicht, weil ihnen Vernunft fehlt, die als Richter über die meldenden Sinne herrscht.[86] Menschen jedoch können fragen und so ›das Unsichtbare‹ Gottes ›durch das, was geschaffen ist, geistig erblicken‹.[87] Zuneigung zum Geschaffenen aber macht sie diesem untertänig.[88] Und Untertane können nicht urteilen.[89] Geschaffenes antwortet den Fragenden nicht, wenn diese nicht urteilen; auch ändert es seine Stimme nicht, mit der seine Schönheit spricht. Falls einer nur sähe, ein anderer aber, der auch sieht, zu fragen begänne, zeigte sich dem einen die Sache so, dem anderen anders. Obwohl sie beiden

rens illi muta est, huic loquitur: immo vero omnibus loquitur, sed illi intellegunt, qui eius vocem acceptam foris intus cum veritate conferunt. veritas enim dicit mihi: non est deus tuus terra et caelum neque omne corpus. hoc dicit eorum natura. viden?[1]: moles est, minor in parte quam in toto. iam tu melior es, tibi dico, anima, quoniam tu vegetas molem corporis tui praebens ei vitam, quod nullum corpus praestat corpori. deus autem tuus etiam tibi vitae vita est.

11 quid ergo amo, cum deum meum amo? quis est ille super caput animae meae? per ipsam animam meam ascendam ad illum. transibo vim meam, qua haereo corpori et vitaliter compagem eius repleo. non ea vi reperio deum meum: nam reperiret et »equus et mulus, quibus non est intellectus«, et est eadem vis, qua vivunt etiam eorum corpora. est alia vis, non solum qua vivifico sed etiam qua sensifico carnem meam, quam mihi fabricavit dominus, iubens oculo, ut non audiat, et auri, ut non videat, sed illi, per quem videam, huic, per quam audiam, et propria singillatim ceteris sensibus sedibus suis et officiis suis: quae diversa per eos ago unus ego animus. transibo et istam vim meam; nam et hanc habet »equus et mulus«: sentiunt enim etiam ipsi per corpus.

[Ps 31,9]

[Ps 31,9]

12 transibo ergo et istam naturae meae, gradibus ascendens ad eum, qui fecit me, et venio in campos et lata praetoria memoriae, ubi sunt thesauri innumerabilium imaginum de cuiuscemodi rebus sensis invectarum. ibi reconditum est, quidquid

---

[1] Skutella: vident?

auf dieselbe Weise erscheint, bleibt sie dem einen stumm, zum anderen redet sie.⁹⁰ Zwar redet sie in der Tat zu allen, aber nur jene erkennen sie, die ihre von außen empfangene Stimme innen mit der Wahrheit zusammenbringen. Die Wahrheit sagt mir nämlich: nicht Erde und Himmel sind dein Gott; überhaupt ist kein Körper Gott.⁹¹ Das sagt ihre Natur. Siehst du nicht, daß Körper formlose Massen sind, kleiner im Teil als im Ganzen? Dir sage ich: du, die Seele, bist gewiß besser: du bist es ja, die den formlosen Stoff deines Körpers in Bewegung bringt und ihm Leben verleiht.⁹² Denn kein Körper gewährt einem anderen Körper Leben. Dein Gott aber ist für dich auch noch deines Lebens Leben.⁹³

11 Was also liebe ich, seit ich meinen Gott liebe? Wer ist es, der das Haupt meiner Seele überragt?⁹⁴ Über meine Seele kann ich zu ihm aufsteigen.⁹⁵ Übersteigen werde ich meine Kraft, mit der ich am Körper hänge und sein Gefüge mit Lebenskraft erfülle. Nicht mit dieser Kraft finde ich meinen Gott: dann fänden ihn ja auch ›Pferd und Maultier, denen keine Vernunft gegeben ist‹, da deren Körper durch dieselbe Kraft leben.⁹⁶ Die Kraft, mit der ich Gott finde, ist verschieden von der, mit der ich nicht nur mein Fleisch belebe, sondern auch wahrnehmungsfähig mache. Geformt hat es für mich der Herr: das Auge wies er an, nicht zu hören, das Ohr, nicht zu sehen. Jenem gebot er vielmehr, mich sehen zu lassen, diesem, mich hören zu lassen. Auch die übrigen Sinne stattete er jeweils mit besonderem Sitz und besonderen Aufgaben aus: trotz ihrer Vielfalt handle ich mit ihrer Hilfe als ein ungeteiltes geistiges Ich.⁹⁷ Übersteigen werde ich auch meine Wahrnehmungskraft; denn auch ›Pferd und Maultier‹ haben sie inne: auch sie nehmen ja mit Hilfe ihrer Körpersinne wahr.

12 Übersteigen werde ich also auch diese Kraft meiner Natur, indem ich stufenweise zu dem aufsteige, der mich geschaffen hat.⁹⁸ So gelange ich auf die Felder und weiten Besitztümer des Gedächtnisses.⁹⁹ Dort lagern die Schätze unzähliger Bilder, die von allen möglichen wahrgenommenen Dingen in es

etiam cogitamus, vel augendo vel minuendo vel utcumque variando ea quae sensus attigerit, et si quid aliud commendatum et repositum est, quod nondum absorbuit et sepelivit oblivio. ibi quando sum, posco, ut proferatur quidquid volo, et quaedam statim prodeunt, quaedam requiruntur diutius et tamquam de abstrusioribus quibusdam receptaculis ruuntur[1], quaedam catervatim se proruunt et, dum aliud petitur et quaeritur, prosiliunt in medium quasi dicentia: ne forte nos sumus? et abigo ea manu cordis a facie recordationis meae, donec enubiletur quod volo atque in conspectum prodeat ex abditis. alia faciliter atque imperturbata serie sicut poscuntur suggeruntur et cedunt praecedentia consequentibus et cedendo conduntur, iterum cum voluero processura. quod totum fit, cum aliquid narro memoriter.

13 ibi sunt omnia distincte generatimque servata, quae suo quaeque aditu ingesta sunt, sicut lux atque omnes colores formaeque corporum per oculos, per aures autem omnia genera sonorum omnesque odores per aditum narium, omnes sapores per oris aditum, a sensu autem totius corporis, quid durum, quid molle, quid calidum frigidumve, lene aut asperum, grave seu leve sive extrinsecus sive intrinsecus corpori. haec omnia recipit recolenda, cum opus est, et retractanda grandis memoriae recessus et nescio qui secreti atque ineffabiles sinus eius: quae omnia suis quaeque foribus intrant ad eam et reponuntur in ea. nec ipsa tamen intrant, sed rerum sensarum imagines illic

---

[1] Skutella: eruuntur.

hineingetragen worden sind. Dort ist auch alles verwahrt, was wir denken, wobei wir im Denken das, was ein Sinn berührt hat, vermehren, vermindern oder irgendwie verändern.[100] Und überhaupt alles, was ihm anvertraut und in ihm abgelegt ist, was das Vergessen noch nicht verschlungen und begraben hat. Sobald ich dort bin und nachsinne, fordere ich, daß man mir bringe, was immer ich will.[101] Manches kommt auch sofort hervor; manches wird länger gesucht und entströmt gleichsam irgendwelchen verborgeneren Behältnissen; manches springt, während anderes begehrt und gesucht wird, mitten ins Blickfeld, als ob es fragte: bin ich etwa gemeint? Mit der Hand des Herzens vertreibe ich es aus dem Gesichtsfeld meines Gedächtnisses, bis endlich das, was ich will, aus Nebeln auftaucht,[102] bis es aus abgelegenen Winkeln hervortritt und sich dem Blick zeigt. Anderes bietet sich leicht und in ungestörtem Ablauf gerade so dar, wie ich es fordere: das Vorausgehende weicht dem Folgenden; und indem es weicht, wird es so aufbewahrt, daß es, sobald ich will, wieder hervortritt. Das geschieht in ganzheitlichem Vollzug, wann immer ich etwas aus dem Gedächtnis erzähle.[103]

13 Dort ist alles verwahrt, was durch seinen besonderen Zugang hereingekommen ist, genau unterschieden und nach Gattungen geordnet: so das Licht mitsamt allen Farben und Formen der Körper durch die Augen;[104] durch die Ohren aber alle Arten von Klängen; alle Gerüche durch die Öffnungen der Nase; alles, was Geschmack hat, durch die Öffnung des Mundes; über den ganzen Körper hin aber wird gefühlt, was hart ist, was weich, was warm oder kalt ist, was sanft oder rauh, was schwer oder leicht ist, sei es nun außerhalb oder innerhalb des Körpers. Das alles nimmt die Tiefe eines großartigen Inneren auf, die wer weiß wie viele geheime Winkel und nicht benennbare Nischen hat, um es, wenn nötig, wieder ans Licht zu holen und ins Bewußtsein zu rufen.[105] Das alles gelangt durch seine besonderen Pforten in das Gedächtnis und wird in ihm abgelegt. Zwar treten nicht die Dinge selbst in es ein; dem Nachdenken, das sie sich in Erinnerung ruft, sind dort aber Bilder

praesto sunt cogitationi reminiscenti eas. quae quomodo fabricatae sint, quis dicit, cum appareat, quibus sensibus raptae sint interiusque reconditae? nam et in tenebris atque in silentio dum habito, in memoria mea profero, si volo, colores, et discerno inter album et nigrum et inter quos alios volo, nec incurrunt soni atque perturbant quod per oculos haustum considero, cum et ipsi ibi sint et quasi seorsum repositi lateant. nam et ipsos posco, si placet, atque adsunt illico, et quiescente lingua ac silente gutture canto quantum volo, imaginesque illae colorum, quae nihilo minus ibi sunt, non se interponunt neque interrumpunt, cum thesaurus alius retractatur, qui influxit ab auribus. ita cetera, quae per sensus ceteros ingesta atque congesta sunt, recordor prout libet et auram liliorum discerno a violis nihil olfaciens et mel defrito, lene aspero, nihil tum gustando neque contrectando, sed reminiscendo antepono.

14 intus haec ago, in aula ingenti memoriae meae. ibi enim mihi caelum et terra et mare praesto sunt cum omnibus, quae in eis sentire potui, praeter illa, quae oblitus sum. ibi mihi et ipse occurro meque recolo, quid, quando et ubi egerim quoque modo, cum agerem, affectus fuerim. ibi sunt omnia, quae sive experta a me sive credita memini. ex eadem copia etiam similitudines rerum vel expertarum vel ex eis, quas expertus sum, creditarum alias atque alias et ipse contexo praeteritis atque ex his etiam futuras actiones et eventa et spes, et haec omnia rursus quasi praesentia meditor. faciam hoc et illud dico apud me in ipso ingenti sinu animi mei pleno tot et tantarum rerum ima-

des sinnlich Wahrgenommenen zur Hand. Zwar mag klar sein, mit welchen Sinnen sie erfaßt und dann im Inneren verwahrt wurden. Wer aber weiß, wie sie zustande kamen?[106] Selbst während ich mich im Dunklen und Stillen aufhalte, stelle ich mir, sooft ich will, Farben vor und unterscheide zwischen weiß und schwarz ebenso wie zwischen anderen Farben; und keine Geräusche drängen sich dazwischen und verwirren das, was ich mit den Augen aufgenommen habe und nun innen betrachte, obwohl auch Geräusche im Gedächtnis sind und gleichsam durch getrennte Aufbewahrung verborgen bleiben. Denn auch sie rufe ich herbei, sobald es mir gefällt: sofort sind sie da. Auch wenn die Zunge ruht und die Kehle schweigt, singe ich, soviel ich will.[107] Und die Bilder der Farben, die gleichwohl auch da sind, drängen sich nicht dazwischen und unterbrechen mich nicht, während der andere Schatz neu bearbeitet wird, der von den Ohren her ins Innere geflossen ist.[108] So erinnere ich mich nach Belieben auch dessen, was von den übrigen Sinnen erfaßt und festgehalten wurde und unterscheide den Duft der Lilien vom Duft der Veilchen, obwohl ich nichts rieche, und ziehe dem Most den Honig vor, dem Harten das Weiche, obwohl ich nichts koste oder betaste, nur aus der Erinnerung.[109]

14 Im Inneren wirke ich das, in der gewaltigen Weite meines Gedächtnisses.[110] Denn dort sind mir Himmel, Erde und Meer samt allem zur Hand, was ich in ihnen wahrzunehmen vermocht habe, abgesehen von dem, was ich vergessen habe. Dort begegne ich auch mir und betrachte mich, betrachte, was, wann und wo ich gehandelt habe, wie mich Stimmungen ergriffen haben, als ich handelte.[111] Dort ist alles, wessen ich mich erinnere, ob ich es nun selbst erfahren habe oder anderen glaube. In dieser Fülle gibt es das eine und das andere, das einander ähnlich ist, seien es Vorgänge, die ich erfahren habe, oder Annahmen auf Grund von Erfahrungen.[112] Ich verknüpfe das auch selbst mit Vergangenem und betrachte vor diesem Hintergrund zukünftige Handlungen, Ereignisse und Hoffnungen; und alles zusammen betrachte ich, als ob es gegenwärtig sei.[113] Ich will dies und das tun und sage in mir selbst, im gewaltigen Inneren

ginibus, et hoc aut illud sequitur. o si esset hoc aut illud! avertat deus hoc aut illud!: dico apud me ista et, cum dico, praesto sunt imagines omnium quae dico ex eodem thesauro memoriae, nec omnino aliquid eorum dicerem, si defuissent.

15 magna ista vis est memoriae, magna nimis, deus meus, penetrale amplum et infinitum. quis ad fundum eius pervenit? et vis est haec animi mei atque ad meam naturam pertinet, nec ego ipse capio totum, quod sum. ergo animus ad habendum se ipsum angustus est, ut ubi sit quod sui non capit? numquid extra ipsum ac non in ipso? quomodo ergo non capit? multa mihi super hoc oboritur admiratio, stupor apprehendit me. et eunt homines mirari alta montium et ingentes fluctus maris et latissimos lapsus fluminum et Oceani ambitum et gyros siderum et relinquunt se ipsos nec mirantur, quod haec omnia cum dicerem, non ea videbam oculis, nec tamen dicerem, nisi montes et fluctus et flumina et sidera, quae vidi, et Oceanum, quem credidi, intus in memoria mea viderem spatiis tam ingentibus, quasi foris viderem. nec ea tamen videndo absorbui, quando vidi oculis, nec ipsa sunt apud me, sed imagines eorum, et novi, quid ex quo sensu corporis impressum sit mihi.

16 sed non ea sola gestat immensa ista capacitas memoriae meae. hic sunt et illa omnia, quae de doctrinis liberalibus percepta nondum exciderunt, quasi remota interiore loco, non

meines Geistes, das voller Bilder so vieler und wichtiger Inhalte ist: dies oder das folgt daraus. Ich sage: O wenn dies oder das einträte! Gott möge dies oder das verhüten! Ich sage solches in mir selbst und, während ich es sage, sind die Bilder alles dessen, was ich sage, aus ebendem Schatz des Gedächtnisses zugegen. Ich könnte überhaupt nichts von den Dingen sagen, wenn die Bilder wegblieben.[114]

15 Groß ist diese Kraft des Gedächtnisses, mein Gott: in ungeheurer Stärke durchdringt sie unbegrenzte Weiten.[115] Wer gelangt zu ihrem Grund?[116] Obwohl sie eine Kraft meines Geistes ist und zu meiner Natur gehört, erfasse nicht einmal ich selbst, was ich als Ganzes bin. Also ist der Geist zu eng, sich selbst zu besitzen.[117] Wo aber ist, was er von sich nicht faßt? Etwa außerhalb seiner, nicht in ihm selbst? Wie kommt es also, daß er es nicht faßt?[118] Heftiges Staunen weckt dieses Rätsel in mir, Lähmung ergreift mein Denken.[119] Menschen aber machen sich auf den Weg, um die Höhen der Berge zu bewundern, die gewaltigen Fluten des Meeres, die weiten Ströme der Flüsse, die Küste des Ozeans und die Kreisbewegungen der Gestirne: sich selbst aber lassen sie achtlos beiseite und staunen nicht darüber, daß ich das alles, als ich von ihm sprach, nicht mit Augen sah.[120] Dennoch spräche ich nicht davon, wenn ich die Berge, Fluten, Flüsse und Sterne, die ich einst gesehen habe, und den Ozean, von dem ich nur gehört habe, nicht innen in meinem Inneren sähe, sogar in so gewaltiger Ausdehnung, als ob ich alles draußen sähe. Keineswegs habe ich diese Dinge im Sehen verschlungen, als ich sie mit Augen sah; auch sind sie nicht selbst bei mir, sondern nur Bilder von ihnen. Zudem weiß ich, durch welche körperliche Wahrnehmung sie mir jeweils eingeprägt worden sind.[121]

16 Aber nicht nur Sinneseindrücke schafft diese unermeßlich große Kraft meines Gedächtnisses herbei. Hier ist auch alles zugegen, was ich an Wissenschaften begriffen und noch nicht vergessen habe, gleichsam entlegen an innerem, unräumlichem Ort.[122] Davon aber trage ich nicht Bilder, sondern die Sachen

loco; nec eorum imagines, sed res ipsas gero. nam quid sit litteratura, quid peritia disputandi, quot genera quaestionum, quidquid horum scio, sic est in memoria mea, ut non retenta imagine rem foris reliquerim aut sonuerit et praeterierit, sicut vox impressa per aures vestigio, quo recoleretur, quasi sonaret, cum iam non sonaret, aut sicut odor dum transit et vanescit in ventos, olfactum afficit, unde traicit in memoriam imaginem sui, quam reminiscendo repetamus, aut sicut cibus, qui certe in ventre iam non sapit et tamen in memoria quasi sapit, aut sicut aliquid, quod corpore tangendo sentitur, quod etiam separatum a nobis imaginatur memoria. istae quippe res non intromittuntur ad eam, sed earum solae imagines mira celeritate capiuntur et miris tamquam cellis reponuntur et mirabiliter recordando proferuntur.

17 at vero, cum audio tria genera esse quaestionum, an sit, quid sit, quale sit, sonorum quidem, quibus haec verba confecta sunt, imagines teneo et eos per auras cum strepitu transisse ac iam non esse scio. res vero ipsas, quae illis significantur sonis, neque ullo sensu corporis attigi neque uspiam vidi praeter animum meum et in memoria recondidi non imagines earum, sed ipsas: quae unde ad me intraverint dicant, si possunt. nam percurro ianuas omnes carnis meae nec invenio, qua earum ingressae sint. quippe oculi dicunt: si coloratae sunt, nos eas nuntiavimus; aures dicunt: si sonuerunt, a nobis indicatae sunt; nares dicunt: si oluerunt, per nos transierunt; dicit etiam sensus gustandi: si sapor non est, nihil me interroges; tactus dicit: si

selbst in mir.¹²³ Was Sprachkunst sei, was Erfahrung im Vortragen, was Zahl und Art von Fragen: was immer ich davon weiß, ist nämlich selbst in meinem Gedächtnis. Nicht wie bei der Sache, die ich draußen gelassen, deren Bild ich aber behalten habe. Auch nicht, als sei etwas erklungen und verklungen: so wie sich die Stimme, deren Spur durch die Ohren eingeprägt wurde, zurückrufen läßt, als ob sie erklänge, auch wenn sie nicht mehr erklingt.¹²⁴ Nicht wie ein vorübergehender, im Wind verwehender Duft, der den Geruchsinn anregt, von dem aus er sein Bild ins Gedächtnis überträgt, aus dem wir es durch Erinnern hervorrufen können; nicht wie eine Speise, die im Magen ja keinen Geschmack mehr hat und doch im Gedächtnis gleichsam Geschmack behält; nicht wie etwas, das im Berühren eines Körpers wahrgenommen wird, den sich das Gedächtnis auch getrennt von uns vorstellt. Denn all das gelangt nicht selbst ins Gedächtnis. Vielmehr werden nur seine Bilder mit erstaunlicher Schnelligkeit erfaßt, in seltsamen Kammern abgelegt und wundersam durch Vergegenwärtigung wieder hervorgeholt.¹²⁵

17 Während ich nun aber höre, es gebe drei Arten von Fragen, nämlich: ob etwas sei, was es sei und wie es beschaffen sei,¹²⁶ so erfasse ich freilich die Bilder der Klänge, aus denen diese Wörter gefertigt sind, und weiß, daß sie – von Luftschwingungen übertragen – mit dem Geräusch vergangen sind, also nicht mehr da sind.¹²⁷ Die Sachen selbst aber, die mit jenen Klängen bezeichnet werden, habe ich weder mit einem körperlichen Sinnesorgan berührt, noch sie anderswo gesehen als in meinem Geist. Im Gedächtnis habe ich nicht ihre Abbilder aufbewahrt, sondern sie selbst: wer es kann, soll mir sagen, durch welche Tür sie in mein Inneres eingetreten sind. Denn ich prüfe alle Zugänge meines Körpers und finde keinen, durch den sie eingetreten sind. Freilich sagen die Augen: falls sie farbig sind, haben wir sie gemeldet; die Ohren: waren sie hörbar, so haben wir sie angezeigt; die Nase: waren sie zu riechen, wurden sie von mir übermittelt. Auch die Zunge sagt: was ohne Geschmack ist, erfragst du vergeblich von mir; der Tastsinn: was nicht kör-

corpulentum non est, non contrectavi; si non contrectavi, non indicavi. unde et qua haec intraverunt in memoriam meam? nescio quomodo; nam cum ea didici, non credidi alieno cordi, sed in meo recognovi et vera esse approbavi et commendavi ei tamquam reponens, unde proferrem, cum vellem. ibi ergo erant et antequam ea didicissem, sed in memoria non erant. ubi ergo aut quare, cum dicerentur, agnovi et dixi: ita est, verum est, nisi quia iam erant in memoria, sed tam remota et retrusa quasi in cavis abditioribus, ut, nisi admonente aliquo eruerentur, ea fortasse cogitare non possem?

18 quocirca invenimus nihil esse aliud discere ista, quorum non per sensus haurimus imagines, sed sine imaginibus, sicuti sunt, per se ipsa intus cernimus, nisi ea, quae passim atque indisposite memoria continebat, cogitando quasi conligere atque animadvertendo curare, ut tamquam ad manum posita in ipsa memoria, ubi sparsa prius et neglecta latitabant, iam familiari intentioni facile occurrant. et quam multa huius modi gestat memoria mea, quae iam inventa sunt et, sicut dixi, quasi ad manum posita, quae didicisse et nosse dicimur. quae si modestis temporum intervallis recolere desivero, ita rursus demerguntur et quasi in remotiora penetralia dilabuntur, ut denuo velut nova excogitanda sint indidem iterum – neque enim est alia regio eorum – et cogenda rursus, ut sciri possint, id est velut ex quadam dispersione conligenda, unde dictum est cogitare. nam cogo et cogito sic est, ut ago et agito, facio et factito. verum tamen sibi animus hoc verbum proprie vindicavit, ut non

perlich ist, habe nicht ich berührt; und was ich nicht berührt habe, habe nicht ich gemeldet. Woher kamen sie, wodurch sind sie in mein Gedächtnis eingetreten? Ich weiß es nicht: denn als ich ihren Sinn erfaßt habe, habe ich keinem fremden Geist geglaubt, sondern sie in meinem Inneren geprüft und ihre Wahrheit anerkannt.[128] Dem Inneren vertraute ich sie an, um sie aufzubewahren; von dort hole ich sie her, sooft ich will. Dort waren sie also, auch bevor ich ihren Sinn erfaßt hatte, mir aber waren sie nicht bewußt.[129] Wo also oder warum erkannte ich sie, als sie genannt wurden, und sagte: so ist es, das ist wahr? Doch nur, weil sie schon im Gedächtnis waren! Aber so verborgen und versteckt, wie in weit entlegenen Höhlen, daß ich sie wohl nicht hätte denken können, wenn sie nicht auf fremden Anstoß hin ans Licht getreten wären.[130]

18 Es gibt Inhalte der Erkenntnis, bei denen wir nicht mit Hilfe der Sinne Bilder aufnehmen, sondern die wir ohne Bilder, wie sie an sich sind, durch sie selbst innen erblicken. Bei ihnen finden wir daher: der Erwerb dieser nicht sinnlich bedingten Inhalte geschieht, indem wir das, was das Gedächtnis ohne Sinn und Ordnung enthielt, im Denken verbinden und in innerem Handeln ordnen.[131] So werden sie uns im Gedächtnis, wo sie zuvor verstreut und unbeachtet umherlagen, gewissermaßen an die Hand gegeben.[132] Dann bieten sie sich einem Blick leicht dar, der mit ihnen schon vertraut ist. Und wie Vieles von dieser Art trägt mein Gedächtnis in sich, was ich schon gefunden habe und das mir gleichsam so an die Hand gegeben ist, daß man sagt, wir hätten es erlernt und erkannt. Habe ich es unterlassen, es in regelmäßigen Zeitabständen zu wiederholen, taucht es unter und zerrinnt, gleichsam in weiter entlegene Innenräume. Am Ende muß ich es abermals aussinnen, als sei es mir neu, und es wieder so herbeizwingen, daß es gewußt werden kann. Denn nirgend anders ist es zu finden. Weil das, was gewußt werden kann, aus der Zerstreuung gesammelt werden muß, spricht man hier von ›denken‹. Denn ›vereinigen‹ verhält sich ähnlich zu ›denken‹ wie ›handeln‹ zu ›bewirken‹ und wie ›machen‹ zu ›vollenden‹.[133] Dennoch nimmt der Geist das

quod alibi, sed quod in animo conligitur, id est cogitur, cogitari proprie iam dicatur.

19 item continet memoria numerorum dimensionumque rationes et leges innumerabiles, quarum nullam corporis sensus impressit, quia nec ipsae coloratae sunt aut sonant aut olent aut gustatae aut contrectatae sunt. audivi sonos verborum, quibus significantur, cum de his disseritur, sed illi alii, istae autem aliae sunt. nam illi aliter Graece, aliter Latine sonant, istae vero nec Graecae nec Latinae sunt nec aliud eloquiorum genus. vidi lineas fabrorum vel etiam tenuissimas, sicut filum araneae; sed illae aliae sunt, non sunt imagines earum, quas mihi nuntiavit carnis oculus: novit eas quisquis sine ulla cogitatione qualiscumque corporis intus agnovit eas. sensi etiam numeros omnibus corporis sensibus, quos numeramus; sed illi alii sunt, quibus numeramus, nec imagines istorum sunt et ideo valde sunt. rideat me ista dicentem, qui non eos videt, et ego doleam ridentem me.

20 haec omnia memoria teneo et quomodo ea didicerim memoria teneo. multa etiam, quae adversus haec falsissime disputantur, audivi et memoria teneo; quae tametsi falsa sunt, tamen ea meminisse me non est falsum; et discrevisse me inter illa vera et haec falsa, quae contra dicuntur, et hoc memini aliterque nunc video discernere me ista, aliter autem memini saepe me discrevisse, cum ea saepe cogitarem. ergo et intellexisse me saepius ista memini, et quod nunc discerno et intellego, recondo in memoria, ut postea me nunc intellexisse meminerim. ergo et

Wort ›denken‹ ganz für sich in Anspruch, so daß man vorzugsweise sagt, es ›werde gedacht‹, was im Geist – und nicht anderswo – verbunden, also vereinigt wird.[134]

19 Ebenso enthält das Gedächtnis unzählige Beziehungen und Gesetze von Zahlen und Größen. Nichts davon hat ihm ein Sinnesorgan eingeprägt, da Beziehungen und Gesetze nicht farbig sind, nicht erklingen oder riechen, nicht geschmeckt oder berührt werden.[135] Gehört habe ich die Klänge der Wörter, mit denen sie bezeichnet werden, sooft über sie gesprochen wird. Aber Wörter sind etwas anderes als Beziehungen und Gesetze. Denn jene lauten im Griechischen anders als im Lateinischen, diese aber sind nicht griechisch oder lateinisch, noch gehören sie zu anderen Sprachen.[136] Gesehen habe ich von Meisterhand gezogene Linien, auch allerfeinste, fein wie ein Spinnfaden. Aber hier geht es um andere Linien, nicht um Bilder von dem, was das leibliche Auge mir gemeldet hat: jeder kennt sie, der sie innen erkannt hat, ohne an irgendeine Art von Körper zu denken. Mit allen Sinnesorganen habe ich auch die Zahlen wahrgenommen, die wir zählen.[137] Aber die Zahlen, mit denen wir zählen, sind andere: sie sind nicht Bilder von sinnlich Wahrgenommenem und bestehen derart für sich selbst.[138] Auslachen mag mich, der ich das sage, wer diese Zahlen nicht sieht; ich aber möchte den bedauern, der mich auslacht.

20 Das alles habe ich im Gedächtnis; ebenso habe ich im Gedächtnis, wie ich es erlernt habe. Vieles habe ich auch gehört, was ganz irrig dagegen angeführt wird, und habe es im Gedächtnis. Obwohl die Einwände irrig sind, ist nicht irrig, daß ich mich ihrer erinnere. Auch erinnere ich mich, dieses Wahre von jenem Falschen, das dem Wahren entgegnet wird, unterschieden zu haben. Zwar sehe ich jetzt, daß ich wahre und falsche Annahmen unterscheide; ich erinnere mich aber auch, sie oft unterschieden zu haben, da ich über ihren Unterschied oft nachgedacht habe.[139] Also erinnere ich mich auch, ihn öfter erkannt zu haben. Was ich jetzt unterscheide und einsehe, bewahre ich im Gedächtnis, um mich später zu erinnern, daß

meminisse me memini, sicut postea, quod haec reminisci nunc potui, si recordabor, utique per vim memoriae recordabor.

21 affectiones quoque animi mei eadem memoria continet non illo modo, quo eas habet ipse animus, cum patitur eas, sed alio multum diverso, sicut sese habet vis memoriae. nam et laetatum me fuisse reminiscor non laetus et tristitiam meam praeteritam recordor non tristis et me aliquando timuisse recolo sine timore et pristinae cupiditatis sine cupiditate sum memor. aliquando et e contrario tristitiam meam transactam laetus reminiscor et tristis laetitiam. quod mirandum non est de corpore: aliud enim animus, aliud corpus. itaque si praeteritum dolorem corporis gaudens memini, non ita mirum est. hic vero, cum animus sit etiam ipsa memoria – nam et cum mandamus aliquid, ut memoriter habeatur, dicimus: vide, ut illud in animo habeas, et cum obliviscimur, dicimus: non fuit in animo et elapsum est animo, ipsam memoriam vocantes animum – cum ergo ita sit, quid est hoc, quod cum tristitiam meam praeteritam laetus memini, animus habet laetitiam et memoria tristitiam laetusque est animus ex eo, quod inest ei laetitia, memoria vero ex eo, quod inest ei tristitia, tristis non est? num forte non pertinet ad animum? quis hoc dixerit? nimirum ergo memoria quasi venter est animi, laetitia vero atque tristitia quasi cibus dulcis et amarus: cum memoriae commendantur, quasi traiecta in ventrem recondi illic possunt, sapere non possunt. ridiculum est haec illis similia putare, nec tamen sunt omni modo dissimilia.

ich es jetzt eingesehen habe. Also erinnere ich mich auch, mich erinnert zu haben. So wie ich später, wenn ich das, woran ich mich jetzt erinnern konnte, wieder hervorhole, nur kraft des Gedächtnisses hervorholen werde.[140]

21 Auch die Stimmungen meines Geistes hält das Gedächtnis fest, aber nicht so, wie der Geist sie hat, wenn er sie empfängt, sondern in ganz anderer Form, wie es eben der Kraft des Gedächtnisses entspricht. Denn ich erinnere mich, froh gewesen zu sein, ohne mich zu freuen, gedenke meiner verflogenen Trauer, ohne traurig zu sein. Ich entsinne mich ohne Furcht, einst furchtsam gewesen zu sein, gedenke ohne Begierde einer vormaligen Begierde. Zuweilen erinnere ich mich umgekehrt sogar froh einer überwundenen Betrübnis und traurig einer früheren Freude. Das mag im Blick auf Empfindungen des Körpers nicht erstaunen: denn Geist und Körper sind doch sehr verschieden.[141] Folglich ist es nicht so erstaunlich, wenn ich mich eines verschwundenen körperlichen Schmerzes freudig erinnere. Weil Geist aber zugleich auch Gedächtnis ist, liegen die Verhältnisse hier anders. Sooft wir nämlich jemandem raten, etwas im Gedächtnis zu behalten, sagen wir: sieh zu, daß es dein geistiger Besitz wird! Und vergessen wir etwas, so sagen wir: es war dem Geist nicht gegenwärtig, es ist dem Geist entfallen, wobei wir das Gedächtnis selbst Geist nennen. Weil das also der Fall ist, frage ich, was es bedeutet, daß der Geist, während ich meiner vormaligen Trauer froh gedenke, Freude hat, das Gedächtnis aber Trauer? Ist der Geist deswegen froh, weil Freude in ihm ist, das Gedächtnis aber nicht traurig, weil Trauer in ihm ist? Gehört es etwa nicht zum Geist? Wer möchte solchen Unfug reden? Offenbar ist das Gedächtnis gleichsam der Magen des Geistes; Freude aber und Betrübnis sind wie eine süße und eine bittere Speise. Sobald sie dem Gedächtnis übergeben werden, sind sie gleichsam in den Magen geschafft und können dort eingelagert werden; sie schmecken dort aber nach nichts mehr. Obwohl es lächerlich ist, diesen Vergleich mit Magen und Speise zu ernst zu nehmen, ist er aber auch nicht gänzlich unpassend.

22 sed ecce de memoria profero, cum dico quattuor esse perturbationes animi, cupiditatem, laetitiam, metum, tristitiam, et quidquid de his disputare potuero dividendo singula per species sui cuiusque generis et definiendo, ibi invenio quid dicam atque inde profero, nec tamen ulla earum perturbatione perturbor, cum eas reminiscendo commemoro; et antequam recolerentur a me et retractarentur, ibi erant; propterea inde per recordationem potuere depromi. forte ergo sicut de ventre cibus ruminando, sic ista de memoria recordando proferuntur. cur igitur in ore cogitationis non sentitur a disputante, hoc est a reminiscente, laetitiae dulcedo vel amaritudo maestitiae? an in hoc dissimile est, quod non undique simile est? quis enim talia volens loqueretur, si quotiens tristitiam metumve nominamus, totiens maerere vel timere cogeremur? et tamen non ea loqueremur, nisi in memoria nostra non tantum sonos nominum secundum imagines impressas a sensibus corporis sed etiam rerum ipsarum notiones inveniremus, quas nulla ianua carnis accepimus, sed eas ipse animus per experientiam passionum suarum sentiens memoriae commendavit aut ipsa sibi haec etiam non commendata retinuit.

23 sed utrum per imagines an non, quis facile dixerit? nomino quippe lapidem, nomino solem, cum res ipsae non adsunt sensibus meis; in memoria sane mea praesto sunt imagines earum. nomino dolorem corporis, nec mihi adest, dum nihil dolet; nisi tamen adesset imago eius in memoria mea, nescirem, quid di-

22 Sieh doch: aus dem Gedächtnis hole ich es hervor, wenn ich sage, es gebe vier Arten der Gemütsaufwallung:[142] Begierde, Freude, Furcht und Betrübnis. Welche Überlegungen ich dazu auch anstellen kann, indem ich sie einzeln nach ihrer Art und Gattung einteile und bestimme:[143] stets finde ich im Gedächtnis, was ich sagen will, und von dort hole ich es her. Und doch werde ich durch keine Aufwallung erregt, während ich ihrer im Erinnern gedenke. Bevor sie von mir erneut hervorgeholt und behandelt wurden, waren sie im Gedächtnis und konnten ihm deshalb durch Vergegenwärtigung entnommen werden. Vielleicht werden sie im Erinnern so aus dem Gedächtnis geholt, wie Speise beim Wiederkäuen aus dem Magen hervorgeholt wird. Warum also nimmt der Überlegende, der sich ihrer erinnert, im Mund seines Denkens die Süße der Freude oder die Bitternis der Trauer nicht wahr? Besteht in diesem Punkt Unähnlichkeit, da die Ähnlichkeit ja nicht vollständig ist? Wer spräche denn freiwillig von solchen Regungen, wenn wir, sooft wir von Betrübnis oder Furcht sprechen, genötigt wären, wehmütig oder furchtsam zu sein? Und doch könnten wir von diesen Regungen nicht sprechen, wenn wir sie nicht in unserem Gedächtnis fänden. Wir finden in ihm nicht nur die Klänge der Wörter, die ihm bildmäßig durch Sinnesorgane eingeprägt worden sind, sondern auch die Kenntnisse der Sachen selbst, die wir durch keine Pforte des Fleisches empfangen haben. Diese aber hat der Geist, der sie in der Erfahrung seiner inneren Regungen wahrgenommen hat, entweder dem Gedächtnis anvertraut; oder das Gedächtnis hat sie auch ohne Auftrag behalten.

23 Wer aber könnte leicht entscheiden, ob Vergegenwärtigung stets der Bilder bedarf oder ob sie auch ohne Bilder möglich ist? Denn ich erwähne einen Stein, ich erwähne die Sonne auch dann, wenn die Sachen selbst nicht zugegen sind; ihre Bilder freilich sind mir in meinem Gedächtnis zur Hand. So rede ich von einem körperlichen Schmerz, obwohl er nicht gegenwärtig ist, da mich gerade kein Schmerz quält. Wäre aber in meinem Gedächtnis kein Bild des Schmerzes gegenwärtig, so wüßte ich

cerem nec eum in disputando a voluptate discernerem. nomino salutem corporis, cum salvus sum corpore; adest mihi quidem[1] res ipsa; verum tamen nisi et imago eius inesset in memoria mea, nullo modo recordarer, quid huius nominis significaret sonus, nec aegrotantes agnoscerent salute nominata, quid esset dictum, nisi eadem imago vi memoriae teneretur, quamvis ipsa res abesset a corpore. nomino numeros, quibus numeramus; en adsunt in memoria mea non imagines eorum, sed ipsi. nomino imaginem solis, et haec adest in memoria mea; neque enim imaginem imaginis eius, sed ipsam recolo: ipsa mihi reminiscenti praesto est. nomino memoriam et agnosco quod nomino. et ubi agnosco nisi in ipsa memoria? num et ipsa per imaginem suam sibi adest ac non per se ipsam?

24 quid, cum oblivionem nomino atque itidem agnosco quod nomino, unde agnoscerem, nisi meminissem? non eundem sonum nominis dico, sed rem, quam significat; quam si oblitus essem, quid ille valeret sonus, agnoscere utique non valerem. ergo cum memoriam memini, per se ipsam sibi praesto est ipsa memoria; cum vero memini oblivionem, et memoria praesto est et oblivio, memoria, qua meminerim, oblivio, quam meminerim. sed quid est oblivio nisi privatio memoriae? quomodo ergo adest, ut eam meminerim, quando cum adest meminisse non possum? at si quod meminimus memoria retinemus, oblivionem autem nisi meminissemus, nequaquam possemus audito isto nomine rem, quae illo significatur, agnoscere, memoria retinetur oblivio. adest ergo, ne obliviscamur, quae cum adest,

---

[1] Skutella: »quidem« fehlt.

gar nicht, was ich sagen sollte und wie ich ihn beim Disputieren von der Lust unterscheiden könnte. Falls ich bei körperlicher Gesundheit von der Gesundheit des Körpers rede, ist mir die Sache selbst gegenwärtig. Doch entsänne ich mich keineswegs, wenn ihr Bild nicht in meinem Gedächtnis wäre, was der Klang dieses Wortes bezeichnet. Auch Kranke könnten nicht erkennen, wovon man redet, sofern man von Gesundheit spricht, wenn ihnen nicht ein Bild der Gesundheit kraft des Gedächtnisses gegenwärtig wäre, obwohl sie selbst ihrem Körper fehlt. Rede ich von Zahlen, durch die wir zählen, sind in meinem Gedächtnis nicht ihre Bilder, sondern sie selbst. Rede ich vom Bild der Sonne, das in meinem Gedächtnis anwesend ist, meine ich nicht ein Bild ihres Bildes, sondern die Sonne selbst: sie selbst ist für mich zugegen, indem ich mich erinnere. Ich rede vom Gedächtnis und weiß genau, wovon ich spreche. Und wo weiß ich das, wenn nicht im Gedächtnis? Ist sich das Gedächtnis etwa durch sein Bild gegenwärtig und nicht durch sich selbst?[144]

24 Was aber, wenn ich vom Vergessen rede und ebenso weiß, wovon ich spreche?[145] Woher wüßte ich es, wenn ich mich nicht erinnerte? Nicht den Klang des Wortes meine ich, sondern die Sache, die er bezeichnet. Hätte ich die Sache vergessen, wäre mir der Klang ohne Nutzen und ich könnte überhaupt nichts erkennen. So ist es: während ich mich auf das Gedächtnis besinne, ist mir das Gedächtnis durch sich selbst zur Hand; während ich mich aber des Vergessens erinnere, sind Gedächtnis und Vergessen zugleich da. Das Gedächtnis ist als das zugegen, wodurch ich mich erinnere; das Vergessen als das, woran ich mich erinnere. Was aber ist Vergessen anderes als ein Ausfallen der Erinnerung?[146] Wie ist es also gegenwärtig, so daß ich mich seiner erinnere, obwohl ich mich seiner eben nicht erinnern kann, wenn es gegenwärtig ist? Woran wir uns erinnern, haben wir im Gedächtnis. Wenn wir uns des Vergessens nicht erinnerten, könnten wir es auf keine Weise erkennen, auch nicht durch das Hören des Wortes, mit dem es bezeichnet wird. Das Vergessen wird vom Gedächtnis festgehalten: es ist also gegenwärtig, damit wir nicht gänzlich vergessen, was wir vergessen,

obliviscimur. an ex hoc intellegitur non per se ipsam inesse memoriae, cum eam meminimus, sed per imaginem suam, quia, si per se ipsam praesto esset oblivio, non ut meminissemus, sed ut oblivisceremur, efficeret? et hoc quis tandem indagabit? quis comprehendet, quomodo sit?

25 ego certe, domine, laboro hic et laboro in me ipso: factus sum mihi terra difficultatis et sudoris nimii. neque enim nunc »scrutamur plagas caeli« aut siderum intervalla dimetimur vel terrae libramenta quaerimus: ego sum, qui memini, ego animus. non ita mirum, si a me longe est quidquid ego non sum: quid autem propinquius me ipso mihi? et ecce memoriae meae vis non comprehenditur a me, cum ipsum me non dicam praeter illam. quid enim dicturus sum, quando mihi certum est meminisse me oblivionem? an dicturus sum non esse in memoria mea quod memini? an dicturus sum ad hoc inesse oblivionem in memoria mea, ut non obliviscar? utrumque absurdissimum est. quid illud tertium? quo pacto dicam imaginem oblivionis teneri memoria mea, non ipsam oblivionem, cum eam memini? quo pacto et hoc dicam, quandoquidem cum imprimitur rei cuiusque imago in memoria, prius necesse est, ut adsit res ipsa, unde illa imago possit imprimi? sic enim Carthaginis memini, sic omnium locorum, quibus interfui, sic facies hominum, quas vidi, et ceterorum sensuum nuntiata, sic ipsius corporis salutem sive dolorem: cum praesto essent ista, cepit ab eis imagines memoria, quas intuerer praesentes et retractarem animo, cum

wenn wir etwas vergessen.[147] Oder wird aus diesem Grund einsichtig, daß es nicht durch sich selbst im Gedächtnis ist, wenn wir uns seiner erinnern, sondern nur durch sein Bild? Wäre das Vergessen selbst zugegen, hätte es gewiß nicht zur Folge, daß wir uns erinnerten, sondern daß wir vergäßen. Wer wird das Rätsel endlich lösen, wer begreifen, wie die Sache sich verhält?

25 Gewiß, Herr, mühe ich mich daran ab und mühe mich an mir selber ab: ich bin mir ein Ackerland geworden, das schwer zu bearbeiten ist und unsäglichen Schweiß kostet.[148] Denn nun ›erforschen wir‹ nicht ›die Weite des Himmels‹, messen nicht Abstände zwischen Sternen, untersuchen nicht Gewichte auf der Erde: jetzt geht es um mich, der ich mich erinnere, um mich, der ich Geist bin.[149] Solche Mühen sind nicht erstaunlich, wenn das, was ich zu erkennen suche, weit von mir entfernt ist und ich nicht selbst das Ziel der Untersuchung bin. Was aber ist mir näher, als ich mir selbst?[150] Und doch begreife ich die Kraft meines Gedächtnisses nicht, obwohl ich nicht sage, sie sei außerhalb von mir. Was aber werde ich nun sagen, da ich mich gewiß des Vergessens erinnere? Werde ich erklären, etwas sei nicht in meinem Gedächtnis, wessen ich mich erinnere? Oder werde ich sagen, das Vergessen sei in meinem Gedächtnis, damit ich nicht vergesse? Beides ist Unfug. Wie steht es mit einer dritten These? Wie komme ich zu der Annahme, das Gedächtnis bewahre nur ein Bild des Vergessens auf, nicht das Vergessen selbst, wenn ich mich seiner erinnere? Wie komme ich, wann immer dem Gedächtnis irgendein Bild eingeprägt wird, zur Behauptung, daß vorher die Gegenwart der Sache selbst notwendig sei, durch die allein ihm dieses Bild eingeprägt werden kann? Immerhin erinnere ich mich so der Stadt Karthago, so auch aller Orte, an denen ich mich aufgehalten habe, so der Gesichter der Menschen, die ich gesehen habe. So erinnere ich mich auch der Meldungen der übrigen Sinne, so der Gesundheit des Körpers oder des Schmerzes. Als sie zugegen waren, hat das Gedächtnis Bilder von ihnen aufgenommen. Sind diese gegenwärtig, so kann ich sie sehen

illa et absentia reminiscerer. si ergo per imaginem suam, non per se ipsam in memoria tenetur oblivio, ipsa utique aderat, ut eius imago caperetur. cum autem adesset, quomodo imaginem suam in memoria conscribebat, quando id etiam, quod iam notatum invenit, praesentia sua delet oblivio? et tamen quocumque modo, licet sit modus iste incomprehensibilis et inexplicabilis, etiam ipsam oblivionem meminisse me certus sum, qua id quod meminerimus obruitur.

26 magna vis est memoriae, nescio quid horrendum, deus meus, profunda et infinita multiplicitas; et hoc animus est, et hoc ego ipse sum. quid ergo sum, deus meus? quae natura sum? varia, multimoda vita et immensa vehementer. ecce in memoriae meae campis et antris et cavernis innumerabilibus atque innumerabiliter plenis innumerabilium rerum generibus sive per imagines, sicut omnium corporum, sive per praesentiam, sicut artium, sive per nescio quas notiones vel notationes, sicut affectionum animi – quas et cum animus non patitur, memoria tenet, cum in animo sit quidquid est in memoria – per haec omnia discurro et volito hac illac, penetro etiam, quantum possum, et finis nusquam: tanta vis est memoriae, tanta vitae vis est in homine vivente mortaliter! quid igitur agam, tu vera mea vita, deus meus? transibo et hanc vim meam, quae memoria vocatur, transibo eam, ut pertendam ad te, dulce lumen. quid dicis mihi? ecce ego ascendens per animum meum ad te, qui desuper mihi manes, transibo et istam vim meam, quae memoria vocatur, volens te attingere, unde attingi potes, et inhaerere tibi, unde inhaereri tibi potest. habent enim memoriam et pe-

und im Geist bearbeiten, sofern ich mich ihrer entsinne, auch wenn die Sachen selbst abwesend sind. Falls das Vergessen also durch sein Bild im Gedächtnis behalten wird, nicht durch es selbst, dann war es einst doch so anwesend, daß sein Bild erfaßt wurde. Wie aber hat es sein Bild ins Gedächtnis hineingeschrieben, als es anwesend war? Das Vergessen zerstört durch seine Gegenwart doch gerade das, was schon gefunden und erkannt worden war. Trotzdem muß es eine Lösung geben, mag sie noch so unbegreiflich und unerklärlich sein.[151] Sicher bin ich mir, mich auch des Vergessens zu erinnern, durch das verdeckt wird, wessen wir uns erinnern.

26 Großartig ist die Kraft geistiger Innerlichkeit: etwas Schaudererregendes, mein Gott: eine abgrundtiefe, unbegrenzte Vielfalt – und doch ist es Geist, und doch bin ich das selbst. Was also bin ich, mein Gott? Was ist mein Wesen? Unbeständig, facettenreich und ganz ohne Maß ist das Leben.[152] Siehe die zahllosen Felder, Grotten und Höhlen meines Gedächtnisses, unermeßlich gefüllt mit unfaßbar vielen Arten von Dingen, sei es in Form von Bildern wie bei allen Körpern, durch unmittelbare Gegenwart wie bei den Wissenschaften, oder durch ich weiß nicht welche Begriffe oder Bezeichnungen wie bei den Stimmungen. Stimmungen hält das Gedächtnis fest. Auch wenn nicht der Geist sie empfängt, ist im Geist doch alles, was immer im Gedächtnis ist. All das durcheile ich, fliege von hier nach dort, durchforsche es, so gut ich kann, und komme nirgends an ein Ende: so groß ist die Kraft des Gedächtnisses, so groß die Kraft des Lebens im Menschen, der nur ein sterbliches Leben führt![153] Was also soll ich tun, Du, mein wahres Leben, mein Gott? Übersteigen werde ich auch diese Kraft, die zu mir gehört und Gedächtnis genannt wird. Übersteigen werde ich sie, damit ich zu Dir vordringe, Du süßes Licht. Was sagst Du mir? Siehe: durch meinen Geist werde ich zu Dir hin aufsteigen, der Du über mir bleibst;[154] ich werde auch diese Kraft übersteigen, die zu mir gehört und Gedächtnis genannt wird. Berühren will ich Dich, wo ich Dich berühren kann, mich an Dich hängen, wo ich mich an Dich hängen kann.[155] Gedächtnis

cora et aves, alioquin non cubilia nidosve repeterent, non alia multa, quibus assuescunt; neque enim et assuescere valerent ullis rebus nisi per memoriam. transibo ergo et memoriam, ut attingam eum, qui separavit me a quadrupedibus et a volatilibus caeli sapientiorem me fecit, transibo et memoriam, ut ubi te inveniam, vere bone, secura suavitas, ut ubi te inveniam? si praeter memoriam meam te invenio, immemor tui sum. et quomodo iam inveniam te, si memor non sum tui?

27 perdiderat enim mulier drachmam[1] et quaesivit eam cum lucerna et, nisi memor eius esset, non inveniret eam. cum enim esset inventa, unde sciret, utrum ipsa esset, si memor eius non esset? multa memini me perdita quaesisse atque invenisse. inde istuc scio, quia, cum quaererem aliquid eorum et diceretur mihi: num forte hoc est? num forte illud?,[2] tandiu dicebam: non est, donec id offerretur quod quaerebam. cuius nisi memor essem, quidquid illud esset, etiamsi mihi offerretur, non invenirem, quia non agnoscerem. et semper ita fit, cum aliquid perditum quaerimus et invenimus. verum tamen si forte aliquid ab oculis perit, non a memoria, veluti corpus quodlibet visibile, tenetur intus imago eius et quaeritur, donec reddatur aspectui. quod cum inventum fuerit, ex imagine, quae intus est, recognoscitur. nec invenisse nos dicimus quod perierat, si non agnoscimus, nec agnoscere possumus, si non meminimus: sed hoc perierat quidem oculis, memoria tenebatur.

---

[1] Skutella: dragmam.
[2] Skutella: Komma fehlt.

haben nämlich auch Landtiere und Vögel, sonst könnten sie weder Ruheplatz und Nest wiederfinden, noch vieles andere, woran sie sich gewöhnt haben. Denn sie hätten sich an nichts zu gewöhnen vermocht, wenn sie kein Gedächtnis hätten. Übersteigen werde ich also auch das Gedächtnis, um den zu berühren, der mich von den Vierfüßern gesondert und einsichtiger gemacht hat als die Vögel des Himmels. Übersteigen werde ich auch das Gedächtnis, damit ich Dich finde, Du wahrhaft Guter, damit ich Dich irgendwo finde, den Genuß, der Sicherheit verleiht.[156] Wo aber finde ich Dich? Wenn ich Dich außerhalb meines Gedächtnisses finde, bin ich ohne gedankliche Vorstellung von Dir.[157] Und wie kann ich Dich finden, wenn ich nicht vorher eine Vorstellung von Dir habe?[158]

27 Denn die Frau, die eine Drachme verloren und mit der Laterne gesucht hat, hätte diese nicht gefunden, wenn sie nicht in ihrem Gedächtnis gewesen wäre.[159] Wie hätte sie denn, als sie die Drachme gefunden hatte, wissen können, ob es wirklich die Drachme war, wenn sie sich ihrer nicht erinnert hätte. Da ich mich erinnere, viel Verlorenes gesucht und gefunden zu haben, weiß ich, wovon ich rede. Als ich nach etwas suchte und man mich fragte: ist es dieses hier, was du suchst, oder ist es das, antwortete ich: nein, das ist es nicht, bis man mir endlich darbot, was ich suchte. Ich mag suchen, was ich will: wenn ich mich seiner nicht erinnerte, fände ich es nicht, da ich es nicht wiedererkennen könnte, auch wenn man es mir zeigte. So verhält es sich immer, wenn wir etwas, was wir verloren haben, suchen und wiederfinden. Wenn aber etwas nur den Augen, nicht dem Gedächtnis entschwunden sein sollte, zum Beispiel ein sichtbares Ding, bleibt innen ein Bild von ihm.[160] Dieses Ding wird gesucht, bis es dem Anblick wieder zugänglich ist. Wenn man es gefunden hat, erkennt man es mit Hilfe des Bildes wieder, das innen ist.[161] Wir sagen nicht, wir hätten gefunden, was verloren war, wenn wir es nicht erkennen – und wir können es nicht erkennen, wenn wir uns nicht erinnern. Im Beispiel aber war ja nur etwas den Augen entschwunden, das Gedächtnis aber hatte es festgehalten.

28 quid? cum ipsa memoria perdit aliquid, sicut fit, cum obliviscimur et quaerimus, ut recordemur, ubi tandem quaerimus nisi in ipsa memoria? et ibi si aliud pro alio forte offeratur, respuimus, donec illud occurrat quod quaerimus. et cum occurrit, dicimus: hoc est; quod non diceremus, nisi agnosceremus, nec agnosceremus, nisi meminissemus. certe ergo obliti fueramus. an non totum exciderat, sed ex parte, quae tenebatur, pars alia quaerebatur, quia sentiebat se memoria non simul volvere, quod simul solebat, et quasi detruncata consuetudine claudicans reddi quod deerat flagitabat? tamquam si homo notus sive conspiciatur oculis sive cogitetur et nomen eius obliti requiramus, quidquid aliud occurrerit non conectitur, quia non cum illo cogitari consuevit ideoque respuitur, donec illud adsit, ubi simul adsuefacta notitia non inaequaliter adquiescat. et unde adest nisi ex ipsa memoria? nam et cum ab alio commoniti recognoscimus, inde adest. non enim quasi novum credimus, sed recordantes approbamus hoc esse, quod dictum est. si autem penitus aboleatur ex animo, nec admoniti reminiscimur. neque enim omni modo adhuc obliti sumus, quod vel oblitos nos esse meminimus. hoc ergo nec amissum quaerere poterimus, quod omnino obliti fuerimus.

29 quomodo ergo te quaero, domine? cum enim te, deum meum, quaero, vitam beatam quaero. quaeram te, ut vivat anima mea. vivit enim corpus meum de anima mea et vivit anima mea de te. quomodo ergo quaero vitam beatam? quia non est mihi, donec dicam: sat, est illic. ubi oportet ut dicam, quomodo eam

28 Was aber, wenn dem Gedächtnis selbst etwas entschwindet? So geschieht es, wenn wir etwas vergessen und versuchen, uns zu erinnern. Wo suchen wir es, wenn nicht im Gedächtnis? Auch dort weisen wir alles ab, was uns etwa statt des Gesuchten angeboten wird, bis uns entgegentritt, was wir suchen. Und dann, wenn es uns entgegentritt, sagen wir: das ist es! Das könnten wir nicht sagen, wenn wir es nicht erkennten; und wir könnten es nicht erkennen, wenn wir uns seiner nicht erinnerten. Gewiß hatten wir es also vergessen. War es uns aber ganz entfallen, oder wurde ein Teil von ihm mit Hilfe eines anderen gesucht, den es behalten hatte?[162] Spürte das Gedächtnis, daß es nicht gleichzeitig dachte, was es gleichzeitig zu erwägen pflegte? Forderte es, da es durch Störung der Gewohnheit verunsichert war, daß ihm zurückgegeben werde, was ihm fehlte? Wie wenn wir einer Person begegnen, die wir kennen, oder an sie denken und bemerken, daß wir ihren Namen vergessen haben. Was uns an anderen Namen einfällt, verbinden wir nicht mit ihr, weil wir nicht gewohnt sind, ihn mit ihr zu verknüpfen. So wird jeder Name zurückgewiesen, bis der passende Name auftaucht, bei dem sich das durch Gewohnheit erworbene Wissen beruhigt. Woher taucht denn der Name auf, wenn nicht aus dem Gedächtnis? Auch wenn wir ihn wiedererkennen, weil ein anderer ihn erwähnt hat, taucht er nämlich dort auf. Wir halten den Namen dann nicht für neu, sondern bestätigen auf Grund unserer Erinnerung, daß er der richtige sei. Ist er uns aber völlig aus dem Sinn gekommen, so erinnern wir uns auch mit fremder Hilfe nicht. Erinnern wir uns aber, etwas vergessen zu haben, so haben wir es doch nicht ganz vergessen. Was wir verloren und gänzlich vergessen hätten, könnten wir also gar nicht suchen.[163]

29 Wie also suche ich Dich, Herr? Seit ich Dich, meinen Gott, suche, suche ich wirklich das selige Leben.[164] Ich will Dich suchen, damit meine Seele lebe.[165] Denn mein Körper lebt von meiner Seele und meine Seele lebt von Dir.[166] Wie also suche ich das selige Leben? Dieses Leben habe ich ja nicht, bis ich sagen kann: ich bin zufrieden, da ist es, das selige Leben. Zu-

quaero, utrum per recordationem, tamquam eam oblitus sim oblitumque me esse adhuc teneam, an per appetitum discendi incognitam, sive quam numquam scierim sive quam sic oblitus fuerim, ut me nec oblitum esse meminerim. nonne ipsa est beata vita, quam omnes volunt et omnino qui nolit nemo est? ubi noverunt eam, quod sic volunt eam? ubi viderunt, ut amarent eam? nimirum habemus eam nescio quomodo. et est alius quidam modus, quo quisque cum habet eam, tunc beatus est, et sunt, qui spe beati sunt. inferiore modo isti habent eam quam illi, qui iam re ipsa beati sunt, sed tamen meliores quam illi, qui nec re nec spe beati sunt. qui tamen etiam ipsi nisi aliquo modo haberent eam, non ita vellent beati esse: quod eos velle certissimum est. nescio quomodo noverunt eam ideoque habent eam in nescio qua notitia, de qua satago, utrum in memoria sit, quia, si ibi est, iam beati fuimus aliquando, –[1] utrum singillatim omnes, an in illo homine, qui primus peccavit, in quo et omnes mortui sumus et de quo omnes cum miseria nati sumus, non quaero nunc, sed quaero, utrum in memoria sit beata vita. neque enim amaremus eam, nisi nossemus. audimus[2] nomen hoc et omnes rem ipsam nos appetere fatemur; non enim sono delectamur. nam hoc cum Latine audit Graecus, non delectatur, quia ignorat, quid dictum sit; nos autem delectamur, sicut etiam ille, si Graece hoc audierit, quoniam res ipsa nec Graeca nec Latina est, cui adipiscendae Graeci Latinique inhiant ceterarumque linguarum homines. nota est igitur omnibus, qui una voce si interrogari possent, utrum beati esse vellent, sine ulla

---

[1] Skutella: Gedankenstrich fehlt.
[2] Skutella: audivimus.

nächst aber habe ich die Aufgabe zu sagen, wie ich es suche: ob durch Vergegenwärtigung, als ob ich es vergessen hätte und nur in Erinnerung hielte, daß ich es vergessen habe; oder durch die Lust, etwas Unbekanntes zu lernen, sei es ich hätte es niemals gekannt, sei es ich hätte es so vergessen, daß ich mich nicht einmal erinnere, es vergessen zu haben. Ist das selige Leben nicht gerade das, was alle erstreben? Gibt es denn überhaupt jemanden, der es nicht will?[167] Wo aber haben sie es so kennengelernt, daß sie es erstreben? Wo haben sie es so gesehen, daß sie es lieben? Zweifellos haben wir irgendwie das selige Leben![168] Nur daß ich nicht weiß, wie wir es haben. Eine Weise, es zu haben, ist gewiß die, daß einer, der es hat, selig ist. Aber manche hoffen auch erst auf ihre Seligkeit. Sie haben das selige Leben zwar in geringerem Grad als die Glücklichen, die jetzt schon wirklich selig sind, jedoch in höherem als die Unglücklichen, die weder schon jetzt selig sind, noch auf ihre Seligkeit hoffen.[169] Wenn aber auch diese Unglücklichen das selige Leben nicht irgendwie hätten, verlangten sie nicht so sehr, selig zu sein, was sie doch unzweifelhaft tun. Irgendwie kennen sie es und haben deshalb eine Kenntnis. Ich mühe mich aber herauszufinden, ob sie in ihrem Gedächtnis ist. Wenn sie dort ist, waren wir einst selig. Man könnte fragen, ob jeder einzelne Mensch einst selig war oder ob alle in jenem Menschen selig waren, der als erster gesündigt hat, in dem wir alle gestorben sind und durch den wir alle im Elend geboren worden sind.[170] Diese Frage verfolge ich jetzt nicht, sondern frage, ob das selige Leben im Gedächtnis ist. Denn wir liebten es nicht, wenn wir es nicht kennten. Wir hören das Wort und bekennen alle, daß wir nach ihm verlangen. Nicht der Klang des Wortes ist es freilich, der uns erfreut: denn hört ein Grieche das lateinische Wort, freut er sich nicht, weil er nicht weiß, wovon gesprochen wird. Wir aber freuen uns beim lateinischen Wort, wie der Grieche sich freut, wenn er es griechisch hört. Das Ziel des Verlangens ist freilich weder griechisch noch lateinisch: nach ihm sehnen sich Griechen und Lateiner ebenso wie die Menschen anderer Sprachen. Folglich ist es allen bekannt. Wenn alle in einer Sprache gefragt werden könnten, ob sie glückselig

dubitatione velle responderent. quod non fieret, nisi res ipsa, cuius hoc nomen est, eorum memoria teneretur.

30 numquid ita, ut meminit Carthaginem qui vidit? non; vita enim beata non videtur oculis, quia non est corpus. numquid sicut meminimus numeros? non; hos enim qui habet in notitia, non adhuc quaerit adipisci, vitam vero beatam habemus in notitia ideoque amamus et tamen adhuc adipisci eam volumus, ut beati simus. numquid sicut meminimus eloquentiam? non: quamvis enim et hoc nomine audito recordentur ipsam rem, qui etiam nondum sunt eloquentes multique esse cupiant – unde apparet eam esse in eorum notitia – tamen per corporis sensus alios eloquentes animadverterunt et delectati sunt et hoc esse desiderant – quamquam nisi ex interiore notitia non delectarentur neque hoc esse vellent, nisi delectarentur – beatam vero vitam nullo sensu corporis in aliis experimur. numquid sicut meminimus gaudium? fortasse ita. nam gaudium meum etiam tristis memini sicut vitam beatam miser, neque umquam corporis sensu gaudium meum vel vidi vel audivi vel odoratus sum vel gustavi vel tetigi, sed expertus sum in animo meo, quando laetatus sum, et adhaesit eius notitia memoriae meae, ut id reminisci valeam aliquando cum aspernatione, aliquando cum desiderio pro earum rerum diversitate, de quibus me gavisum esse memini. nam et de turpibus gaudio quodam perfusus sum, quod nunc recordans detestor atque execror[1], aliquando

---

[1] Skutella: exsecror.

sein wollten, käme ohne jeden Zweifel die Antwort, daß sie es wollen. Sie käme aber nicht, wenn die gesuchte Wirklichkeit, die mit dem Wort Glückseligkeit bezeichnet wird, nicht fest in ihrem Gedächtnis verankert wäre.

30 Ist das selige Leben etwa so in uns, wie sich jemand Karthagos erinnert, der es einst gesehen hat? Nein! Denn es wird nicht mit den Augen gesehen, weil es kein Körper ist. Etwa so, wie wir uns der Zahlen erinnern? Nein! Denn wer diese kennt, versucht nicht mehr, in ihren Besitz zu gelangen. Das selige Leben aber kennen wir und lieben es deshalb; trotzdem wollen wir es immer noch gewinnen, um glücklich zu sein. Ist es etwa so in uns, wie wir uns der Redekunst erinnern?[171] Nein! Zwar vergegenwärtigen sich nämlich beim Hören dieses Wortes auch Leute, die noch nicht beredt sind, die Sache selbst – und gewiß wünschen viele, diese Kunst zu beherrschen (somit ist klar, daß sie eine Kenntnis von ihr besitzen). Immerhin nehmen sie durch Körpersinne andere Menschen wahr, die beredt sind; sie freuen sich an ihnen und begehren, selbst ebenso beredt zu sein. Dennoch freuen sie sich aus innerer Kenntnis an der Redekunst und wollten sie nicht besitzen, wenn sie sich nicht an ihr freuten. Das selige Leben erfahren wir aber gar nicht durch einen Körpersinn an anderen Menschen. Ist das selige Leben etwa so in uns, wie wir uns einer Freude erinnern? Vielleicht so! Denn meiner Freude erinnere ich mich auch, wenn ich traurig bin, wie des seligen Lebens, wenn ich elend bin. Mit keinem Sinn des Körpers habe ich meine Freude gesehen, gehört, gerochen, geschmeckt oder berührt. Vielmehr habe ich sie in meinem Geist erfahren, als ich mich gefreut habe. Und die Kenntnis der Freude haftete so in meinem Gedächtnis, daß ich mich ihrer zu erinnern vermag, zuweilen mit Widerwillen, manchmal mit Sehnsucht, je nach Verschiedenheit der Anlässe, bei denen ich mich meiner Erinnerung nach gefreut habe. Denn mit Freude überschüttet hat mich auch Schimpfliches, das ich jetzt, wenn ich mich erinnere, verabscheue und verwünsche;[172] zuweilen aber auch Gutes und Achtbares, das ich mir voll Sehnsucht vergegenwärtige, obwohl es vielleicht nicht wie-

de bonis et honestis, quod desiderans recolo, tametsi forte non adsunt, et ideo tristis gaudium pristinum recolo.

31 ubi ergo et quando expertus sum vitam meam beatam, ut recorder eam et amem et desiderem? nec ego tantum aut cum paucis, sed beati prorsus omnes esse volumus. quod nisi certa notitia nossemus, non tam certa voluntate vellemus. sed quid est hoc? quod si quaeratur a duobus, utrum militare velint, fieri possit, ut alter eorum velle se, alter nolle respondeat: si autem ab eis quaeratur, utrum esse beati velint, uterque se statim sine ulla dubitatione dicat optare, nec ob aliud velit ille militare, nec ob aliud iste nolit, nisi ut beati sint. num forte quoniam alius hinc, alius inde gaudet? ita se omnes beatos esse velle consonant, quemadmodum consonarent, si hoc interrogarentur, se velle gaudere atque ipsum gaudium vitam beatam vocant. quod etsi alius hinc, alius illinc adsequitur, unum est tamen, quo pervenire omnes nituntur, ut gaudeant. quae quoniam res est, quam se expertum non esse nemo potest dicere, propterea reperta in memoria recognoscitur, quando beatae vitae nomen auditur.

32 absit, domine, absit a corde servi tui, qui confitetur tibi, absit, ut, quocumque gaudio gaudeam, beatum me putem. est enim gaudium, quod non datur impiis, sed eis, qui te gratis colunt, quorum gaudium tu ipse es. et ipsa est beata vita, gaudere ad te, de te, propter te: ipsa est et non est altera. qui autem aliam

derholbar ist, so daß ich der früheren Freude mit Wehmut gedenke.

31 Wo und wann habe ich also mein seliges Leben so kennengelernt, daß ich mich seiner erinnere, es liebe und mich nach ihm sehne? Nicht ich allein, nicht nur wenige, sondern schlechthin alle wollen ja glückselig sein. Wüßten wir nicht in sicherem Wissen von ihm, könnten wir es nicht mit so sicherem Willen wollen. Was aber ist seliges Leben? Fragte man zwei junge Männer, ob sie Soldaten werden wollen, kann es geschehen, daß der eine erklärt, er wolle es, der andere, er wolle es nicht. Fragte man sie jedoch, ob sie glücklich sein wollen, werden beide sofort ohne jedes Zögern bestätigen, daß sie es wünschen. Aus keinem anderen Grund, also nur um glücklich zu sein, will der eine Soldat werden, will der andere es nicht.[173] Vielleicht ist das so, weil sich der eine an etwas Bestimmtem freut, der andere aber an etwas anderem? So stimmen alle im Willen überein, glücklich zu sein, wie sie übereinstimmend auf die Frage antworten, ob sie sich freuen wollen. Denn sie bezeichnen sogar die Freude selbst als das selige Leben. Auch wenn der eine von hier, der andere von dort auf das selige Leben zugeht, ist es doch stets nur ein einziges Ziel, das alle zu erreichen trachten: nämlich sich zu freuen. Da es sich so verhält, kann niemand behaupten, er habe keine Erfahrung vom seligen Leben.[174] Deswegen wird das selige Leben wiedererkannt, sobald es im Gedächtnis aufgetaucht ist, wann immer ein Mensch diesen sprachlichen Ausdruck zu hören bekommt.[175]

32 Fern, Herr, fern sei es dem Herzen Deines Dieners, der Dir seine Bekenntnisse vorlegt, fern sei es von mir, mich glückselig zu wähnen, wenn ich mich an irgendeiner Freude ergötze. Denn es gibt eine besondere Freude, die Gottlosen nicht gewährt wird, sondern nur denen, die Dich verehren, ohne Lohn zu erwarten.[176] Deren Freude bist Du selbst. Gerade das ist das selige Leben: sich freuen auf Dich, die Freude von Dir empfangen, sich freuen an Deiner Güte: das ist es und nichts anderes.[177] Wer es aber für etwas anderes hält, jagt einer ande-

putant esse, aliud sectantur gaudium neque ipsum verum. ab aliqua tamen imagine gaudii voluntas eorum non avertitur.

33 non ergo certum est, quod omnes esse beati volunt, quoniam qui non de te gaudere volunt, quae sola vita beata est, non utique beatam vitam[1] volunt. an omnes hoc volunt, sed quoniam »caro concupiscit adversus spiritum et spiritus adversus carnem, ut non faciant quod volunt«, cadunt in id quod valent eoque contenti sunt, quia illud, quod non valent, non tantum volunt, quantum sat est, ut valeant? nam quaero ab omnibus, utrum malint de veritate quam de falsitate gaudere: tam non dubitant dicere de veritate se malle, quam non dubitant dicere beatos esse se velle. beata quippe vita est gaudium de veritate. hoc est enim gaudium de te, qui »veritas« es, deus, »inluminatio mea, salus faciei meae, deus meus«. hanc vitam beatam omnes volunt, hanc vitam, quae sola beata est, omnes volunt, gaudium de veritate omnes volunt. multos expertus sum, qui vellent fallere, qui autem falli, neminem. ubi ergo noverunt hanc vitam beatam, nisi ubi noverunt etiam veritatem? amant enim et ipsam, quia falli nolunt, et cum amant beatam vitam, quod non est aliud quam de veritate gaudium, utique amant etiam veritatem nec amarent, nisi esset aliqua notitia eius in memoria eorum. cur ergo non de illa gaudent? cur non beati sunt? quia fortius occupantur in aliis, quae potius eos faciunt miseros quam illud beatos, quod tenuiter meminerunt. »adhuc« enim »modicum lumen est« in hominibus; ambulent, ambulent, »ne tenebrae comprehendant«.

Gal 5,17

Ps 26,1

Io 12,35

---

[1] Skutella: vitam beatam.

ren Freude nach, nicht der wahren.[178] Doch von irgendeinem Abbild dieser Freude läßt auch sein Wille nicht ab.

33 Nicht sicher ist also, daß alle glückselig sein wollen, weil ja nicht alle die Freude von Dir empfangen wollen,[179] seliges Leben aber nur darin besteht, sie von Dir zu empfangen. So wollen doch nicht alle das selige Leben. Oder wollen es alle, verfallen aber, weil ›das Fleisch mit seiner Begierde gegen den Geist kämpft und der Geist gegen das Fleisch, so daß beide nicht tun, was sie wollen‹, auf das, was sie zustande bringen, und sind damit zufrieden, weil sie das, was sie nicht leicht können, nicht mit so großer Kraft wollen, daß sie es am Ende zustande bringen? Denn ich frage alle, ob sie sich lieber an Wahrheit oder an Falschheit freuen: wie sie nicht zögern zu sagen, sie möchten selig sein, werden sie nicht zögern zu sagen, sie freuten sich lieber an der Wahrheit.[180] Das selige Leben ist ja Freude an der Wahrheit. Denn das ist die Freude, die von Dir her kommt, der Du ›die Wahrheit‹ bist, Gott, ›meine Erleuchtung, das Heil meines Antlitzes, mein Gott‹. Dieses selige Leben wollen alle, dieses Leben, das allein selig ist, wollen alle, die Freude an der Wahrheit wollen alle.[181] Viele habe ich kennengelernt, die andere betrügen wollten, niemanden aber, der betrogen werden wollte.[182] Wo also haben sie das selige Leben kennengelernt? Doch dort, wo sie auch die Wahrheit erkannt haben! Denn auch sie lieben die Wahrheit, da sie ja nicht betrogen werden wollen.[183] Indem sie das selige Leben lieben, das nichts anderes ist als die Freude an der Wahrheit, lieben sie ganz gewiß auch die Wahrheit. Und sie könnten sie nicht lieben, wenn die Wahrheit in ihrem Geist nicht irgendwie gegenwärtig wäre. Warum also freuen sie sich nicht an ihr? Warum sind sie nicht glückselig? Weil ihre Tatkraft zu sehr von anderen Zielen benommen ist, von Zielen, die sie allerdings eher elend machen. An das aber, was sie glückselig macht, wenden sie nur spärlich ihre Gedanken. ›Bis jetzt leuchtet das Licht nur mäßig‹ bei den Menschen. Sie mögen laufen und sich umsehen, ›damit die Finsternis sie nicht verschlinge‹.

34 cur autem »veritas parit odium« et inimicus eis factus est homo tuus verum praedicans, cum ametur beata vita, quae non est nisi gaudium de veritate, nisi quia sic amatur veritas, ut, quicumque aliud amant, hoc quod amant velint esse veritatem, et quia falli nollent, nolunt convinci, quod falsi sint? itaque propter eam rem oderunt veritatem, quam pro veritate amant. amant eam lucentem, oderunt eam redarguentem. quia enim falli nolunt et fallere volunt, amant eam, cum se ipsa indicat, et oderunt eam, cum eos ipsos indicat. inde retribuet eis, ut, qui se ab ea manifestari nolunt, et eos nolentes manifestet et eis ipsa non sit manifesta. sic, sic, etiam sic animus humanus, etiam sic caecus et languidus, turpis atque indecens latere vult, se autem ut lateat aliquid non vult. contra illi redditur, ut ipse non lateat veritatem, ipsum autem veritas lateat. tamen etiam sic, dum miser est, veris mavult gaudere quam falsis. beatus ergo erit, si nulla interpellante molestia de ipsa, per quam vera sunt omnia, sola veritate gaudebit.

35 ecce quantum spatiatus sum in memoria mea quaerens te, domine, et non te inveni extra eam. neque enim aliquid de te inveni, quod non meminissem, ex quo didici te. nam ex quo didici te, non sum oblitus tui. ubi enim inveni veritatem, ibi inveni deum meum, ipsam veritatem, quam ex quo didici, non sum oblitus. itaque ex quo te didici, manes in memoria mea, et illic te invenio, cum reminiscor tui et delector in te. hae sunt

34 Warum aber ›erzeugt die Wahrheit Haß‹?[184] Warum wurde Dein Mensch, als er die Wahrheit verkündete, den Hörern zum Feind, obwohl alle das selige Leben lieben, das nichts als Freude an der Wahrheit ist?[185] Doch nur, weil manche die Wahrheit so lieben, daß sie faktisch anderes lieben, und wünschen, das andere, was sie lieben, möge die Wahrheit sein. Weil sie nicht betrogen werden wollen, wollen sie nicht überführt werden, daß sie betrogen wurden. So hassen sie die Wahrheit wegen der Ziele, die sie statt der Wahrheit lieben. Sie lieben die Wahrheit, weil sie ihnen Licht gibt; sie hassen sie, weil sie ihre Lüge entlarvt.[186] Denn da sie nicht betrogen werden wollen, lieben sie, daß sich ihnen die Wahrheit zeigt; sofern sie betrügen wollen, hassen sie, daß sie ihr Tun ans Licht bringt.[187] Daher straft sie die, die sich ihr entziehen wollen: sie macht ihr Tun gegen ihren Willen sichtbar, läßt sich selbst von ihnen aber nicht sehen. So ist menschlicher Geist, auch so ist er: auch blind ist er und träge. Seinen Schimpf und seine Schande will er verbergen, will aber nicht, daß sich ihm etwas verberge.[188] Doch das Gegenteil wird ihm zuteil: er bleibt der Wahrheit nicht verborgen, die Wahrheit aber verbirgt sich ihm. Trotzdem freut er sich, auch solange er in dieser elenden Lage ist, lieber an Wahrem als an Falschem. Glückselig wird er also erst sein, wenn er sich an der einzigen Wahrheit freut, an der Quelle aller Wahrheit, ohne daß eine Beschwernis ihn von ihr fernhält.[189]

35 Siehe, Herr, wie weit die Wege sind, die ich in meinem Gedächtnis durchlaufen habe, um Dich zu suchen. Und außerhalb seiner habe ich Dich nicht gefunden.[190] Denn alle Einsichten, die ich von Dir gewonnen habe, seit ich gelernt habe, wer Du bist, habe ich aus dem Gedächtnis hervorgeholt. Denn seit Du mir bekannt bist, habe ich Deiner nicht vergessen. Wo ich die Wahrheit gefunden habe, habe ich meinen Gott gefunden, der selbst die Wahrheit ist, die ich, seit ich sie kennenlernte, nicht vergessen habe.[191] Daher wohnst Du in meinem Gedächtnis, seit ich Dich kenne.[192] Dort finde ich Dich auch, wenn ich mich Deiner erinnere und mich freue. Das sind meine heiligen

sanctae deliciae meae, quas donasti mihi misericordia tua respiciens paupertatem meam.

36 sed ubi manes in memoria mea, domine, ubi illic manes? quale cubile fabricasti tibi? quale sanctuarium aedificasti tibi? tu dedisti hanc dignationem memoriae meae, ut maneas in ea, sed in qua eius parte maneas, hoc considero. transcendi enim partes eius, quas habent et bestiae, cum te recordarer, quia non ibi te inveniebam inter imagines rerum corporalium, et veni ad partes eius, ubi commendavi affectiones animi mei, nec illic inveni te. et intravi ad ipsius animi mei sedem, quae illi est in memoria mea, quoniam sui quoque meminit animus, nec ibi tu eras, quia sicut non es imago corporalis nec affectio viventis, qualis est, cum laetamur, contristamur, cupimus, metuimus, meminimus, obliviscimur et quidquid huius modi est, ita nec ipse animus es, quia dominus deus animi tu es, et commutantur haec omnia, tu autem incommutabilis manes super omnia et dignatus es habitare in memoria mea, ex quo te didici. et quid quaero, quo loco eius habites, quasi vero loca ibi sint? habitas certe in ea, quoniam tui memini, ex quo te didici, et in ea te invenio, cum recordor te.

37 ubi ergo te inveni, ut discerem te? neque enim iam eras in memoria mea, priusquam te discerem. ubi ergo te inveni, ut discerem te, nisi in te supra me? et nusquam locus, et recedimus et accedimus, et nusquam locus. veritas, ubique praesides omnibus consulentibus te simulque respondes omnibus etiam

Genüsse, die Du mir verliehen hast, als Du in Deiner Barmherzigkeit auf meine Armut herabgeblickt hast.[193]

36 Wo aber wohnst Du in meinem Gedächtnis, Herr, wo wohnst Du dort? Welchen Ruheplatz hast Du Dir bereitet?[194] Welches Heiligtum hast Du Dir erbaut? Du hast mein Gedächtnis gewürdigt, in ihm zu wohnen; aber ich grüble, in welchem Vermögen Du wohnst. Als ich Deiner gedachte, habe ich nämlich die Kräfte überstiegen, die auch Tiere besitzen. Denn dort – unter Bildern körperlicher Dinge – fand ich Dich nicht. Und als ich zu der Fähigkeit kam, mit der ich die Stimmungen meines Gemüts aufbewahrt habe, fand ich Dich auch dort nicht.[195] So bin ich vor den Sitz meines Geistes selbst getreten, den er im Gedächtnis hat, da der Geist sich ja auch seiner selbst erinnert. Auch dort warst Du nicht. Denn Du bist weder ein körperliches Bild noch die Stimmung eines Lebewesens, in der wir sind, wenn wir uns freuen, wenn wir trauern, wenn wir begehren, wenn wir uns fürchten, wenn wir uns erinnern, wenn wir etwas vergessen – oder sonst etwas von dieser Art.[196] So bist Du auch nicht der Geist selbst, weil Du Herr und Gott des Geistes bist.[197] Das alles – der Geist und seine Stimmungen – ist unstet: Du, der Wandellose, aber bleibst über allem.[198] Du hast mein Gedächtnis für würdig befunden, in ihm zu wohnen, seit ich gelernt habe, wer Du bist.[199] Was frage ich überhaupt, an welchem Ort des Gedächtnisses Du wohnst, als gäbe es dort tatsächlich Orte?[200] Gewiß wohnst Du im Gedächtnis, da ich mich Deiner ja erinnere, seit Du mir bekannt bist, und ich Dich eben in ihm finde, wenn ich mich auf Dich besinne.

37 Wo also habe ich Dich gefunden, so daß ich gelernt habe, wer Du bist? Du warst nämlich nicht in meinem Gedächtnis, bevor ich Dich kennenlernte.[201] Wo also habe ich Dich gefunden, so daß ich nun weiß, wer Du bist? Nirgends, wenn nicht in Dir, über mir![202] Es gibt da keinen Ort: wir gehen und kommen und finden doch keinen Ort.[203] Allerorten hilfst Du, die Wahrheit, allen hilfst Du, die Rat bei Dir suchen. Und allen antwortest Du zugleich, auch wenn sie ganz verschiedene Fra-

diversa consulentibus. liquide tu respondes, sed non liquide omnes audiunt. omnes unde volunt consulunt, sed non semper quod volunt audiunt. optimus minister tuus est, qui non magis intuetur hoc a te audire quod ipse voluerit, sed potius hoc velle quod a te audierit.

38 sero te amavi, pulchritudo tam antiqua et tam nova, sero te amavi! et ecce intus eras et ego foris et ibi te quaerebam et in ista formosa, quae fecisti, deformis inruebam. mecum eras, et tecum non eram. ea me tenebant longe a te, quae si in te non essent, non essent. vocasti et clamasti et rupisti surditatem meam, coruscasti, splenduisti et fugasti caecitatem meam, fragrasti,[1] et duxi spiritum et anhelo tibi, gustavi et esurio et sitio, tetigisti me, et exarsi in pacem tuam.

39 cum inhaesero tibi ex omni me, nusquam erit mihi dolor et labor, et viva erit vita mea tota plena te. nunc autem quoniam quem tu imples, sublevas eum, quoniam tui plenus non sum, oneri mihi sum. contendunt laetitiae meae flendae cum laetandis maeroribus, et ex qua parte stet victoria nescio. contendunt maerores mei mali cum gaudiis bonis, et ex qua parte stet victoria nescio. ei mihi! »domine, miserere mei!« ei mihi! ecce vulnera mea non abscondo: medicus es, aeger sum; misericors es, miser sum. numquid non »temptatio est vita humana super terram«? quis velit molestias et difficultates? tolerari iubes ea, non amari. nemo quod tolerat amat, etsi tolerare amat. quamvis enim gaudeat se tolerare, mavult tamen non esse quod toleret.

---

[1] Laut *CAG*: flagrasti; Skutella hier besser: fragrasti (gemäß der Abfolge der fünf Sinne: Hören, Sehen, Riechen, Schmecken, Tasten).

gen haben. Mit klarer Stimme antwortest Du, aber nicht alle hören Dich deutlich. Alle befragen Dich, worüber sie wollen, aber nicht immer hören sie von Dir, was sie hören wollen. Wer Dein bester Diener sein will, achtet aber nicht so sehr darauf, von Dir zu hören, was er selbst hören will, sondern eher darauf, das zu wollen, was er von Dir hört.[204]

38 Spät hab ich Dich geliebt, Du Schönheit, so alt und so neu! Spät hab ich Dich geliebt! Siehe: Du warst innen, als ich nach draußen strebte, Dich dort suchte und mich in meiner Mißgestalt auf das Schöne stürzte, das Du geschaffen hast.[205] Du warst bei mir, ich aber war nicht bei Dir.[206] Dieses Schöne, das es nicht gäbe, wenn es nicht in Dir wäre, hielt mich lange fern von Dir. Du hast gerufen, geschrieen und mein taubes Ohr geöffnet;[207] Du hast geblitzt und geleuchtet, die Nacht vertrieben und meine Blindheit geheilt;[208] Du verströmtest Wohlgeruch: ich sog ihn ein und lechze nach Dir; ich habe gekostet und hungere und dürste nach Dir; Du hast mich berührt, und ich glühe vor Verlangen nach Deinem Frieden.[209]

39 Wenn ich Dir einst aus ganzem Herzen ergeben sein werde, wird nirgend Schmerz mir sein und Mühsal. Lebendig wird mein Leben sein, ganz und gesättigt von Dir.[210] Wen Du sättigst, den erhebst Du zu Dir; ich aber bin mir zur Last, da ich noch nicht von Dir gesättigt bin. Meine Freuden, die ich beweinen sollte, streiten mit Betrübnissen, über die ich mich freuen sollte, und ich weiß nicht, welche Seite siegen wird. Betrübnisse, die mir schaden, streiten mit Freuden, die mir nützen, und ich weiß nicht, welche Seite siegen wird.[211] Weh mir! ›Herr, erbarme Dich meiner!‹ Weh mir! Sieh doch, ich verberge meine Wunden nicht: Du bist der Arzt,[212] ich bin krank; Du bist barmherzig, ich bin elend. Ist ›das menschliche Leben‹ denn nicht ›überall auf der Erde Prüfung und Wagnis‹? Wer wünscht Beschwernisse und Schwierigkeiten? Sie zu ertragen, befiehlst Du, nicht aber, sie zu lieben. Niemand liebt, was er erträgt, auch wenn er es liebt, es zu ertragen.[213] Obwohl er sich nämlich freut, daß er es erträgt, will er doch lieber, daß es nichts

prospera in adversis desidero, adversa in prosperis timeo. quis
inter haec medius locus, ubi non sit »humana vita temptatio«? Iob 7,1
vae prosperitatibus saeculi semel et iterum a timore adversita-
tis et a corruptione laetitiae! vae adversitatibus saeculi semel et
iterum et tertio a desiderio prosperitatis, et quia ipsa adversitas
dura est, et ne frangat tolerantiam! numquid non »temptatio
est vita humana super terram« sine ullo interstitio? Iob 7,1

40 et tota spes mea non nisi in magna valde misericordia tua.
da quod iubes et iube quod vis. imperas nobis continentiam.
»et cum scirem«, ait quidam, »quia nemo potest esse continens,
nisi deus det, et hoc ipsum erat sapientiae, scire cuius esset hoc
donum«. per continentiam quippe colligimur et redigimur in Sap 8,21
unum, a quo in multa defluximus. minus enim te amat qui tecum aliquid amat, quod non propter te amat. o amor, qui semper ardes et numquam extingueris, caritas, deus meus, accende
me! continentiam iubes: da quod iubes et iube quod vis.

41 iubes certe, ut contineam a »concupiscentia carnis et concupiscentia oculorum et ambitione saeculi«. iussisti a concubitu 1 Io 2,16
et de ipso coniugio melius aliquid, quam concessisti, monuisti.
et quoniam dedisti, factum est, et antequam dispensator sacra-
menti tui fierem. sed adhuc vivunt in memoria mea, de qua
multa locutus sum, talium rerum imagines, quas ibi consue-
tudo mea fixit, et occursantur mihi vigilanti quidem carentes
viribus, in somnis autem non solum usque ad delectationem
sed etiam usque ad consensionem factumque simillimum. et

gebe, was er zu ertragen hat. In widrigen Zeiten ersehne ich bessere, in guten Zeiten fürchte ich widrige.²¹⁴ Wo ist der goldene Mittelweg, auf dem ›das menschliche Leben kein Wagnis‹ ist?²¹⁵ Weh dem, der sein Heil in der Welt sucht! Schon wegen der Furcht vor Widrigkeiten, aber auch wegen der Flüchtigkeit der Freude.²¹⁶ Weh dem, der sein Heil in der Weltzeit sucht!²¹⁷ Erstens wegen der Sehnsucht nach Glück, zweitens weil die Widrigkeiten hart sind, drittens weil er unter der Last zerbrechen kann. Ist ›das menschliche Leben‹ nicht ›überall auf der Erde eine Prüfung‹, ohne jeden Unterlaß?²¹⁸

40 Meine ganze Hoffnung geht leer, wenn sie sich nicht auf Dein übergroßes Erbarmen stützt.²¹⁹ Gib, was Du befiehlst, und befiehl, was Du willst.²²⁰ Du gebietest uns Mäßigung.²²¹ ›Da ich wußte‹, so steht geschrieben, ›daß niemand maßvoll sein kann, wenn Gott es ihm nicht verleiht, war es schon ein wenig Weisheit, zu wissen, wer uns ein Leben der Mäßigung schenkt‹. Durch Mäßigung erlangen wir ja Sammlung und werden zum Einen zurückgeführt, von dem wir uns abgewandt und in Vieles zerstreut haben.²²² Denn weniger liebt Dich, wer neben Dir anderes liebt, das er nicht Deinetwegen liebt.²²³ Entzünde mich, o Liebe, die immer brennt und niemals erlöschen wird, o Güte, o Du mein Gott! Du befiehlst Mäßigung: gib, was Du befiehlst, und befiehl, was Du willst.

41 Gewiß befiehlst Du mir, ›das Begehren des Fleisches, das Begehren der Augen und das Streben nach Anerkennung und Ehre‹ zu mäßigen.²²⁴ Du hast uns geboten, von unehelichem Beischlaf zu lassen, und sogar zu Besserem geraten als der Ehe, der Du ansonsten den Vorzug verliehen hast.²²⁵ Da Du gabst, was Du geboten hast, ist es geschehen, bevor ich das Amt der Sakramentenspendung übernommen habe. Aber noch leben in meinem Gedächtnis, über das ich viel geredet habe, die Bilder des Erlebten, in langer Gewohnheit dort eingeprägt. Treten diese Bilder auf, während ich wach bin, so fehlt ihnen die Macht über mich; im Schlaf aber packen sie mich nicht allein mit Vergnügen, sondern entlocken mir Zustimmung und

tantum valet imaginis inlusio in anima mea in carne mea, ut dormienti falsa visa persuadeant quod vigilanti vera non possunt. numquid tunc ego non sum, domine deus meus? et tamen tantum interest inter me ipsum et me ipsum intra momentum, quo hinc ad soporem transeo vel huc inde retranseo! ubi est tunc ratio, qua talibus suggestionibus resistit vigilans et, si res ipsae ingerantur, inconcussus manet? numquid clauditur cum oculis? numquid sopitur cum sensibus corporis? et unde saepe etiam in somnis resistimus nostrique propositi memores atque in eo castissime permanentes nullum talibus inlecebris adhibemus adsensum? et tamen tantum interest, ut, cum aliter accidit, evigilantes ad conscientiae requiem redeamus ipsaque distantia reperiamus nos non fecisse, quod tamen in nobis quoquo modo factum esse doleamus.

42 numquid non potens est manus tua, deus omnipotens, sanare omnes languores animae meae atque abundantiore gratia tua lascivos motus etiam mei soporis extinguere? augebis, domine, magis magisque in me munera tua, ut anima mea sequatur me ad te concupiscentiae visco expedita, ut non sit rebellis sibi atque ut in somnis etiam non solum non perpetret istas corruptelarum turpitudines per imagines animales usque ad carnis fluxum, sed ne consentiat quidem. nam ut nihil tale vel tantulum libeat, quantulum possit nutu cohiberi etiam in casto dormientis affectu non tantum in hac vita, sed etiam in hac aetate, non magnum est omnipotenti, »qui vales facere supra

Phantasien, die dem Vollzug sehr ähnlich sind. Eine so große Wirkung entfalten diese Phantasiebilder in meinem Fleisch, daß sie, obwohl sie täuschen, den Schlafenden mehr beeinflussen, als wahre Bilder es bei einem Wachenden vermögen.[226] Bin ich dann etwa nicht ich selbst, Herr, mein Gott?[227] Und doch ist eine so große Kluft in mir, zwischen meinem Ich im Augenblick, in dem es zum Schlafen kommt, und dem Ich im Augenblick, in dem es von dort zurückkehrt! Wo ist dann die Vernunft, die – solange ich wach bin – solchen Einflüssen widersteht und selbst dann unerschüttert bleibt, wenn die Lockungen in der Wirklichkeit begegnen. Stellt sie ihre Tätigkeit ein, sobald die Augen geschlossen werden?[228] Schläft sie mit den Körpersinnen ein? Aber wie kommt es, daß wir oft auch im Schlaf, unserer Vorsätze bewußt, widerstreben, also völlig rein bleiben und solchen Verführungen keineswegs nachgeben? Und trotzdem gibt es diese große Kluft in uns.[229] Wenn wir im Schlaf doch nachgegeben haben, so kehren wir, sobald wir aufwachen, zur Ruhe des Gewissens zurück und erkennen im Abstand, daß nicht wir tätig waren. Dennoch beklagen wir, daß es in uns auf irgendeine Weise geschehen ist.[230]

42 Ist Deine Hand, allmächtiger Gott, etwa nicht mächtig genug, um alle Nachlässigkeiten meiner Seele zu heilen und mit Deiner überströmenden Gnade auch die lüsternen Regungen meines Schlafes auszutilgen?[231] Du, Herr, wirst Deine Werke in mir mehr und mehr wachsen lassen, damit meine Seele mir auf dem Weg zu Dir folge. Befreit von klebriger Begierde wird sie sich nicht mehr selbst widerstreben und auch im Schlaf nicht mehr diese verderblichen Schändlichkeiten vollbringen, die durch den Einfluß sinnlicher Bilder bis zum Samenerguß führen.[232] Noch weniger wird sie solchen Vorgängen ihre Zustimmung geben. Daß sie sich nicht mehr ereignen oder wenigstens durch einen Wink verhindert werden können, auch im reinen Sinn des Schlafenden, nicht nur irgendwann einmal in diesem Leben, sondern schon in meinem jetzigen Alter: das ist doch nichts Besonderes für Dich, den Allmächtigen, ›der Du Größeres zu bewirken vermagst, als wir erbitten und erken-

quam petimus et intellegimus«. nunc tamen quid adhuc sim in hoc genere mali mei, dixi bono domino meo »exultans cum tremore in eo, quod donasti mihi, et lugens in eo, quod inconsummatus sum, sperans perfecturum te in me misericordias tuas usque ad pacem plenariam, quam tecum habebunt interiora et exteriora mea, cum »absorpta« fuerit »mors in victoriam«.

43 est alia »malitia diei«, quae utinam »sufficiat« ei. reficimus enim cotidianas ruinas corporis edendo et bibendo, priusquam escas et ventrem destruas, cum occideris indigentiam satietate mirifica et »corruptibile hoc« indueris »incorruptione sempiterna«. nunc autem suavis est mihi necessitas, et adversus istam suavitatem pugno, ne capiar, et cotidianum bellum gero,[1] in ieiuniis saepius »in servitutem redigens corpus meum«, et dolores mei voluptate pelluntur. nam fames et sitis quidam dolores sunt, urunt et sicut febris necant, nisi alimentorum medicina succurrat. quae quoniam praesto est ex consolatione munerum tuorum, in quibus nostrae infirmitati terra et aqua et caelum serviunt, calamitas deliciae vocantur.

44 hoc me docuisti, ut quemadmodum medicamenta sic alimenta sumpturus accedam. sed dum ad quietem satietatis ex indigentiae molestia transeo, in ipso transitu mihi insidiatur laqueus concupiscentiae. ipse enim transitus voluptas est, et non est alius, qua transeatur, quo transire cogit necessitas. et cum salus sit causa edendi ac bibendi, adiungit se tamquam pedisequa periculosa iucunditas et plerumque praeire conatur, ut

---

[1] Skutella: Komma fehlt.

nen‹. Wie es bisher um mich in dieser Art von Unvollkommenheit steht, habe ich meinem Herrn, der gut ist, gestanden. ›Ich danke jauchzend, wenn auch mit Zittern‹ für das, was Du mir schon gegeben hast; ich beklage meine jetzige Unvollkommenheit, hoffe aber, daß Du Deine barmherzige Hilfe in mir bis zu völligem Frieden vollendest. Solchen Frieden wird mein inneres und mein äußeres Leben in der Gemeinschaft mit Dir haben, wenn einst ›der Tod im Sieg verschlungen‹ sein wird.²³³

43 Es gibt noch eine andere, ›täglich auftretende Plage‹, ach, ›wäre es genug‹ mit ihr! Denn wir ersetzen durch Essen und Trinken den täglichen Kräfteschwund des Körpers, solange, bis Du Speisen und Magen unnötig machst, wenn Du einst dem Darben mit wunderbarer Sättigung ein Ende bereitest und ›dem Vergänglichen dauerhafte Beständigkeit‹ verleihst.²³⁴ Obwohl mir der Zwang zu essen und zu trinken jetzt angenehm ist, kämpfe ich gegen diese Annehmlichkeit an, damit sie mich nicht gefangennimmt. Täglich führe ich einen Krieg, wobei ich ›meinen Körper‹ öfters mit Fasten ›in die Dienststellung zurücktreibe‹.²³⁵ Zwar werden meine Schmerzen mit Lust vertrieben. Denn Hunger und Durst sind eine Art Schmerzen, die brennen und gleich dem Fieber töten, wenn das Heilmittel der Nahrung nicht die Abhilfe bringt, die Deine tröstenden Gaben ja gewähren. Mit ihnen leisten Erde, Wasser und Himmel den Dienst, den unsere Schwäche nötig hat. So wird, was nur eine Mangelerscheinung ist, als köstlicher Genuß bezeichnet.

44 Das hast Du mich gelehrt: wie ich Heilmittel einnehme, soll ich auch die Nahrung zu mir nehmen.²³⁶ Aber während ich von der Lästigkeit des Hungers zur Ruhe des Sattseins gelange, lauert mir in diesem Übergang die Lockung der Begehrlichkeit auf.²³⁷ Denn der Übergang selbst ist lustvoll; zudem gibt es keinen anderen Weg, den wir beschreiten könnten: die Notwendigkeit zwingt uns, diesen Weg zu nehmen.²³⁸ Während wir um der Gesundheit willen essen und trinken, hängt sich an das Motiv, der Gesundheit zu dienen, irgendwie ein gefährliches

eius causa fiat, quod salutis causa me facere vel dico vel volo. nec idem modus utriusque est: nam quod saluti satis est, delectationi parum est, et saepe incertum fit, utrum adhuc necessaria corporis cura subsidium petat an voluptaria cupiditatis fallacia ministerium suppetat. ad hoc incertum hilarescit infelix anima et in eo praeparat excusationis patrocinium gaudens non apparere, quid satis sit moderationi valetudinis, ut obtentu salutis obumbret negotium voluptatis. his temptationibus cotidie conor resistere et invoco dexteram tuam et ad te refero aestus meos, quia consilium mihi de hac re nondum stat.

45 audio vocem iubentis dei mei: »non graventur corda vestra in crapula et ebrietate«. ebrietas longe est a me: misereberis, ne appropinquet mihi. crapula autem nonnumquam subrepit servo tuo: misereberis, ut longe fiat a me. »nemo enim potest esse continens, nisi tu des«. multa nobis orantibus tribuis, et quidquid boni antequam oraremus accepimus, a te accepimus; et ut hoc postea cognosceremus, a te accepimus. ebriosus numquam fui, sed ebriosos a te factos sobrios ego novi. ergo a te factum est, ut hoc non essent qui numquam fuerunt, a quo factum est, ut hoc non semper essent qui fuerunt, a quo etiam factum est, ut scirent utrique, a quo factum est. audivi aliam vocem tuam: »post concupiscentias tuas non eas et a voluptate tua vetare«. audivi et illam ex munere tuo, quam multum amavi: »neque si manducaverimus, abundabimus, neque si non

Wohlbehagen, das meist die Führung zu übernehmen sucht. So wird sie zum Antrieb für das, was ich aus Gesundheitsgründen zu tun behaupte oder tun will. Das Maß, das den zwei Motiven genügt, ist nicht dasselbe: denn was der Gesundheit genügt, ist dem Vergnügen zu wenig. Auch bleibt oft ungewiß, ob die nötige Sorge, die dem Körper dient, Nachschub fordert oder ob lüsterne Verstellung, die der Gier dient, sich Hilfe schafft.[239] Angesichts dieser Ungewißheit erheitert sich die mißvergnügte Seele und bereitet damit die Verteidigung ihrer Unschuld vor. Sie freut sich, weil nicht deutlich ist, welches Maß zur nötigen Kräftigung genügt. Indem sie vorgibt, der Gesundheit zu dienen, vernebelt sie das Geschäft der Lust.[240] Deren Lockungen versuche ich täglich zu widerstehen: ich rufe Deinen mächtigen Arm zu Hilfe und bringe meine ängstlichen Besorgnisse vor Dich, da ich noch keine feste Antwort auf diese Frage gefunden habe.

45 Ich höre die Stimme meines Gottes, der mir befiehlt: ›Beschwert eure Herzen nicht in Weinrausch und Trunkenheit‹.[241] Trunksucht liegt mir fern: Du wirst Dich erbarmen, damit sie mir nicht naht. Übermäßiger Weingenuß aber schleicht sich zuweilen unbemerkt an Deinen Diener heran: Du wirst Dich erbarmen, damit er mir fernbleibt.[242] ›Denn niemand kann maßvoll sein, wenn nicht Du es gibst‹.[243] Vieles gewährst Du uns, worum wir bitten; auch alles Gute, das wir empfangen haben, bevor wir es erbeten haben, haben wir von Dir empfangen;[244] selbst, daß wir das später einsehen, haben wir von Dir empfangen. Trunksüchtig bin ich nie gewesen, doch kenne ich Trunksüchtige, die Du von der Sucht befreit hast. Also ist es Dein Werk, daß die nicht trunksüchtig sind, die es nie waren. Dein Werk ist es, daß die nicht trunksüchtig blieben, die es waren.[245] Dein Werk ist es auch, daß die einen wie die anderen wissen, wem sie das Gute verdanken. Ein anderes Deiner Worte, die ich gehört habe, lautet: ›Lauf deinen Begierden nicht nach und lasse vom Lustleben ab‹. Noch ein anderes Wort, das ich Dir verdanke und das mir sehr gefallen hat: ›Wenn wir gegessen haben, werden wir nicht glücklich sein, noch werden wir Man-

Confessiones 10

1 Cor 8,8 manducaverimus, deerit nobis«; hoc est dicere: nec illa res me copiosum faciet nec illa aerumnosum. audivi et alteram: »ego
Phil 4,11-13 enim didici, in quibus sum, sufficiens esse et abundare novi et penuriam pati novi. omnia possum in eo, qui me confortat«.
Ps 102,14 ecce miles castrorum caelestium, non pulvis, quod sumus. sed
Lc 15,24 memento, domine, »quia[1] pulvis sumus«, et de pulvere fecisti
Lc 15,32 hominem, »et perierat et inventus est«. nec ille in se potuit, quia
Phil 4,13 idem pulvis fuit, quem talia dicentem afflatu tuae inspirationis adamavi: »omnia possum«, inquit, »in eo, qui me confortat«. conforta me, ut possim, da quod iubes et iube quod vis. iste se
1 Cor 1,31 accepisse confitetur et quod »gloriatur in domino gloriatur«.
Ecli 23,6 audivi alium rogantem, ut accipiat: »aufer a me«, inquit, »concupiscentias ventris«. unde apparet, sancte deus meus, te dare, cum fit quod imperas fieri.

Rm 14,20 46 docuisti me, pater bone: »omnia munda mundis, sed malum« esse »homini qui per offensionem manducat«; et »om-
1 Tm 4,4 nem creaturam tuam bonam« esse »nihilque abiciendum,
1 Cor 8,8 quod cum gratiarum actione percipitur«; et quia »esca nos non
Col 12,16 commendat deo«, et ut »nemo« nos »iudicet in cibo aut in
Rm 14,3 potu«; et ut »qui manducat non manducantem non spernat, et qui non manducat, manducantem non iudicet«. didici haec, gratias tibi, laudes tibi, deo meo, magistro meo, pulsatori aurium mearum, inlustratori cordis mei: eripe ab omni temptatione. non ego immunditiam obsonii timeo, sed immunditiam cupiditatis. scio Noe omne carnis genus, quod cibo esset usui, manducare permissum, Heliam[2] cibo carnis refectum, Iohannem mirabili abstinentia praeditum animalibus, hoc est lucustis

---

[1] Skutella: quoniam.
[2] Skutella: Eliam.

gel leiden, wenn wir nicht gegessen haben‹. Das heißt: Essen wird mich nicht reich, Nichtessen wird mich nicht trübselig machen. Ein weiteres Wort habe ich gehört: ›Ich habe nämlich gelernt, es mir in jeder Lage, in der ich bin, genug sein zu lassen. Ich habe Überfluß erlebt und Hunger gelitten. Alles vermag ich in dem, der mich stärkt‹. Ja, so spricht ein Kämpfer von himmlischer Art, nicht Staub, wie wir es sind. Aber bedenke, Herr, ›daß wir Staub sind‹, bedenke, daß Du den Menschen aus Staub geformt hast, bedenke, ›daß er verloren war und wiedergefunden worden ist‹.[246] Der so gesprochen hat, vermochte es nicht aus sich, weil er ebenso Staub war. Ihn liebte ich, als er kraft Deiner Eingebung sagte: ›Alles vermag ich in dem, der mich stärkt‹. Stärke mich, damit ich es vermag! Gib, was Du befiehlst, und befiehl, was Du willst! Der Apostel bekennt, empfangen zu haben; er bekennt, daß ›sich im Herrn rühmt, wer sich rühmt‹.[247] Gehört habe ich einen anderen, der um eine Gabe bat und sagte: ›Befreie mich von den Begierden des Bauches‹. Damit ist klar, daß Du, mein heiliger Gott, die Gabe gewährst, wenn das geschieht, was nach Deinem Willen geschehen soll.

46 Gelehrt hast Du mich, guter Vater, daß ›den Reinen alles rein ist, daß es aber übel‹ ist, ›wenn ein Mensch durch Essen Anstoß erregt‹. Gelehrt hast Du mich, daß ›Deine ganze Schöpfung gut‹ ist und ›nichts zu verwerfen ist, was mit dankbarem Herzen empfangen wird‹.[248] Es ist aber ›nicht die Speise, die uns Gott angenehm macht‹, und ›niemand‹ soll über uns ›urteilen wegen Speise oder Trank‹. Und so soll ›einer, der ißt, nicht den verachten, der nicht ißt, und einer, der nicht ißt, nicht über den urteilen, der ißt‹. Das habe ich gelernt und spreche Dir, meinem Gott, meinem Lehrer, Dank und Lob aus.[249] Du hast meine Ohren geöffnet und mein Herz erleuchtet: reiße Du mich weg von jeder gefährlichen Lockung. Ich fürchte nicht die Unreinheit von Nahrungsmitteln, sondern die Unreinheit der Begierde. Ich weiß: Du hast Noe erlaubt, jede Art von Fleisch zu essen, die als Speise taugt; Elias hast Du durch Fleischspeise gekräftigt; und Johannes, der mit wunderbarer

in escam cedentibus, non fuisse pollutum: et scio Esau lenticulae concupiscentia deceptum et David propter aquae desiderium a se ipso reprehensum et regem nostrum non de carne, sed de pane temptatum. ideoque et populus in eremo non quia carnes desideravit, sed quia escae desiderio adversus dominum murmuravit, meruit improbari.

47 in his ergo temptationibus positus certo cotidie adversus concupiscentiam manducandi et bibendi: non enim est quod semel praecidere et ulterius non attingere decernam, sicut de concubitu potui. itaque freni gutturis temperata relaxatione et constrictione tenendi sunt. et quis est, domine, qui non rapiatur aliquantum extra metas necessitatis? quisquis est, magnus est, magnificet nomen tuum. ego autem non sum, quia peccator homo sum. sed et ego magnifico nomen tuum, et »interpellat te pro« peccatis meis, qui »vicit saeculum«, numerans me inter infirma membra corporis sui, quia et »imperfectum« eius »viderunt oculi tui, et in libro tuo omnes scribentur«.

Rm 8,34
Io 16,33
Ps 138,16

48 de inlecebra odorum non satago nimis: cum absunt, non requiro, cum adsunt, non respuo, paratus eis etiam semper carere. ita mihi videor; forsitan fallar. sunt enim et istae plangendae tenebrae, in quibus me latet facultas mea, quae in me est, ut animus meus de viribus suis ipse se interrogans non facile sibi credendum existimet, quia et quod inest plerumque occultum

Enthaltsamkeit begnadet war, wurde durch den Verzehr von Tieren, nämlich von Heuschrecken, die er verspeiste, nicht verunreinigt.[250] Ich weiß aber auch, daß Esau sich durch seine Gier nach einem Gericht aus Linsen hat täuschen lassen, daß David sich selbst tadelte, weil er nach Wasser begehrte, und daß unser Herr nicht mit Fleisch, sondern mit Brot in Versuchung geführt worden ist. Deshalb auch hat das Volk, als es in der Wüste war, Mißbilligung verdient, nicht weil es nach Fleisch verlangte, sondern weil es im Verlangen nach Nahrung wider den Herrn aufbegehrt hat.

47 Solchen Lockungen bin ich ausgeliefert und kämpfe täglich gegen die Begehrlichkeit im Essen und Trinken: denn diese Gier kann ich nicht durch eine Entscheidung mit einem Mal ablegen und danach nicht mehr spüren, wie ich das mit dem Beischlaf vermochte. Deshalb sind die Zügel, mit der wir die Gier des Schlundes steuern, in einer Mischung aus Nachgiebigkeit und Strenge zu führen. Und wer, Herr, ließe sich von dieser Gier nicht ein wenig über das notwendige Maß treiben. Wer immer sich nicht von ihr treiben läßt, ist ein Großer und möge Deinen Namen preisen. Obwohl ich nicht groß bin, weil ich ein Mensch bin, der Verfehlungen begeht, preise auch ich Deinen Namen. ›Für meine Fehltritte möge der bei Dir bitten‹, der ›die Welt besiegt hat‹ und mich zu den schwachen Gliedern seines Leibes zählt. Denn auch das, was an diesem Leib ›unvollkommen‹ ist, ›haben Deine Augen gesehen. Denn alle Tage werden in Deinem Buch verzeichnet‹.[251]

48 Mit dem Reiz der Wohlgerüche habe ich nicht allzu viel im Sinn: wenn keine da sind, suche ich sie nicht; wenn sie da sind, mißbillige ich sie nicht.[252] Zwar halte ich mich für willens, für immer auf sie zu verzichten; aber vielleicht täusche ich mich darin. Denn es gibt diese beklagenswerte Finsternis in meinem Inneren, die mir sogar verbirgt, wozu ich aus innerer Kraft fähig bin.[253] So kann mein Geist, wenn er seine Kräfte abschätzt und sich selbst untersucht, seiner Antwort nicht leicht trauen.[254] Denn auch das, was in mir ist, ist mir oft verborgen,

est, nisi experientia manifestetur, et nemo securus esse debet in ista vita, quae »tota temptatio« nominatur, utrum qui fieri potuit ex deteriore melior, non fiat etiam ex meliore deterior. una spes, una fiducia, una firma promissio misericordia tua.

Iob 7,1

49 voluptates aurium tenacius me implicaverant et subiugaverant, sed resolvisti et liberasti me. nunc in sonis, quos animant eloquia tua, cum suavi et artificiosa voce cantantur, fateor, aliquantulum adquiesco, non quidem ut haeream, sed ut surgam, cum volo. attamen cum ipsis sententiis quibus vivunt ut admittantur ad me, quaerunt in corde meo nonnullius dignitatis locum, et vix eis praebeo congruentem. aliquando enim plus mihi videor honoris eis tribuere, quam decet, dum ipsis sanctis dictis religiosius et ardentius sentio moveri animos nostros in flammam pietatis, cum ita cantantur, quam si non ita cantarentur, et omnes affectus spiritus nostri pro sui diversitate habere proprios modos in voce atque cantu, quorum nescio qua occulta familiaritate excitentur. sed delectatio carnis meae, cui mentem enervandam non oportet dari, saepe me fallit, dum rationi sensus non ita comitatur, ut patienter sit posterior, sed tantum, quia propter illam meruit admitti, etiam praecurrere ac ducere conatur. ita in his pecco non sentiens et postea sentio.

50 aliquando autem hanc ipsam fallaciam immoderatius cavens erro nimia severitate, sed valde interdum, ut melos omne[1] can-

---

[1] Skutella: omnes (vermutlich von Schreibern, denen die griechische Herkunft von ›melos‹ unbekannt war).

wenn es nicht durch Erfahrung klar an den Tag kommt.[255] In diesem Leben, das ›insgesamt als Prüfung‹ bezeichnet wird, darf niemand sicher sein. Wer vom schlechteren Leben aus ein besseres erreicht hat, weiß doch nicht, ob er vom besseren nicht wieder in das schlechtere zurückfällt. Die einzige Hoffnung, die einzige Zuversicht, das einzig sichere Versprechen besteht in Deiner Barmherzigkeit.

49 Die Lustbarkeiten der Ohren haben mich anhaltender gefesselt und unterjocht. Aber Du hast die Fessel gelöst und mich befreit.[256] Ich gestehe, noch jetzt im Gesang, der Dein Wort belebt, ein wenig Ruhe zu finden,[257] wenn er mit angenehmer und ausgebildeter Stimme vorgetragen wird.[258] Gewiß klebe ich nicht an ihm, sondern richte mich durch ihn auf, wenn ich es will. Doch sucht der Gesang einen Ort in meinem Herzen, der seiner Würde entspricht. Er sucht ihn zusammen mit den Gedanken, die der Gesang belebt, damit sie mich erreichen. Der Platz, den ich ihm gewähre, ist aber kaum angemessen. Denn zuweilen spreche ich ihm wohl mehr Ehre zu, als ihm gebührt, sobald ich das Gefühl habe, unser Geist werde von eben diesen heiligen Worten zu andächtiger und innigerer Frömmigkeit entflammt, wenn sie so gesungen werden, als wenn sie nicht so gesungen würden. Denn alle Stimmungen unseres Geistes haben für ihre verschiedenen Formen Entsprechungen in Stimme und Gesang, durch deren geheimnisvolle Beziehung sie, ich weiß nicht wie, angetrieben werden.[259] Aber das sinnliche Vergnügen, das den Geist nicht lähmen soll, täuscht mich doch oft,[260] solange der Sinn die Vernunft nicht begleitet und ihr geduldig dient, sondern – obwohl er nur ihretwegen dabeisein darf – versucht, den Vorrang zu beanspruchen und die Führung zu übernehmen.[261] So gerate ich beim Hören von Gesängen auf falsche Wege, ohne es zu bemerken. Erst später fällt es mir auf.

50 Manchmal aber wehre ich diese Verirrungen zu heftig ab und irre dann durch allzu große Strenge.[262] Bisweilen so sehr, daß ich allen Wohlklang der lieblichen Melodien, von denen

tilenarum suavium[1], quibus Davidicum Psalterium[2] frequentatur, ab auribus meis removeri velim atque ipsius ecclesiae, tutiusque mihi videtur, quod de Alexandrino episcopo Athanasio saepe mihi dictum commemini, qui tam modico flexu vocis faciebat sonare lectorem Psalmi, ut pronuntianti vicinior esset quam canenti. verum tamen cum reminiscor lacrimas meas, quas fudi ad cantus ecclesiae in primordiis recuperatae fidei meae, et nunc ipsum cum moveor non cantu, sed rebus quae cantantur, cum liquida voce et convenientissima modulatione cantantur, magnam instituti huius utilitatem rursus agnosco. ita fluctuo inter periculum voluptatis et experimentum salubritatis magisque adducor non quidem inretractabilem sententiam proferens cantandi consuetudinem approbare in ecclesia, ut per oblectamenta aurium infirmior animus in affectum pietatis adsurgat. tamen cum mihi accidit, ut me amplius cantus quam res, quae canitur, moveat, poenaliter me peccare confiteor et tunc mallem non audire cantantem. ecce ubi sum! flete mecum et pro me flete qui aliquid boni vobiscum intus agitis, unde facta procedunt. nam qui non agitis, non vos haec movent. tu autem, »domine deus meus, exaudi respice« et vide et »miserere« et »sana me«, in cuius oculis mihi quaestio factus sum, et ipse est languor meus.

Ps 12,4; Ps 9,14
Ps 6,3

51 restat voluptas oculorum istorum carnis meae, de qua loquar confessiones, quas audiant aures templi tui, aures fraternae ac piae, ut concludamus temptationes concupiscentiae carnis, quae me adhuc pulsant ingemescentem et »habitaculum«

---

[1] Vgl. Horaz: *Oden* 3,4,1 f.: »Descende caelo et dic, age, tibia/ regina longum Calliope melos.«
[2] Skutella: psalterium; später auch: psalmi.

die Psalmen Davids belebt werden, ganz von meinen Ohren – und auch von den Ohren der Gemeinde – fernhalten will. Sicherer scheint mir dann die Regel des Bischofs Athanasius von Alexandria, von der mir, wie ich mich erinnere, oft erzählt wurde. Der ließ den Lektor die Psalmen mit so geringen Abwandlungen der Stimmlage rezitieren, daß der Vortrag eher einer Lesung als einem Gesang glich. Gleichwohl erinnere ich mich aber meiner Tränen, die ich bei Kirchengesängen in der Zeit vergossen habe, als ich neu zum Glauben zurückgefunden hatte. Zwar werde ich jetzt nicht mehr vom Gesang, sondern von dem bewegt, was gesungen wird. Dennoch steht mir immer noch der große Nutzen der musikalischen Darbietung vor Augen, wenn die Texte in klarer und dem Inhalt angepaßter Form gesungen werden. So schwanke ich zwischen der Gefahr des Aufgehens in der Lust und der Erfahrung der Heilsamkeit.[263] Vorläufig bin ich jedoch der Meinung zugeneigt, die Gewohnheit, in der Kirche zu singen, sei gutzuheißen, damit ein Geist, der noch unschlüssig ist, sich durch Genüsse der Ohren zu frommer Andacht emporschwinge. Dennoch bekenne ich unter Qualen, gefehlt zu haben, wenn es mir zuweilen zustößt, daß der Gesang mich mehr bewegt als das, was gesungen wird.[264] Und dann möchte ich lieber niemanden hören, der singt. Seht, wohin ich gelangt bin! Ihr, die ihr im Inneren, aus dem die guten Taten entspringen, etwas Gutes vollbringt, weint mit mir und weint für mich. Denn euch, die anderen, die ihr im Inneren nichts vollbringt, bewegen solche Fragen ja nicht.[265] Du aber, ›Herr, mein Gott, erhöre mich, blicke auf mich‹, schau mich an, ›erbarme‹ Dich meiner und ›mache mich heil‹. Du bist es, vor dessen Augen ich mir zur Frage geworden bin.[266] Und gerade darin besteht meine Not.

51 Es bleibt noch die Lust der Augen, die zu meinem Leib gehören, über die ich meine Bekenntnisse ablegen will, damit einträchtige und fromme Ohren, die Ohren Deines Tempels, sie hören.[267] So beenden wir die Erforschung der Lockungen, die von der Begehrlichkeit des Fleisches ausgehen und die mich bis jetzt so heftig erschüttern, daß ich aufstöhne und wünsche,

2 Cor 5,2 meum, »quod de caelo est, superindui cupientem«. pulchras formas et varias, nitidos et amoenos colores amant oculi. non teneant haec animam meam; teneat eam deus, qui fecit haec
Gn 1,31 »bona« quidem »valde«, sed ipse est bonum meum, non haec. et tangunt me vigilantem totis diebus, nec requies ab eis datur mihi, sicut datur a vocibus canoris, aliquando ab omnibus, in silentio. ipsa enim regina colorum lux ista perfundens cuncta, quae cernimus, ubiubi per diem fuero, multimodo adlapsu blanditur mihi aliud agenti et eam non advertenti. insinuat autem se ita vehementer, ut, si repente subtrahatur, cum desiderio requiratur; et si diu absit, contristat animum.

52 o lux, quam videbat Tobis, cum clausis istis oculis filium docebat vitae viam et ei praeibat pede caritatis nusquam errans; aut quam videbat Isaac praegravatis et opertis senectute carneis luminibus, cum filios non agnoscendo benedicere, sed benedicendo agnoscere meruit; aut quam videbat Iacob, cum et ipse prae grandi aetate captus oculis in filiis praesignata futuri populi genera luminoso corde radiavit et nepotibus suis ex Ioseph divexas mystice manus, non sicut pater eorum foris corrigebat, sed sicut ipse intus discernebat, imposuit. ipsa est lux, una est et unum omnes, qui vident et amant eam. at ista corporalis, de qua loquebar, inlecebrosa ac periculosa dulcedine condit vitam saeculi caecis amatoribus. cum autem et de
Hymn. ipsa laudare te norunt, »deus creator omnium«, adsumunt eam
Walpole 5,1 in hymno tuo, non absumuntur ab ea in somno suo: sic esse

in meine ›himmlische Wohnstatt versetzt zu werden‹.[268] Die Augen lieben schöne, wechselnde Formen und leuchtende, freundliche Farben; doch soll das Sichtbare meine Seele nicht in Beschlag nehmen. Nicht das Sichtbare soll meine Seele besitzen, sondern Gott soll sie haben, der mein Gut ist: allerdings hat er das Sichtbare ›sehr gut‹ geschaffen. Den ganzen Tag rührt es meine Sinne, wenn ich wach bin, und läßt mir nicht die Ruhe, wie sie mir vom Klang der Gesänge, zuweilen sogar von allen Geräuschen, zuteil wird, wenn Stille herrscht. Denn die Königin der Farben, das Licht, übergießt alles, was wir sehen, mit seinen Strahlen, wo immer ich den Tag über bin.[269] Mannigfach umströmt und liebkost es mich auch dann, wenn ich es nicht bemerke, weil ich mit anderem beschäftigt bin. So heftig schmeichelt es sich ein, daß wir es heiß ersehen, wenn es uns plötzlich entzogen wird. Und wenn es lange fehlt, wird das Gemüt trübsinnig.

52 Du bist das Licht, das Tobit sah,[270] als er dem Sohn blinden Auges den Weg des Lebens lehrte und ihm auf dem Pfad der Liebe vorausging, ohne je von ihm abzuweichen. Du bist das Licht, das Isaak mit verhangenem und vom Alter getrübtem Blick sah, als er die Söhne segnen durfte. Das aber durfte er nicht, um sie zu erkennen; vielmehr durfte er sie erkennen, um sie zu segnen. Du bist auch das Licht Jakobs, den das hohe Alter ebenfalls der Sehkraft beraubt hatte. Er sah dieses Licht, als er strahlenden Herzens die Stämme des zukünftigen Volkes erblickte, die in den Söhnen bezeichnet waren. Seinen Enkeln, Josefs Kindern, legte er die Hände geheimnisvoll überkreuzt aufs Haupt, nicht so, wie deren Vater sie von außen lenkte, sondern wie er selbst es im Inneren entschied. Es ist ein und dasselbe Licht, das alle eint, die es sehen und lieben. Dagegen erlaubt das wahrnehmbare Licht, von dem ich gesprochen habe, durch seine reizvolle und gefährliche Süße Menschen, die für das eine Licht blind sind, die Liebe zum Aufgehen in der Welt.[271] Falls sie jedoch Dich, ›Gott, den Schöpfer des Alls‹, dieses Lichtes wegen zu loben wissen, nehmen sie es zu Deinem Lob, werden aber von ihm nicht in ihrem Schlaf

cupio. resisto seductionibus oculorum, ne implicentur pedes mei, quibus ingredior viam tuam, et erigo ad te invisibiles oculos, ut tu evellas »de laqueo pedes meos«. tu subinde evelles eos, nam inlaqueantur. tu non cessas evellere, ego autem crebro haereo in ubique sparsis insidiis, quoniam »non dormies neque dormitabis, qui custodis Israhel[1]«.

Ps 24,15
Ps 120,4

53 quam innumerabilia variis artibus et opificiis in vestibus, calciamentis, vasis et cuiuscemodi fabricationibus, picturis etiam diversisque figmentis atque his usum necessarium atque moderatum et piam significationem longe transgredientibus addiderunt homines ad inlecebras oculorum, foras sequentes quod faciunt, intus relinquentes a quo facti sunt et exterminantes quod facti sunt. at ego, deus meus et decus meum, etiam hinc tibi dico hymnum et sacrifico laudem sanctificatori meo, quoniam pulchra traiecta per animas in manus artificiosas ab illa pulchritudine veniunt, quae super animas est, cui suspirat anima mea die ac nocte. sed pulchritudinum exteriorum operatores et sectatores inde trahunt approbandi modum, non autem inde trahunt utendi modum. et ibi est et non vident eum, ut non eant longius et »fortitudinem« suam »ad te custodiant« nec eam spargant in deliciosas lassitudines. ego autem haec loquens atque discernens etiam istis pulchris gressum innecto, sed tu evellis, domine, evellis tu, quoniam[2] »misericordia tua ante oculos meos est«. nam ego capior miserabiliter, et tu evel-

Ps 58,10

Ps 25,3

---

[1] Skutella: Israel.
[2] Skutella: Zitat beginnt mit »quoniam«.

vereinnahmt. So wünsche ich zu sein. Ich widerstehe den Verführungen der Augen, damit meine Füße, mit denen ich auf Deinem Weg schreite, nicht straucheln; ich richte die unsichtbaren Augen bittend auf Dich, damit Du ›meine Füße aus den Fallstricken‹ lösest. Löse sie sofort, denn sie werden immer neu erfaßt. Du zögerst nicht, sie zu lösen; ich aber klebe an überall lauernden Trugbildern. Du ›wirst‹ ja ›nicht müde werden, wirst nicht einschlafen; denn Du wachst über Israel‹.

53 Wie zahllos sind die Werke, die Menschen zur Freude der Augen hervorgebracht haben. In verschiedenen Arten von Kunst und Handwerk haben sie Kleider und Schuhwerk, Geschirr und ähnliche Produkte, Malereien und Plastiken gestaltet. Über einen notwendigen, maßvollen Bedarf und nüchterne Zweckbestimmung sind sie weit hinausgegangen, indem sie zur Verlockung der Augen etwas hinzutaten. Draußen jagen sie den Dingen nach, die sie schaffen; innen lassen sie den zurück, von dem sie geschaffen sind.[272] So verfehlen sie die Wahrheit, daß sie geschaffen sind. Ich aber spreche Dir mein Lob auch wegen dieser Werke aus, Dir, der Du mein Gott bist und meine Zierde.[273] Ich bringe Dir mein Lob dar, der Du mich heilig machst.[274] Denn von jener Schönheit, die über den Seelen ist und nach der meine Seele tags und nachts schmachtet, gelangt das Schöne vermittels der Seelen in kunstfertige Hände.[275] Wer dagegen Werke von äußerer Schönheit anfertigt und bewundert, gewinnt aus jener Schönheit zwar das Maß der Beurteilung, nicht aber das Maß des richtigen Gebrauchs. Obwohl es zugegen ist, sehen sie es nicht. So entfernen sie sich, ›bewahren‹ ihre ›Kraft nicht für Dich auf‹ und vergeuden sie in sinnlichen Genüssen.[276] Aber auch ich, der ich das sage und klar erkenne, verfange meinen Schritt doch in diesen schönen Dingen. Du aber befreist mich daraus, Herr, Du befreist mich, weil ›Deine Barmherzigkeit mir‹ ja ›deutlich vor Augen steht‹. Denn ich werde von dieser Schönheit erbärmlich gefangen gehalten; Du aber befreist mich in Deiner Barmherzigkeit. Zuweilen spüre ich diese Befreiung gar nicht, weil ich das Schöne nur leicht

lis misericorditer aliquando non sentientem, quia suspensius incideram, aliquando cum dolore, quia iam inhaeseram.

54 huc accedit alia forma temptationis multiplicius periculosa. praeter enim concupiscentiam carnis, quae inest in delectatione omnium sensuum et voluptatum, cui servientes depereunt qui longe se faciunt a te, inest animae per eosdem sensus corporis quaedam non se oblectandi in carne, sed experiendi per carnem vana et curiosa cupiditas nomine cognitionis et scientiae palliata. quae quoniam in appetitu noscendi est, oculi autem sunt ad noscendum in sensibus principes, »concupiscentia oculorum« eloquio divino appellata est. ad oculos enim proprie videre pertinet. utimur autem hoc verbo etiam in ceteris sensibus, cum eos ad cognoscendum intendimus. neque enim dicimus: audi quid rutilet, aut: olefac quam niteat, aut: gusta quam splendeat, aut: palpa quam fulgeat: videri enim dicuntur haec omnia. dicimus autem non solum: vide quid luceat, quod soli oculi sentire possunt, sed etiam: vide quid sonet, vide quid oleat, vide quid sapiat, vide quam durum sit. ideoque generalis experientia sensuum »concupiscentia«, sicut dictum est, »oculorum« vocatur, quia videndi officium, in quo primatum oculi tenent, etiam ceteri sensus sibi de similitudine usurpant, cum aliquid cognitionis explorant.

55 ex hoc autem evidentius discernitur, quid voluptatis, quid curiositatis agatur per sensus, quod voluptas pulchra, canora, suavia, sapida, lenia sectatur, curiositas autem etiam his contraria temptandi causa non ad subeundam molestiam, sed expe-

berührt hatte; zuweilen aber schmerzt sie mich, weil ich bereits fest an ihm hing.

54 Hinzu kommt eine andere Lockung, die noch vielfältigere Gefahren hat. Denn sie unterscheidet sich von der Begierde des Fleisches, die dem sinnlichen, lustvollen Genuß innewohnt. Wer dem sinnlichen Genuß frönt, geht zugrunde und entfernt sich von Dir. Die andere Begierde ist in der Seele zwar mit denselben Sinnen verbunden, nutzt die Sinne aber nicht, um sich im Fleisch zu ergötzen, sondern um durch das Fleisch Erfahrungen zu machen. Eitle Wißbegier bemäntelt sie mit dem Namen von Erkenntnis und Wissenschaft.[277] Da sie im Streben nach Wissen besteht, die Augen aber mehr als die anderen Sinne zum Erwerb von Wissen taugen, wird sie gemäß dem Wort der Schrift ›Begierde der Augen‹ genannt.[278] Zu den Augen gehört ja das Sehen als deren besondere Leistung. Wir gebrauchen das Wort ›Sehen‹ allerdings auch für Wahrnehmungen der übrigen Sinne, sofern wir diese zur Erkenntnis nutzen.[279] Denn wir sagen nicht: Höre, was da glitzert! Oder: Rieche, wie das strahlt! Oder: Schmecke, wie das schimmert! Oder: Fühle, wie das glänzt! Denn von all diesem sagen wir, daß es gesehen werde. Wir sagen aber nicht nur: Sieh, was da leuchtet! Obwohl die Augen nur das Sichtbare wahrnehmen, sagen wir auch: Sieh, was da klingt! Oder: Sieh, was da riecht! Oder: Sieh, was da schmeckt! Oder: Sieh, wie hart das ist! Deswegen wird die Begierde nach sinnlicher Erfahrung, wie ich schon gesagt habe, insgesamt als ›Begierde der Augen‹ bezeichnet. Denn die Aufgabe des Sehens, die zwar vorrangig von den Augen erfüllt wird, übernehmen doch ganz ähnlich auch die übrigen Sinne, wenn sie Material für die Erkenntnis beibringen.

55 Das aber führt zu genauerer Einsicht, was die Lust mit den Sinnen treibt und was die Wißbegier durch sie sucht.[280] Lust jagt nach schönen Gestalten, edlen Klängen, lieblichen Gerüchen, nach Wohlgeschmack und sanften Berührungen; die Wißbegier aber nimmt, um etwas auszuprobieren, auch das Gegen-

riendi noscendique libidine. quid enim voluptatis habet videre in laniato cadavere quod exhorreas? et tamen sicubi iaceat, concurrunt, ut contristentur, ut palleant. timent etiam, ne in somnis hoc videant, quasi quisquam eos vigilantes videre coegerit aut pulchritudinis ulla fama persuaserit. ita et in ceteris sensibus, quae persequi longum est. ex hoc morbo cupiditatis in spectaculis exhibentur quaeque miracula. hinc ad perscrutanda naturae, quae praeter nos est, operta[1] proceditur, quae scire nihil prodest et nihil aliud quam scire homines cupiunt. hinc etiam, si quid eodem perversae scientiae fine per artes magicas quaeritur. hinc etiam in ipsa religione deus temptatur, cum signa et prodigia flagitantur non ad aliquam salutem, sed ad solam experientiam desiderata.

56 in hac tam immensa silva plena insidiarum et periculorum ecce multa praeciderim et a meo corde dispulerim, sicuti donasti me facere, »deus salutis meae«; attamen quando audeo dicere, cum circumquaque cotidianam vitam nostram tam multa huius generis rerum circumstrepant, quando audeo dicere nulla re tali me intentum fieri ad spectandum et vana cura capiendum? sane me iam theatra non rapiunt, nec curo nosse transitus siderum, nec anima mea umquam responsa quaesivit umbrarum; omnia sacrilega sacramenta detestor. a te, domine deus meus, cui humilem famulatum ac simplicem debeo, quantis mecum suggestionum machinationibus agit inimicus ut signum aliquod petam! sed obsecro te per regem nostrum et patriam Hierusalem simplicem, castam, ut quemadmodum a

Ps 17,47

---

[1] Skutella: operata.

teil in Kauf: nicht um sich zu belasten, sondern aus dem Drang, etwas zu erfahren und kennenzulernen. Wieviel Lust bereitet dir denn der Anblick eines zerfetzten Leichnams, der dich mit Schauder erfüllt?[281] Doch eilen die Menschen hin, wo solch ein Leichnam liegt, um dann zu jammern und zu erbleichen.[282] Sie fürchten gar, ihm im Traum zu begegnen, betrachten ihn aber im wachen Zustand, als hätte jemand sie zum Hinsehen gezwungen oder von der Schönheit des Anblicks überzeugt. So geht es auch mit den übrigen Sinnen; das auszuführen, würde jedoch zu weit führen. Wegen dieser krankhaften Wißbegier wird in Schauspielen Staunenerregendes aufgeführt.[283] Nur weil Menschen nach Wissen streben, dringen sie in verborgene Bereiche ein und erforschen die Natur, die außerhalb von uns ist und die zu kennen nichts nützt.[284] Um einer so verfehlten Wissenschaft willen wenden sich manche sogar der Magie zu.[285] Deshalb wird schließlich selbst in der Religion Gott auf die Probe gestellt, wenn ungestüm Zeichen und Wunder verlangt werden, nicht weil die Heilung von einer Krankheit begehrt wird, sondern nur, um Erfahrungen zu machen.[286]

56 In diesem so unermeßlichen Gestrüpp voller Tücken und Gefahren habe ich schon manchen Wildwuchs gestutzt. Ich habe die nutzlose Wißbegier aus meinem Herzen vertrieben, so wie Du, ›Gott meines Heiles‹, es mir gewährt hast. Da aber so viele solcher Dinge immerzu unser tägliches Leben in Aufruhr bringen, frage ich: wann kann ich mich je zur Behauptung versteigen, mich keinem Ereignis aus bloßer Schaulust und eitlem Interesse zuzuwenden? Freilich finde ich Theateraufführungen nicht mehr hinreißend; auch sorge ich mich nicht um den Lauf der Sterne.[287] Auch habe ich niemals nach Antworten in Geisterbeschwörungen gesucht; alle gotteslästerlichen Rituale verabscheue ich. Dir, mein Gott, schulde ich demütigen und aufrichtigen Dienst. Doch ein Feind treibt mich mit einer Fülle ausgeklügelter Einflüsterungen an, ein Zeichen von Dir zu erbitten.[288] Ich aber bitte Dich inständig um unseres Königs willen, um Jerusalems willen, des wahren und reinen Vaterlandes. Ich bitte Dich, daß die Zustimmung zu solchen Einflüste-

me longe est ad ista consensio, ita sit semper longe atque longius. pro salute autem cuiusquam cum te rogo, alius multum differens finis est intentionis meae, et te facientem[1] quod vis das mihi et dabis libenter sequi.

57 verum tamen in quam multis minutissimis et contemptibilibus rebus curiositas cotidie nostra temptetur et quam saepe labamur, quis enumerat? quotiens narrantes inania primo quasi toleramus, ne offendamus infirmos, deinde paulatim libenter advertimus. canem currentem post leporem iam non specto, cum in circo fit; at vero in agro, si casu transeam, avertit me fortassis et ab aliqua magna cogitatione atque ad se convertit illa venatio, non deviare cogens corpore iumenti, sed cordis inclinatione, et nisi iam mihi demonstrata infirmitate mea cito admoneas aut ex ipsa visione per aliquam considerationem in te adsurgere aut totum contemnere atque transire, vanus hebesco. quid cum me domi sedentem stelio muscas captans vel aranea retibus suis inruentes implicans saepe intentum facit? num quia parva sunt animalia, ideo non res eadem geritur? pergo inde ad laudandum te, creatorem mirificum atque ordinatorem rerum omnium, sed non inde esse intentus incipio. aliud est cito surgere, aliud est non cadere. et talibus vita mea plena est, et una spes mea magna valde misericordia tua. cum enim huiuscemodi rerum conceptaculum fit cor nostrum et portat copiosae vanitatis catervas, hinc et orationes nostrae saepe interrumpuntur atque turbantur, et ante conspectum tuum, dum ad aures tuas

---

[1] Skutella: faciente. Die Konstruktion mit einem ablativus absolutus ist hier unpassend, eher – trotz räumlicher Distanz – als Akkusativ zu »sequi«.

rungen, die mir derzeit fernliegt, mir immer fernliege und sich immer weiter von mir entferne.[289] Wenn ich aber für das Heil eines anderen Menschen bitte, unterscheidet sich der Zweck meines Strebens stark von der Bitte, die ich hier ausspreche. Du gibst mir, was Du willst, und wirst mir die Kraft geben, Dir, der Du tätig bist, gerne zu folgen.[290]

57 Aber dennoch stellt uns unsre Wißbegier täglich auf die Probe, selbst bei kleinsten Anlässen, die nicht beachtenswert sind. Und wer stellt fest, wie oft wir ihr nachgeben? Wenn man uns Nichtigkeiten erzählt, dulden wir es anfangs oft nur, um schwache Mitmenschen nicht zu verletzen. Doch allmählich wenden wir uns bereitwillig den Erzählungen zu. Wenn ein Hund einen Hasen im Zirkus jagt, schaue ich schon nicht mehr hin; geschieht das aber auf freiem Feld, wenn ich zufällig vorbeikomme, lenkt diese Jagd mich vielleicht von tiefem Nachdenken ab und zieht meine Aufmerksamkeit auf sich. Zwar zwingt sie mich nicht, mit meinem Reittier vom Weg abzuirren, mein Herz aber bringt sie aus der Bahn. Wenn Du mir nicht sofort meine Abschweifung vor Augen führst, verliere ich mich. Ich stumpfe ab, wenn Du mich nicht mahnst, mich entweder durch ein Bedenken des Geschehens zu Dir zu erheben oder das Ganze nicht zu beachten und zu übergehen.[291] Wie oft schaue ich gefesselt zu, wenn ich zu Hause sitze und eine Sterneidechse Mücken fängt oder eine Spinne sie mit ihrem Netz umgarnt? Geht es, da es sich um kleine Lebewesen handelt, etwa nicht um dieselbe Sache? Solche Wahrnehmungen treiben mich am Ende zwar an, Dich als den Schöpfer zu loben, der alles wunderbar geordnet hat; aber diese Absicht steht nicht am Anfang meiner Bemühung. Eine Sache ist es, sich schnell zu erheben, eine andere aber, erst gar nicht zu stürzen. Da mein Leben voll solcher Zerstreuungen ist, besteht meine einzige Hoffnung in Deiner übergroßen Barmherzigkeit. Denn wenn unser Herz eine solche Art von Wissen in sich birgt und es einen Schwall üppiger Nichtigkeiten mit sich herumschleppt, werden unsere Gebete immer wieder unterbrochen und behindert.[292] Während wir vor Deinem Antlitz stehen und mit der

vocem cordis intendimus, nescio unde inruentibus nugatoriis cogitationibus res tanta praeciditur.

58 numquid etiam hoc inter contemnenda deputabimus aut aliquid nos reducet in spem nisi nota misericordia tua, quoniam coepisti mutare nos? et tu scis, quanta ex parte mutaveris, qui me primitus sanas a libidine vindicandi me, ut »propitius« fias etiam ceteris »omnibus iniquitatibus« meis et sanes »omnes languores« meos et redimas »de corruptione vitam meam« et corones me »in miseratione et misericordia« et saties »in bonis desiderium meum«, qui compressisti a timore tuo superbiam meam et mansuefecisti iugo tuo cervicem meam. et nunc porto illud, et lene est mihi, quoniam sic promisisti et fecisti; et vere sic erat, et nesciebam, quando id subire metuebam.

59 sed numquid, domine, qui solus sine typho dominaris, quia solus verus dominus es,[1] qui non habes dominum, numquid hoc quoque tertium temptationis genus cessavit a me aut cessare in hac tota vita potest, timeri et amari velle ab hominibus non propter aliud, sed ut inde sit gaudium, quod non est gaudium? misera vita est et foeda iactantia. hinc fit vel maxime non amare te nec caste timere te, ideoque tu »superbis resistis, humilibus autem das gratiam« »et intonas« super ambitiones saeculi, et contremunt »fundamenta montium«. itaque nobis, quoniam propter quaedam humanae societatis officia necessarium est amari et timeri ab hominibus, instat adversarius verae beatitudinis nostrae ubique spargens in laqueis »euge, euge«,

---

[1] Laut Skutella: »solus« und »dominus es« als Zitat aus Es 37,20.

Stimme des Herzens Deine Ohren zu erreichen suchen, wird dieses entscheidende Tun durch überflüssige Gedanken vereitelt, die – wer weiß woher – in uns eindringen.

58 Werden wir auch diese Störung für belanglos halten? Oder führt uns etwas anderes zur Hoffnung zurück als Deine Barmherzigkeit, die uns bekannt ist, da Du uns ja schon zu ändern begonnen hast?[293] Und Du weißt, wie weitgehend Du mich geändert hast. Zuerst hast Du mich vom schmählichen Drang geheilt, mich selbst in Schutz zu nehmen.[294] Jetzt wirst Du auch ›allen‹ meinen ›übrigen Fehltritten gnädig‹ werden, Du wirst ›alle‹ meine ›Schwächen‹ heilen und ›mein Leben aus dem Verderben‹ retten. Zuletzt wirst Du mir ›in Erbarmen und Barmherzigkeit‹ den Siegeskranz verleihen und ›meine Sehnsucht nach Gutem‹ stillen. Die Scheu vor Dir hat meine Überheblichkeit gebändigt, und Du hast meinen Nacken an Dein Joch gewöhnt. Nun trage ich dieses Joch, das mir so leicht ist, wie Du es versprochen und mir auferlegt hast. Gewiß war es auch schon so leicht, als ich das noch nicht wußte und mich fürchtete, es auf mich zu nehmen.

59 Du allein, Herr, übst Herrschaft ohne Selbstgefälligkeit aus, weil Du allein wahrer Herr bist und keinen Herrn über Dir hast.[295] So komme ich zur dritten Art der Prüfung, dem Willen, von anderen Menschen geliebt und gefürchtet zu werden, nur der Freude wegen, die eigentlich keine Freude ist. Habe ich diese Prüfung aber etwa bestanden oder kann ich sie in diesem Leben überhaupt bestehen? Elend ist das Leben, widerlich die Prahlerei. So geschieht es meistens, daß man nicht Dich liebt und Dich nicht in reiner Scheu ehrt. Deshalb ›widerstehst‹ Du ›den Hochmütigen; den Demütigen aber bist Du gnädig‹. ›Donnernd drohst Du‹ den ehrgeizigen Bestrebungen der Welt, und es erzittern ›die Grundfesten der Berge‹. Gewiß verlangen einige Aufgaben der menschlichen Gesellschaft, von Menschen geliebt und gefürchtet zu werden. Damit tritt aber ein Feind unserer wahren Glückseligkeit auf den Plan. Überall legt er Fallen und ruft uns zu: Bravo! Weiter so! Während wir

ut, dum avide conligimus, incaute capiamur et a veritate tua gaudium nostrum deponamus atque in hominum fallacia ponamus, libeatque nos amari et timeri non propter te, sed pro te, atque isto modo sui similes factos secum habeat non ad concordiam caritatis, sed ad consortium supplicii, qui statuit sedem suam ponere in aquilone, ut te perversa et distorta via imitanti tenebrosi frigidique servirent. nos autem, domine, »pusillus grex« tuus ecce sumus, tu nos posside. praetende alas tuas, et fugiamus sub eas. gloria nostra tu esto; propter te amemur et verbum tuum timeatur in nobis. qui laudari vult ab hominibus vituperante te, non defendetur ab hominibus iudicante te nec eripietur damnante te. cum autem non »peccator laudatur in desideriis animae suae, nec qui iniqua gerit benedicetur[1]«, sed laudatur homo propter aliquod donum, quod dedisti ei, at ille plus gaudet sibi laudari se quam ipsum donum habere, unde laudatur, etiam iste te vituperante laudatur, et melior iam ille, qui laudavit, quam iste, qui laudatus est. illi enim placuit in homine donum dei, huic amplius placuit donum hominis quam dei.

60 temptamur his temptationibus cotidie, domine, sine cessatione temptamur. cotidiana fornax nostra est humana lingua. imperas nobis et in hoc genere continentiam: da quod iubes et iube quod vis. tu nosti de hac re ad te gemitum »cordis mei« et flumina oculorum meorum. neque enim facile conligo, quam sim ab ista peste mundatior, et multum timeo occulta mea, quae norunt oculi tui, mei autem non. est enim qualiscumque

---

[1] Skutella: benedicitur.

uns gierig verfangen, lassen wir uns ohne Vorbedacht fesseln, verlieren die Freude, die uns Deine Wahrheit gewährt, und verlegen sie in die trügerische Wertschätzung durch Menschen. Es mag uns gefallen, nicht Deinetwegen geliebt und gefürchtet zu werden, sondern statt Deiner. Wen sich der Feind aber auf diesem Weg ähnlich gemacht hat, den führt er nicht zu einträchtiger Liebe, sondern zu gemeinsamer Bestrafung. Denn er hat beschlossen, seinen Wohnsitz im stürmischen Norden aufzuschlagen. So dienen ihm, der Dich auf unrechtem und verdrehtem Weg nachahmt, dunkle und kalte Gesellen. Wir aber, Herr, sieh, wir sind Deine ›allzu kleine Herde‹.[296] Nimm Du uns in Besitz! Breite Du Deine Flügel aus, und wir wollen unter ihnen Schutz suchen. Sei Du unsere Ehre! Deinetwegen mögen wir geliebt werden; Dein Wort soll in uns gefürchtet werden. Wer von Menschen gelobt werden will, wenn Du tadelst, wird von Menschen nicht verteidigt werden, wenn Du über ihn richtest; keiner wird ihn retten, wenn Du ihn verurteilst. ›Ein Sünder wird‹ aber ›für das, was seine Seele begehrt, nicht gelobt‹ und niemand ›wird gepriesen, der Ungerechtes treibt‹. Gelobt wird ein Mensch aber für eine Gabe, die Du ihm verliehen hast. Wenn der Sünder sich aber mehr über das Lob als über die Gabe freut, für die er gelobt wird, wird er zwar gelobt, aber Du tadelst ihn.[297] Besser ist ja einer, der gelobt hat, als der andere, der gelobt worden ist.[298] Denn jenem hat die Gabe Gottes in einem Menschen gefallen; diesem hat mehr die Gabe eines Menschen gefallen als die Gabe Gottes.

60 Diese Lockungen stellen uns täglich auf die Probe, Herr; ohne Unterlaß werden wir geprüft. Angeheizt wird diese Prüfung täglich durch die menschliche Sprache. Du gebietest uns auch auf diesem Gebiet Mäßigung: Gib, was Du befiehlst, und befiehl, was Du willst. Du kennst das Seufzen ›meines Herzens‹, das sich ob dieser Prüfungen an Dich richtet, Du kennst die Ströme meiner Tränen. Nicht leicht überschaue ich, wie weit ich von dieser Krankheit geheilt bin; ich fürchte nämlich verborgene Winkel meines Herzens, die Deine Augen kennen, meine aber nicht.[299] Denn bei den anderen Ar-

in aliis generibus temptationum mihi facultas explorandi me, in hoc paene nulla est. nam et a voluptatibus carnis et a curiositate supervacanea[1] cognoscendi video quantum assecutus sim posse refrenare animum meum, cum eis rebus careo vel voluntate vel cum absunt. tunc enim me interrogo, quam magis minusve mihi molestum sit non habere. divitiae vero, quae ob hoc expetuntur, ut alicui trium istarum cupiditatium vel duabus earum vel omnibus serviant, si persentiscere non potest animus, utrum eas habens contemnat, possunt et dimitti, ut se probet. laude vero ut careamus atque in eo experiamur, quid possumus, numquid male vivendum est et tam perdite atque immaniter, ut nemo nos noverit, qui non detestetur? quae maior dementia dici aut cogitari potest? at si bonae vitae bonorumque operum comes et solet et debet esse laudatio, tam comitatum eius quam ipsam bonam vitam deseri non oportet. non autem sentio, sine quo esse aut aequo animo aut aegre possim, nisi cum afuerit.

61 quid igitur tibi in hoc genere temptationis, domine, confiteor? quid, nisi delectari me laudibus? sed amplius ipsa veritate quam laudibus. nam si mihi proponatur, utrum malim furens aut in omnibus rebus errans ab omnibus hominibus laudari an constans et in veritate certissimus ab omnibus vituperari, video quid eligam. Verum tamen nollem, ut vel augeret mihi gaudium cuiuslibet boni mei suffragatio oris alieni. sed auget, fateor, non solum, sed et vituperatio minuit. et cum ista miseria mea perturbor, subintrat mihi excusatio, quae qualis sit, tu scis,

---

[1] Skutella: supervacuanea.

ten von Prüfungen bin ich ziemlich gut in der Lage, mich zu erforschen, bei dieser aber fast gar nicht. Wie weit es mir gelungen ist, meinen Geist von den Vergnügungen des Fleisches und von der Neugier fernzuhalten, die unnütze Erkenntnis sucht, sehe ich nämlich, sobald ich willentlich Verzicht leiste oder keine Gelegenheit zur Ausübung habe. Dann frage ich mich nämlich, in welchem Maß mir die Entbehrung lästig ist. Anders verhält es sich beim Reichtum. Er wird erstrebt, damit er einer der drei Begierden diene, oder zweien oder allen dreien. Falls der Geist nicht zu durchschauen vermag, ob er den Reichtum, den er besitzt, wirklich geringschätzt, kann man ihn aufgeben, um Klarheit über sich zu gewinnen. Sollen wir aber, um auf Lob zu verzichten und zu erproben, was wir hier können, etwa ein übles Leben führen, damit wir nicht gelobt werden? Sollen wir so verdorben und unmäßig leben, damit keiner uns kenne, der uns nicht verachtet? Kann man noch größeren Unfug aussprechen oder denken? Wenn die Belobigung ein gutes Leben und gute Taten zu begleiten pflegt und wenn sie auch deren Begleiter sein soll, so darf diese Begleitung ebenso wenig mißachtet werden wie das gute Leben selbst.[300] Nur dann, wenn das Lob ausbleibt, sehe ich jedoch, auf welches Lob ich verzichten könnte, welcher Mangel an Lob mich gleichmütig ließe, welcher Mangel an Lob mich verdrießlich machte.

61 Was also bekenne ich Dir, Herr, angesichts dieser Art von Prüfung? Was anders, als daß Lob mich freut? Aber mehr als Lob erfreut mich die Wahrheit selbst. Könnte ich wählen, ob ich lieber von allen Menschen gelobt würde, obwohl ich ein wildes Leben führte und mich in allem irrte, oder ob ich lieber besonnen und gewiß in der klarsten Wahrheit lebte, und doch von allen getadelt würde, so sehe ich, welche Wahl ich träfe. Ich will doch nicht einmal, daß meine Freude über etwas Gutes, über das ich verfüge, durch Beifall aus fremdem Mund wächst.[301] Aber sie wächst; und ich gestehe nicht nur, daß sie wächst, sondern auch, daß Tadel sie mindert. Wenn ich durch dieses Elend, das mir anhaftet, verwirrt werde,

deus; nam me incertum facit. quia enim nobis imperasti non tantum continentiam, id est a quibus rebus amorem cohibeamus, verum etiam iustitiam, id est quo eum conferamus, nec te tantum voluisti a nobis verum etiam proximum diligi, saepe mihi videor de provectu aut spe proximi delectari, cum bene intellegentis laude delector, et rursus eius malo contristari, cum eum audio vituperare quod aut ignorat aut bonum est. nam et contristor aliquando laudibus meis, cum vel ea laudantur in me, in quibus mihi ipse displiceo, vel etiam bona minora et levia pluris aestimantur, quam aestimanda sunt. sed rursus unde scio, an propterea sic afficior, quia nolo de me ipso a me dissentire laudatorem meum, non quia illius utilitate moveor, sed quia eadem bona, quae mihi in me placent, iucundiora mihi sunt, cum et alteri placent? quodam modo enim non ego laudor, cum de me sententia mea non laudatur, quandoquidem aut illa laudantur, quae mihi displicent, aut illa amplius, quae mihi minus placent. ergone de hoc incertus sum mei?

62 ecce in te, veritas, video non me laudibus meis propter me, sed propter proximi utilitatem moveri oportere. et utrum ita sim, nescio. minus mihi in hac re notus sum ipse quam tu. obsecro te, deus meus, et me ipsum mihi indica, ut confitear oraturis pro me fratribus meis, quod in me saucium compereo. iterum me diligentius interrogem. si utilitate proximi moveor in laudibus meis, cur minus moveor, si quisquam alius iniuste vituperetur quam si ego? cur ea contumelia magis mordeor, quae in me quam quae in alium eadem iniquitate coram me

schleicht sich zugleich eine Entschuldigung ein. Du kennst ihre Beschaffenheit, Gott; mich freilich läßt sie im Ungewissen. Denn Du hast uns nicht nur Mäßigung befohlen, nicht nur gesagt, wann wir unserer Liebe Schranken setzen sollen. Vielmehr hast Du uns auch befohlen, gerecht zu sein, also gesagt, wohin wir unsere Liebe wenden sollen. Du wolltest, daß wir nicht nur Dich, sondern auch den Nächsten lieben.[302] Oft meine ich, mich am hoffnungsvollen Gedeihen eines Nächsten zu freuen, wenn ich mich über sein wohlbedachtes Lob freue; und oft bin ich über seinen schlechten Zustand betrübt, wenn ich höre, wie er etwas tadelt, das er nicht kennt, oder etwas, das gut ist. Zuweilen betrüben mich auch Lobworte, die mir gelten: wenn nämlich etwas an mir gelobt wird, was mir selbst mißfällt, oder auch, wenn jemand weniger Gutes oder Belangloses höher schätzt, als er es schätzen sollte. Andererseits aber: woher weiß ich, ob ich nicht deshalb mürrisch bin, weil ich nicht will, daß einer, der mich lobt, mich anders sieht, als ich mich selbst sehe? Dann wäre ich nicht mürrisch, weil ich an seinen Vorteil dächte, sondern weil mir das Gute, das mir selbst an mir gefällt, angenehmer wird, wenn es auch einem anderen gefällt? In gewisser Weise lobt man nämlich gar nicht mich, wenn nicht zugleich meine Selbsteinschätzung gelobt wird, wenn sogar etwas gelobt wird, was mir mißfällt, oder wenn etwas besonders gelobt wird, was mir weniger gefällt. Kommt daher die Unsicherheit meines Urteils, wer ich selbst, bin?[303]

62 In Dir, o Wahrheit, sehe ich, daß mich Lobworte nicht um meinetwillen stolz machen, sondern zum Vorteil des Nächsten beflügeln sollen.[304] Ob ich dem entspreche, weiß ich nicht.[305] In diesem Fall weiß ich weniger von mir selbst als von Dir.[306] Mein Gott, ich bitte Dich inständig: mach mir offenbar, wer ich selbst bin.[307] Dann kann ich meinen Brüdern, die für mich beten, die Schwächen bekennen, die ich in mir finde. Noch eindringlicher will ich mich befragen. Wenn mich Lob bewegt, das mir wegen des Nutzens für den Nächsten gilt: warum bewegt es mich dann weniger, wenn ein anderer zu Unrecht getadelt

iacitur? an et hoc nescio? etiamne id restat, ut ipse me seducam et verum non faciam coram te in corde et lingua mea? insaniam istam, domine, longe fac a me, ne »oleum peccatoris mihi sit os meum ad impinguandum caput meum«.

Ps 140,5

Ps 108,22 63 »egenus et pauper ego sum« et melior in occulto gemitu displicens mihi et quaerens misericordiam tuam, donec reficiatur defectus meus et perficiatur usque in pacem, quam nescit arrogantis oculus. sermo autem ore procedens et facta, quae innotescunt hominibus, habent temptationem periculosissimam ab amore laudis, qui ad privatam quandam excellentiam contrahit emendicata suffragia: temptat, et cum a me in me arguitur, eo ipso, quo arguitur, et saepe de ipso vanae gloriae contemptu vanius gloriatur ideoque non iam de ipso contemptu gloriae gloriatur: non enim eam contemnit, cum gloriatur.

64 intus etiam, intus est aliud in eodem genere temptationis malum, quo inanescunt qui placent sibi de se, quamvis aliis vel non placeant vel displiceant nec placere affectent ceteris. sed sibi placentes multum tibi displicent non tantum de non bonis quasi bonis, verum etiam de bonis tuis quasi suis, aut etiam sicut de tuis, sed tamquam ex meritis suis, aut etiam sicut ex tua gratia, non tamen socialiter gaudentes, sed aliis invidentes

wird, als wenn ich getadelt werde? Warum schmerzt mich die Kränkung mehr, die sich ungerecht gegen mich richtet, als die genauso ungerechte Kränkung, die sich in meiner Gegenwart gegen einen anderen richtet? Weiß ich auch das nicht? Und heißt das nicht, daß ich mich selbst betrüge und vor Deinem Angesicht nicht wahrhaftig bin, weder im Herzen noch mit Worten?[308] Herr, halte diese Schwäche fern von mir! ›Meine Rede soll mir nicht zum Öl des Sünders werden, mit dem er mein Haupt salbt‹.

63 ›Bedürftig bin ich und arm‹. In einem besseren Zustand bin ich also, wenn ich mir in heimlichem Seufzen mißfalle und um Deine Barmherzigkeit bitte, bis meine Schwäche überwunden ist und ich gestärkt werde für den Frieden, den das Auge des Selbstsicheren nicht kennt.[309] In mündlich gehaltenen Reden, ebenso in Taten, die unter Menschen bekannt werden, steckt eine sehr gefährliche Prüfung: die Verlockung, gelobt zu werden, die uns, um unserer Person einen gewissen Glanz zu verschaffen, nach erbetteltem Beifall haschen läßt.[310] Diese Lockung prüft mich, auch wenn ich ihre Unzulässigkeit erweise, eben dadurch, daß ich diesen Nachweis führe. Oft rühmt man sich in gesteigerter Eitelkeit gerade der Verachtung eitlen Ruhmes. Weil man sich rühmt, rühmt man sich schon nicht mehr wirklicher Verachtung des Ruhmes; denn man verachtet ihn nicht, wenn man sich rühmt.

64 Auch innen gibt es Übel: innen gibt es ein anderes Übel in derselben Art von Prüfung. Es läßt die hohl werden, die sich selbst gefallen, auch wenn sie anderen entweder nicht gefallen oder gar mißfallen. Auch brauchen sie den Beifall anderer nicht, da sie sich selbst bewundern. Dir aber mißfallen sie: nicht nur, weil sie Nichtgutes für Gutes ausgeben, sondern auch, weil sie sich Gutes zurechnen, das von Dir kommt. Oder sie mißfallen Dir, obwohl sie zugeben, daß das Gute von Dir kommt, aber meinen, sie hätten es verdient; oder obwohl sie zugeben, daß es sich Deiner Gnade verdankt, sich aber nicht in brüderlicher Gemeinschaft der Gnade freuen, sondern sie an-

eam. in his omnibus atque in huiuscemodi periculis et laboribus vides tremorem cordis mei, et vulnera mea magis subinde a te sanari quam mihi non infligi sentio.

65 ubi non mecum ambulasti, veritas, docens, quid caveam et quid appetam, cum ad te referrem inferiora visa mea, quae potui, teque consulerem? lustravi mundum foris sensu, quo potui, et attendi vitam corporis mei de me sensusque ipsos meos. inde ingressus sum in recessus memoriae meae, multiplices amplitudines plenas miris modis copiarum innumerabilium, et consideravi et expavi et nihil eorum discernere potui sine te et nihil eorum esse te inveni. nec ego ipse inventor, qui peragravi omnia et distinguere et pro suis quaeque dignitatibus aestimare conatus sum, excipiens alia nuntiantibus sensibus et interrogans, alia mecum commixta sentiens ipsosque nuntios dinoscens atque dinumerans iamque in memoriae latis opibus alia pertractans, alia recondens, alia eruens: nec ego ipse, cum haec agerem, id est vis mea, qua id agebam, nec ipsa eras tu, quia lux es tu permanens, quam de omnibus consulebam, an essent, quid essent, quanti pendenda essent: et audiebam docentem ac iubentem. et saepe istuc facio; hoc me delectat, et ab actionibus necessitatis, quantum relaxari possum, ad istam voluptatem refugio. neque in his omnibus, quae percurro consulens te, invenio tutum locum animae meae nisi in te, quo conligantur sparsa mea nec a te quidquam recedat ex me. et aliquando intromittis me in affectum multum inusitatum introrsus ad nescio quam dulcedinem, quae si perficiatur in me, nescio quid erit, quod

deren mißgönnen.³¹¹ In all diesen Gefahren und Nöten siehst Du mein Herz erzittern.³¹² Ich habe eher den Eindruck, daß Du meine Wunden bald nachher heilst, als daß mir keine neuen geschlagen werden.³¹³

65 Wo hast Du, die Wahrheit, mich nicht begleitet?³¹⁴ Als ich Dir vortrug, was ich von unten sehen konnte, und Dich um Rat fragte, hast Du mich gelehrt, wovor ich mich hüten und was ich erstreben soll. Soweit ich es konnte, habe ich die Welt durchmustert, die dem äußeren Sinn zugänglich ist.³¹⁵ Auch das Leben, das mein Leib von mir hat, und meine Sinneswahrnehmungen habe ich bedacht.³¹⁶ Von dort bin ich in die vielfältigen Innenräume meines Gedächtnisses eingetreten, in Weiten, die auf wunderliche Art mit zahllosen Inhalten gefüllt sind. Ich betrachtete sie und schrak zurück: ohne Dich habe ich nichts zu erkennen vermocht, fand jedoch, daß Du nichts von alledem bist.³¹⁷ Auch ich selbst bin nicht deren Erfinder.³¹⁸ Ich habe alles durchstreift, habe versucht, es zu bestimmen und seinen Ort im Ganzen einzuschätzen. Teils griff ich Sinnesempfindungen auf und befragte sie, teils bemerkte ich etwas, das mit mir vermischt war.³¹⁹ Ich ermittelte die Organe und zählte sie auf, behandelte einiges vom reichen Schatz des Gedächtnisses, ließ manches unbeachtet und holte anderes hervor. Nichts von alledem war ich, als ich das tat. Nicht meine Kraft war es, mit der ich es tat. Auch Du warst nicht diese Kraft.³²⁰ Denn Du bist das immerwährende Licht, das ich über alles um Rat fragte: ob es sei, was es sei, wie sehr es zu schätzen sei. Und ich hörte Dich lehren und befehlen. Oft höre ich auf Dich: das ist meine Freude. Sobald ich den Druck des Alltags abschütteln kann, suche ich meine Zuflucht in dieser Lust.³²¹ In allem, was ich in Gedanken durchlaufe und worüber ich Dich befrage, finde ich keinen sicheren Aufenthalt meiner Seele. Sicher bin ich nur in Dir: Du bindest zusammen, was in mir splittert; nichts von mir läßt Du verderben.³²² Zuweilen läßt Du mir in ganz ungewöhnlicher Stimmung eine seltsame Süße zuteil werden. Ich weiß nicht, was es mit ihr auf sich hat;³²³ sollte sich diese Süße in mir vollenden, entspricht sie gewiß

vita ista non erit. sed recido in haec aerumnosis ponderibus et
resorbeor solitis et teneor et multum fleo, sed multum teneor.
tantum consuetudinis sarcina digna est! hic esse valeo nec volo,
illic volo nec valeo, miser utrubique.

66 ideoque consideravi languores peccatorum meorum in cupiditate triplici et dexteram tuam invocavi ad salutem meam.
vidi enim splendorem tuum corde saucio et repercussus dixi:
Ps 30,23 quis illuc potest? »proiectus sum a facie oculorum tuorum«. tu
es veritas super omnia praesidens. at ego per avaritiam meam
non amittere te volui, sed volui tecum possidere mendacium,
sicut nemo vult ita falsum dicere, ut nesciat ipse, quid verum
sit. itaque amisi te, quia non dignaris cum mendacio possideri.

67 quem invenirem, qui me reconciliaret tibi? ambiendum mihi
fuit ad angelos? qua prece? quibus sacramentis? multi conantes
ad te redire neque per se ipsos valentes, sicut audio, temptaverunt haec et inciderunt in desiderium curiosarum visionum et
digni habiti sunt inlusionibus. elati enim te quaerebant doctrinae fastu exerentes potius quam tundentes pectora et adduxe-
runt sibi per similitudinem cordis sui conspirantes et socias
Eph 2,2 superbiae suae potestates »aeris huius«, a quibus per potentias
magicas deciperentur, quaerentes mediatorem, per quem pur-
garentur, et non erat. »diabolus« enim erat »transfigurans se
2 Cor 11,14 in angelum lucis«. et multum inlexit superbam carnem, quod
carneo corpore ipse non esset. erant enim illi mortales et pec-

nicht dem jetzigen Leben. Aber ich falle zurück in dieses Leben voll beschwerlicher Lasten, in dem der gewohnte Weltlauf mich beherrscht und festhält. Ich weine viel und werde doch festgehalten. Wie schwer die Bürde der Gewohnheit auf mir lastet! Hier kann ich leben, will aber nicht; dort will ich leben, kann aber nicht: so bin ich beiderseits unselig.[324]

66 Deshalb habe ich die Nachlässigkeiten, die ich mir zuschulden kommen ließ, auf dem Feld der dreifachen Begierde betrachtet und Dich zu meinem Heil um Hilfe gerufen.[325] Denn ich habe wunden Herzens Deinen Glanz erblickt; von ihm geblendet habe ich mich gefragt: wer kann dorthin?[326] ›Niedergedrückt bin ich vom Anblick Deiner Augen‹. Du bist die Wahrheit, die über allem herrscht. Auf Grund meiner Habsucht wollte ich Dich zwar nicht verlieren, aber die Lüge wollte ich zusammen mit Dir in Besitz behalten: so wie niemand die Unwahrheit in einer Weise sagen will, daß er selbst nicht mehr weiß, was wahr ist.[327] Deshalb habe ich Dich verloren: denn es ist unwürdig, Dich zusammen mit der Lüge zu besitzen.

67 Wen könnte ich finden, der mich mit Dir aussöhnte? Mußte ich mich an Engel wenden? Mit welchem Gebet, welchen Riten? Wie ich höre, haben viele versucht, zu Dir zurückzukehren, konnten es aber nicht aus eigner Kraft, obwohl sie sich bemüht haben. Sie verfielen dem Verlangen nach Visionen, die ihre Wißbegier stillen sollten, und waren mit Recht dem Gespött ausgeliefert. Da sie Dich nämlich erhobenen Hauptes im kalten Stolz der Wissenschaft suchten, streckten sie eher die Brust heraus, als sich an die Brust zu schlagen. Sie lockten Kräfte ›des Luftreichs‹ zu sich, die ihrem Hochmut verwandt waren und mit denen sie in ähnlicher Herzensrichtung im Einklang standen, von denen sie aber mit magischen Kräften getäuscht wurden.[328] Sie suchten einen Mittler, der sie reinigen sollte, doch er war nicht da. Zugegen war nämlich nur ›der Teufel‹, der ›sich in den Engel des Lichtes verwandelt hatte‹ und das überhebliche Fleisch umso mehr anlockte, als er selbst nicht in einem Körper aus Fleisch auftrat. Sie waren nämlich

catores, tu autem, domine, cui reconciliari superbe quaerebant, immortalis et sine peccato. mediator autem inter deum et homines oportebat ut haberet aliquid simile deo, aliquid simile hominibus, ne in utroque hominibus similis longe esset a deo aut in utroque deo similis longe esset ab hominibus atque ita mediator non esset. fallax itaque ille mediator, quo per secreta iudicia tua superbia meretur inludi, unum cum hominibus habet, id est peccatum, aliud videri vult habere cum deo, ut, quia carnis mortalitate non tegitur, pro immortali se ostentet. sed Rm 6,23 quia »stipendium peccati mors est«, hoc habet commune cum hominibus, unde simul damnetur in mortem.

68 verax autem mediator, quem secreta tua misericordia demonstrasti humilibus[1] et misisti, ut eius exemplo etiam ipsam discerent humilitatem, »mediator« ille »dei et hominum, homo 1 Tm 2,5 Christus Iesus«, inter mortales peccatores et immortalem iustum apparuit, mortalis cum hominibus, iustus cum deo, ut, quoniam stipendium iustitiae vita et pax est, per iustitiam coniunctam deo evacuaret mortem iustificatorum impiorum, quam cum illis voluit habere communem. hic demonstratus est antiquis sanctis, ut ita ipsi per fidem futurae passionis eius, sicut nos per fidem praeteritae, salvi fierent. in quantum enim homo, in tantum mediator, in quantum autem verbum, non medius, quia aequalis deo et deus apud deum et simul unus deus.

69 quomodo nos amasti, pater bone, »qui filio« tuo »unico Rm 8,2 non pepercisti, sed pro nobis impiis« tradidisti eum! quo-

---

[1] Skutella: hominibus.

Sterbliche und Sünder; Du aber, Herr, zu dem sie voller Hochmut zurückgeführt zu werden suchten, bist unsterblich und ohne Schuld.³²⁹ Ein Mittler aber zwischen Gott und Mensch sollte einerseits etwas Gottähnliches an sich haben, andererseits etwas, wodurch er den Menschen ähnlich ist. Wäre er in beidem den Menschen ähnlich, wäre er zu weit von Gott entfernt; wäre er in beidem Gott ähnlich, wäre er zu weit von den Menschen entfernt. So wäre er gar kein Mittler. Deshalb ist jener Mittler trügerisch, durch den der Hochmut auf Grund Deiner geheimen Urteile Spott verdient.³³⁰ Das eine hat er mit den Menschen gemein: die Sünde.³³¹ Im Blick auf das andere will er den Anschein wecken, er habe es mit Gott gemein, indem er sich brüstet, unsterblich zu sein, da er nicht im Gewand sterblichen Fleisches auftritt. Weil aber ›der Tod die Strafe für die Sünde ist‹, hat er ihn doch mit den Menschen gemein: deshalb ist er zugleich mit ihnen zum Tode verurteilt.³³²

68 Wahrhaft aber ist der Mittler, den Du in Deiner geheimen Barmherzigkeit den Demütigen offenbart und gesandt hast, damit sie an diesem Vorbild wahre Demut lernen.³³³ Jener ›Mittler zwischen Gott und Menschen, der Mensch Jesus Christus‹, ist in die Mitte zwischen die sterblichen Sünder und den unsterblichen Gerechten getreten. Sterblich war er mit den Menschen, gerecht mit Gott. Weil Leben und Friede Lohn der Gerechtigkeit sind,³³⁴ vernichtete er den Tod durch die Gerechtigkeit, die ihn mit Gott verband;³³⁵ er wollte ihn gemeinsam mit den Ungerechten erleiden, die er gerecht gemacht hat. Dieser Mittler wurde den früheren Heiligen so deutlich gezeigt, daß sie durch den Glauben an sein künftiges Leiden geradeso gerettet wurden, wie wir durch den Glauben an sein vergangenes Leiden gerettet werden.³³⁶ Denn insoweit er Mensch ist, ist er Mittler; insoweit er das Wort Gottes ist, ist er nichts Mittleres:³³⁷ insofern ist er Gott gleich, nämlich Gott, der bei Gott ist und der doch zugleich der eine Gott ist.³³⁸

69 Wie sehr hast Du uns geliebt, guter Vater, ›der Du‹ Deinen ›einzigen Sohn nicht geschont, sondern‹ ihn hingegeben hast,

Phil 2,6 modo nos amasti, pro quibus »ille non rapinam arbitratus esse
Phil 2,8 aequalis« tibi »factus est subditus usque ad mortem crucis«,
Ps 87,6 unus ille »in mortuis liber«, »potestatem« habens »ponendi
Io 10,18 animam« suam et »potestatem habens[1] iterum sumendi eam«, pro nobis tibi victor et victima, et ideo victor, quia victima, pro nobis tibi sacerdos et sacrificium, et ideo sacerdos, quia sacrificium, faciens tibi nos de servis filios de te nascendo, nobis serviendo. merito mihi spes valida in illo est, quod sanabis omnes languores meos per eum, qui sedet ad dexteram tuam et
Rm 8,34 te »interpellat pro nobis«: alioquin desperarem. multi enim et magni sunt idem languores, multi sunt et magni; sed amplior est medicina tua. potuimus putare verbum tuum remotum esse a coniunctione hominis et desperare de nobis, nisi caro fieret et habitaret in nobis.

70 conterritus peccatis meis et mole miseriae meae agitaveram corde meditatusque fueram fugam in solitudinem, sed prohibuisti me et confirmasti[2] me dicens: »ideo Christus pro omnibus mortuus est, ut qui vivunt[3] iam non sibi vivant, sed ei qui
2 Cor 5,15 pro ipsis mortuus est«. ecce, domine, iacto in te curam meam,
Ps 118,18 ut vivam, et »considerabo mirabilia de lege tua«. tu scis impe-
Ps 142,10 ritiam meam et infirmitatem meam: doce me »et sana me«. ille tuus unicus, »in quo sunt omnes thesauri sapientiae et scientiae
Col 2,3 absconditi«, redemit me sanguine suo. non calumnientur mihi superbi, quoniam cogito pretium meum et manduco et bibo

---

[1] Skutella: »habens« nicht innerhalb des Zitats.
[2] Skutella: confortasti.
[3] Skutella: ut et qui vivunt.

›für uns, die wir ungerecht waren‹! Wie sehr hast Du uns geliebt! Er hat es nicht für ›einen Raub gehalten, Dir gleich zu sein‹[339] und ist für die Ungerechten ›gehorsam geworden bis zum Tod des Kreuzes‹. Er war der einzige ›unter den Toten, der frei war‹ und ›die Macht‹ hatte, sein ›Leben hinzugeben‹, und ›ebenso die Macht, es wieder zu gewinnen‹. Für uns hast Du ihn als Sieger und als Opfer gesandt; und Sieger ist er gerade deshalb, weil er Opfer wurde.[340] Für uns hast Du ihn als Priester und als Weg der Heiligung eingesetzt: und Priester ist er deshalb, weil er Weg der Heiligung ist.[341] Der aus Dir geboren ist und uns als Knecht dient,[342] macht uns für Dich aus Knechten zu freien Bürgern.[343] Mit Fug und Recht setze ich auf ihn die starke Hoffnung, daß Du alle meine Schwächen durch ihn heilen wirst.[344] Er sitzt zu Deiner Rechten und ›verwendet sich bei Dir für uns‹: sonst müßte ich verzagen. Zahlreich und schwerwiegend sind nämlich meine Schwächen, zahlreich und schwerwiegend. Aber wirksamer ist Dein Heilmittel. Wir konnten annehmen, Dein Wort habe sich der Verbindung mit dem Menschen enthalten, und über uns verzweifeln:[345] aber nur, wenn es nicht Fleisch geworden wäre und nicht unter uns gewohnt hätte.[346]

70 Niedergedrückt von meinen Fehltritten, die mich erschrecken, und von der Last meines elenden Lebens ging ich mit mir zu Rate und erwog die Flucht in die Einsamkeit.[347] Du aber hast mich gehindert und mir Kraft zum Bleiben verliehen. Denn Du hast gesagt: ›Christus ist deshalb für alle gestorben, damit sie nicht mehr für sich leben, sondern für den, der gestorben ist, damit sie alle leben‹.[348] Siehe, Herr, ich überlasse Dir die Sorge für mich, damit ich lebe, und ›will das Staunenerregende an Deiner Weisung bedenken‹. Du kennst meine Unwissenheit und meine Schwäche: lehre mich ›und heile meine Krankheit‹.[349] Dein einziger Sohn, ›in dem alle Schätze der Weisheit und des Wissens verborgen sind‹, hat mich mit seinem Blute erlöst. Diesen Glauben werden mir Hochmütige nicht in den Schmutz ziehen.[350] Denn ich kenne den Preis, der für mich bezahlt worden ist; ich esse und trinke; ich bitte und wünsche,

et erogo et pauper cupio saturari ex eo inter illos, qui edunt et saturantur: »et laudant[1] dominum qui requirunt eum«.

[1] Skutella: laudabunt.

arm wie ich bin, gesättigt zu werden, als einer von denen, die essen und gesättigt werden.³⁵¹ ›Und es loben den Herrn, die ihn suchen‹.³⁵²

ANMERKUNGEN

¹ Es geht um wechselseitige Beziehung in einer ersehnten Zukunft, nicht um ein Eingehen ins *Eine* wie bei Plotin; vgl. *APE* 116–147. – Der Wechsel zwischen ›erkennen‹ und ›kennen‹ in der Übersetzung weist auf den Unterschied zwischen zeitlichem Geschehen, das mit Änderung verbunden ist, und einem Zustand, der die Änderung schon hinter sich hat, der zwar die Zeitlichkeit bewahrt, aber keiner Veränderlichkeit mehr unterliegt. Gott ist ›cognitor‹, sofern er ›creator‹ ist: er schafft durch Erkennen in reiner Liebe. ›cognoscam‹ hat futurische und konjunktivische Bedeutung: ich *werde* / ich *möchte* (will) erkennen. Die futurische wird hier vorgezogen, weil das Wollen nicht selbstherrlich gemeint ist (›ich will, weil ich will‹), sondern als Antwort auf die Liebe Gottes (»amore amoris tui facio istuc«; vgl. 2,1; 11,1). Vgl. dazu auch 9,25.

² Laut 9,1 ist Gott in die Seele eingetreten und hat die Liebe zu flüchtigen Reizen vertrieben: »intrabas pro eis«. Die Seele ist hier im Bilde des Hauses gesehen (vgl. 8,19: ›domus interior‹), das für die Gegenwart Gottes offen und passend sein soll. Dieser Kontext setzt die Dialektik von Freiheit und Gnade voraus: Wäre Gott allein wirksam, so müßte alles von vornherein nach seinem Willen geschehen; endliche Wesen können das Ziel aber auch nicht allein aus eigener Kraft erreichen. Zur Etymologie von ›virtus‹ (= ἀρετή) vgl. *Pape* (ἀρείων) und *Georges* (›coaptatio‹ = ἁρμονία; *Georges* weist auf civ. 22,24). Es geht um ›deificatio‹ (vgl. Platon: *Theaitetos* 176b), zu der der Menschen nicht aus eigener Kraft fähig sind; deshalb wird Gott als Kraft der Seele genannt (2: »de te«); im Gegensatz zur Autarkie des »deificari in otio« (ep. 10,2). Augustinus geht es um ›Nähe‹ von Mensch und Gott. Die harmonische Nähe und Ruhe geschieht auf die Weise des ›Wohnens‹; vgl. 2,6 mit dem Hinweis auf das »exordium ›sanctae habitationis‹ tuae«; weiter 10,36: »dignatus es habitare in memoria mea«. Zum Wohnen Gottes vgl. 1,29; 10,36; 11,41 (»humiles corde sunt domus tua«) und 12,21; zum Wohnen der Menschen vgl. 8,22; 9,17. Zum Wohnen Gottes in Christus: 3,8 (mit Bezug auf *Kol* 2,8 ff.); zum Wohnen des Gottessohnes bei den Menschen vgl. 7,13 und 14 (mit Bezug auf *Jo* 1,14): »»verbum tuum

caro factum est et habitavit‹ inter homines« (vgl. 69). Zum eschatologischen Ziel menschlichen Wohnens: 7,26; 13,14 (mit Bezug auf *2 Kor* 5,2), 13,15 (mit Bezug auf *Röm* 8,11). Es geht um Nähe zu Göttlichem; zu Heideggers Ringen um diese Frage vgl. *Vorwort zur Lesung von Hölderlins Gedichten* (*GA* 4, 195): »Was sagt Hölderlins Dichtung? Ihr Wort ist: das Heilige. Dies Wort sagt von der Flucht der Götter. Es sagt, daß die entflohenen Götter uns schonen. Bis wir gesonnen sind und vermögend, in ihrer Nähe zu wohnen.« Laut Augustinus hindert mangelnde Heiligkeit, daß Menschen die Nähe Gottes finden und es in ihr aushalten.

3 ›gaudeo‹ ist transitiv auf ›sanum‹ bezogen: wenn mich Gesundes, Lebenskräftiges, Heilsames freut. Es geht um lebendiges Leben, nicht um Lebensverneinung. Vgl. 29 mit drei Stufen des ›Habens des glückseligen Lebens‹; Augustinus nimmt für sich die zweite in Anspruch (›in spe‹). Es geht ihm um die Heilung seiner Krankheiten; vgl. 50 und 70: »sana me«. Gott als Arzt (›medicus‹): 4 und 39; Heilmittel (›medicina‹, ›medicamentum‹): 43, 44 und 69.

4 Vgl. 39. Laut Plotin weinen und jammern kleine Kinder auch bei Dingen, die gar kein Unglück sind (*Enneade* III 2, 15, 58 ff.). Vgl. Rilke (*KA* 2,54): »Statt in die Kissen,/weine hinauf«. Vgl. 9,34 zu einer neuen Art von Tränen (»longe aliud lacrimarum genus«), die Augustinus um seine Mutter weint, nachdem die Wunde der unmittelbaren Trauer verheilt ist. Vgl. auch 39: »contendunt laetitiae mei flendae cum laetandis maeroribus et ex qua parte stet victoria nescio. contendunt maerores mei mali cum gaudiis bonis, et ex qua parte stet victoria nescio.« Das Leidige des Lebens ist in 1,1 summarisch genannt: Kleinheit (›aliqua portio‹), Sterblichkeit (›mortalitas‹), Fehltritte (›peccata‹), Hochmut (›superbia‹). Schrecknisse wie der Tod des Freundes (4,7 ff.) sind weniger zu beweinen, sofern ›terrores‹ sich als ›hortamenta‹ und ›gubernationes‹ erweisen können (11,2). Verfehlungen (›peccata‹) sind mehr zu beweinen, da Unrecht leiden besser ist als Unrecht tun; vgl. *s.* 178,10: »quid est magnum, timere malum? magnum est, non facere malum: magnum est, amare bonum. nam et latro timet malum; et ubi non potest, non facit: et tamen latro est. deus enim cor interrogat, non manum.« Im Hintergrund steht *1 Petr* 3,13 f.; 4,12 ff.; vgl. auch Demokrit: *Fragment* 45 (*VS* 2,156): ὁ ἀδικῶν τοῦ ἀδικομένου κακοδαιμονέστερος. Platon läßt Sokrates im *Gorgias* sagen (469c): Βουλοίμην μὲν ἂν ἔγωγε οὐδέτερα εἰ δ' ἀναγκαῖον εἴη ἀδικεῖν ἢ ἀδικεῖσθαι, ἑλοίμην ἂν μᾶλλον ἀδικεῖσθαι ἢ ἀδικεῖν.

⁵ Vgl. 4,2: »et, deus, vidisti de longinquo lapsantem in lubrico et in multo fumo scintillantem fidem meam, quam exhibebam in illo magisterio diligentibus ›vanitatem‹ et quaerentibus ›mendacium‹, socius eorum.« Diese Haltung schreibt Augustinus sich in seiner Ausübung der Aufgabe als Rhetor zu, als er ›äußerem Glanz‹ den Vorzug gab und ›Lüge‹ ins Werk setzte. Gott gibt der Wahrheit den Vorzug, die äußerem Glanz und der Lüge entgegensteht.

⁶ Aus dem ›veritatem facere‹ (einem Moment am ›confiteri‹) entspringt eine doppelte Aktivität: die verborgene innere Wahrheit offenlegen und ihr im Lebensvollzug entsprechen. Die Übersetzung: ›die Wahrheit tun‹ führt in die Irre, da die ›Wahrheit‹ dann als Produkt menschlicher Tätigkeit erschiene. Es kommt darauf an, den Weg der Wahrheit zu gehen (vgl. 7,24 mit Bezug auf *Jo* 14,6). Alfons Deissler übersetzt *Psalm* 51 (50),8; vgl. *Die Psalmen. Kleinkommentar.* Band 2,40: »Wahrlich, du willst die Wahrheit auch im verborgenen Bereich« (vgl. griechisch ἀλήθεια = Unverborgenheit). Dem Anspruch der Wahrheit entsprechen, heißt biblisch: Christusnachfolge (laut Kant das Ideal einer Gott wohlgefälligen Menschheit; vgl. *RGV* B 75). Dazu muß die Wahrheit gehört und verstanden werden (11,5: »audiam et intelligam«). Augustinus sieht sich als Schüler der Wahrheit (*mag.* 41: »intus est discipulus veritatis«), die höher steht, als sein Inneres reicht (vgl. *lib. arb.* 2,4: »summa omnium magistra est veritate intus docente«). Augustinus geht es um lebensmäßige, nicht aufs Theoretische restringierte Wahrheit. Er spricht zu sich selbst (um sich zu lebendigem Leben wachzurütteln) und zu Gott (um zu bestätigen, daß er der Wahrheit verpflichtet ist). Als drei Hauptbedeutungen des ›Wortes Gottes‹, von dem er sich getroffen weiß, sind zu nennen: 1. Gott hat Himmel und Erde geschaffen (*Gn* 1,1); 2. Die Predigt Jesu (vor allem die Bergpredigt; vgl. z.B. 11,1 mit Bezug auf *Mt* 5,3–9); 3. Der Glaube an Christus als Mittler zwischen Gott und Mensch, wobei Christus Anwalt der Menschen bei Gott ist (vgl. 7,24; 10,67f.; 11,4; 11,39). Diese Lehren versteht er als Ausdruck der reinen Liebe Gottes zur Schöpfung, die reine Liebe weckt. Vgl. Joseph Ratzinger: *Originalität und Überlieferung in Augustins Begriff der confessio*, bes. 385.

⁷ Die gesuchte Wahrheit kann nicht ›objektiv‹ erkannt, sondern nur vollzogen oder gelebt werden, da es sich um innere Wahrheit handelt, um ein Geschehen zwischen Gott und Mensch. ›testis‹ kommt laut *Georges* von ›tertius‹; also: der (unparteiische) Dritte; davon abgeleitet: Zeuge. Die abgeleitete Bedeutung tritt hier zu-

rück, da sich der innere Vollzug nicht äußerlich beglaubigen läßt. Augustinus setzt sich Dritten aus – und damit der Gefahr der Fehlbeurteilung.

⁸ Vgl. 5,1: »neque enim docet te, quid in se agatur, qui tibi confitetur, quia oculum tuum non excludit cor clausum«. 11,3: »qui securus curam nostri geris«. Laut Augustinus sorgt Gott sich um das Geschaffene und seine Nöte; vgl. 5,2: »non deseris aliquid eorum, quae fecisti«.

⁹ Vgl. 4,30: »dorsum enim habebam ad lumen, ad ea, quae inluminantur, faciem: unde ipsa facies mea, qua inluminata cernebam, non inluminabatur« (*MPL* klarer: »dorsum enim habebam ad lumen, et ad ea ...«). Vgl. auch 5,2: »et ubi ego eram, quando te quaerebam? et tu eras ante me, ego autem et a me discesseram nec me inveniebam: quanto minus te!«

¹⁰ 1,1: Kleinheit, Sterblichkeit, Verfehlungen und Hochmut führen zu Mißfallen an sich selbst. Sie vergegenwärtigen das Ziel im Modus der Defizienz. Vgl. 4,18: »si placent corpora, deum ex illis lauda et in artificem eorum retorque amorem, ne in his, quae tibi placent, tu displiceas. si placent animae, in deo amentur, quia et ipsae mutabiles sunt et in illo fixae stabiliuntur: alioquin irent et perirent.« Vgl. Rilke (*KA* 2,244): »Nur im Raum der Rühmung darf die Klage/gehn«.

¹¹ Damit gibt Augustinus – auf Gottes Liebe antwortend – der Wahrheit den Vorzug (1: ›veritatem dilexisti‹); vgl. auch 2,1 und 11,1: »amore amoris tui facio istuc«. Die Überzeugungskraft der wohlwollenden Liebe ist der Kern der ›excitatio‹. Diese Liebe entspricht der Wahrheit (Achtung der Anderen, die auch glücklich sein wollen) und befreit vom naturhaften Egoismus. Verähnlichung mit Gott ist jetzt nicht mehr nur Aufstieg, sondern auch liebender Abstieg (4,19: »descendite, ut ascendatis, et ascendatis ad deum«). Er hätte diesen Weg der Liebe und des Glaubens aber nicht gehen können ohne den wahren Mittler (z.B. 6: »et hoc mihi verbum tuum parum erat si loquendo praeciperet, nisi et faciendo praeiret«; vgl. auch 68).

¹² »de te« (von Dir her) wird mit ›von Anfang an‹ übersetzt, weil damit gesagt ist, daß Gott uns zuerst geliebt hat (*1 Jo* 4,19 f.): ἡμεῖς ἀγαπῶμεν, ὅτι αὐτὸς πρῶτος ἠγάπησεν ἡμᾶς.

¹³ Wenn die Chance der Selbsterkenntnis bestehen soll, muß das wahre eigene Innere und seine moralische Qualität von Gott offengelegt werden, der als ›inspector cordis‹ wirkt; vgl. Kants ›Herzenskündiger‹ (*RGV* B 85, bes. 138 f.). Nur die Aussicht auf endgültige

Antwort führt endliche Vernunftwesen auf den Weg verantwortlicher Selbstgestaltung; nach Kant (*Reflexion* 7171=*AA* 19,263) habe ich »zwar die Handlungen durch freyheit, aber die freyheit selbst nicht in meiner Gewalt«; vgl. *EaD* A 501 f.: »Denn welcher Mensch kennt sich selbst, wer kennt Andre so durch und durch, um zu entscheiden, ob [...] vor dem allsehenden Auge eines Weltrichters ein Mensch seinem innern moralischen Werthe nach überall noch irgend einen Vorzug vor dem andern habe, und es so vielleicht nicht ein ungereimter Eigendünkel sein dürfte, bei dieser oberflächlichen Selbsterkenntniß zu seinem Vortheil über den moralischen Werth (und das verdiente Schicksal) seiner selbst sowohl als Anderer irgend ein Urtheil zu sprechen?« So denkt Augustinus Gott als »cordis ipsius et intimae voluntatis inspector« (*spir. et litt.* 14); *en. Ps.* 85,3: »interior inspector est deus«; zur Abgrenzung *mend.* 36: »homo non est cordis inspector«; *s. dom. m.* 2,1.9: »conscientiae solus inspector«; *div. qu.* 59,3; *c. ep. Parm.* 2,15; *Gn. litt.* 11,34; *f. et op.* 30; *qu.* 4,19; *ep.* 262,10; *s.* 50,3; *s.* 91,5; *s.* 291,5; *s.* 352,5; *s. Dolbeau* 182,2.

14 Bisher hat er es negativ gesagt (2): »te enim mihi absconderem«. Jetzt sucht er im Bekennen positiv die Nähe zur Wahrheit Gottes: er nimmt sie in Blick und versucht, ihr zu entsprechen. Vgl. auch 4: »quo fructu, quaeso, etiam hominibus coram te confiteor per has litteras adhuc quis ego sim, non quis fuerim? nam illum fructum vidi et commemoravi«.

15 Vgl. *en. Ps.* 102,2: »habet aures deus, habet et sonum cor«; *cont.* 2: »parum est quippe os corporis continere, ne aliquid inde quod non expedit per sonum vocis erumpat; intus est os cordis, ubi sibi custodiam et ostium continentiae poni desideravit a domino, qui verba illa dixit nobisque dicenda conscripsit. multa enim corporis ore non dicimus et corde clamamus; nullum autem procedit rei alicuius ex ore corporis verbum, cuius est in corde silentium. inde igitur quod non emanat, foris non sonat; quod vero emanat inde, si malum est, etsi non moveat linguam, inquinat animam.« *Io. ev. tr.* 9,13: »quid enim prodest strepitus oris, muto corde?« Vgl. z. B. auch 4,10: »nisi ad aures tuas ploraremus, nihil residui de spe nostra fieret«. Zum Problem vgl. auch Ludwig Wittgenstein: *Philosophische Untersuchungen*, 237–239 (mit Zitat aus 1,13).

16 Zu ›pius‹ vgl. *Georges*. Bedeutungen von ›confiteri‹ (vgl. *AZ* 66, Anm. 13): ›confessio peccati, laudis, scientiae et imperitiae, fidei‹; vgl. auch 9,32: Bekenntnis der Erbärmlichkeit mit dem Beiklang der

Anklage. Vgl. das Paulinische Ruhmverbot, z. B.: *Röm* 3,27; *1 Kor* 1,29.31; 9,16; *2 Kor* 5,12; 10,13 (hier erklärt Paulus, sich nicht maßlos – εἰς τα ἄμετρα – rühmen zu wollen); 10,17; 12,1; 12,5 f.; 12,9. In den *Confessiones* sind die Spielarten des Sichrühmens ein wichtiges Thema (vgl. 1,28; 2,7; 3,6; 6,14); in 9,34 und 10,45 bezieht Augustinus sich explizit auf Paulus (*2 Kor* 10,17 und *1 Kor* 1,31). Ergebnis: 1. wir sollen uns nicht rühmen, weil wir Geschöpfe sind und unsere Freiheit zum Guten von Gott geschenkte Möglichkeit ist; 2. Wir sollen uns nicht rühmen, da wir unsere wahren Motive nicht kennen; es bleibt Ungewißheit (39: »ex qua parte stet victoria nescio«). Vgl. Augustins Unsicherheit zu Gottes Urteil über Monnica (9,34–36). Dennoch spricht er von zurechenbarer Lobwürdigkeit (zu Verecundus vgl. 9,5; zu Monnica vgl. 9,36). Die Gott wohlgefälligen Opferschalen sind die ›fraterna corda‹ (5). Selbstlob ist unmöglich, weil nur Gott ins Herz sieht und zu urteilen vermag.

17 Vgl. *Georges*: ›benedicere‹ = von jemandem Gutes reden, jemanden loben. Laut Augustinus kommt das wahre Lob von Gott; vgl. 9,35: »›laus mea‹ et vita mea, ›deus cordis mei‹«; *en. Ps.* 21,2,26: »›apud te est laus mea‹. apud deum posuit laudem suam«. Selbstlob ist ein Zeichen von Schwäche (auch Gott lobt sich nicht selbst). Wenn Gott dem Menschen Lob spendet, gibt es beim Menschen wirklich etwas zu loben. Menschen müssen ihre Schwäche gestehen, da ihr Gutsein und ihre ›Verdienste‹ von Vielem abhängen (vgl. schon *lib. arb.* 3,45). Dennoch sollen sie nach Gutem aus eigener Kraft und reiner Güte streben, das Gott dann loben kann. Nicht nur der Mensch will Gott loben, sondern auch Gott den Menschen. Augustinus geht auch in *conf.* 10 vom Zusammenspiel von Freiheit und Gnade aus. Gerecht werden Menschen durch wohlwollende Liebe, die nicht aus Selbstliebe und Klugheit erfolgt (letztere sind nicht schlecht, aber auch nicht lobenswert). Reine Liebe ist lobenswert, übersteigt jedoch die natürliche Kraft der Menschen, die also der ›excitatio‹ durch die Liebe Gottes bedürfen, um zur höheren Freiheit zu gelangen. Trotz der ›excitatio‹ ist noch Entscheidung erforderlich. Vgl. z. B. auch *en. Ps.* 84,5: »confitere ergo te esse in captivitate, ut dignus sis liberari«. Das Übersteigen der Selbstliebe ist keine Preisgabe des Selbst; sie zielt ohne Egoismus auf die ›caritas fraterna‹, auf das ›regnum tecum perpetuum sanctae civitatis tuae‹ (vgl. 11,3). Zu den Gefahren der Selbstliebe vgl. z. B. *Io. ev. tr.* 123,5: »ne sis in eorum societate qui pertinent ad tempora periculosa, seipsos amantes«.

Anmerkungen des Herausgebers 111

¹⁸ Organ ist die ›auris interior‹ (11,8; 12,11 f.; 12,18). Es hört (1,1): »fecisti nos ad te«. Die Schöpfung hingegen fungiert als ›vox externa‹; vgl. Gottlieb Söhngen: *Der Aufbau der Augustinischen Gedächtnislehre. Conf. X, c. 6–27*, 78–82.

¹⁹ Heilung erhofft Augustinus von Gott (vgl. 42). Zu Augustins Mißmut über das Gerede Anderer vgl. auch 9,3: »et quo mihi erat istuc, ut putaretur et disputaretur de animo meo et ›blasphemaretur bonum nostrum‹?« Das Wort ›languor‹ wird (je nach Kontext) mit ›Schwäche‹ oder ›Nachlässigkeit‹ übersetzt. Vgl. *Grimm* zu ›Nachlässigkeit‹: »1) nachlässige art oder handlung, negligentia, incuria, languor etc.« Der Ausdruck erscheint außerhalb des 10. Buches in 2,15 (Augustinus sieht sich durch Gott »tantis peccatorum meorum languoribus« befreit); 4,16 (»sanabuntur omnes languores tui«); 5,25 (dort geht es um »curationem languoris animae meae«); 8,20 (»resoluta languore«: vom Phänomen körperlicher Reglosigkeit); gehäuft in 10: 42, 58, 66, 69 (2). Das gerügte Fehlverhalten besteht in sorglosem Sichtreibenlassen (›negligentia‹, ›incuria‹); ›languor‹ wird so zum Gegenpol der ›excitatio‹ und der eigentlichen ›cura‹, die den suchenden Menschen aus dem natürlichen Gefüge und Trott ins ›Selbstsein‹ und ins ›Sein zu Gott hin‹ herausreißen.

²⁰ Der lateinische Satz ist das Motto in *AuN* 158. Die auf Andere zielende, neugierige Sorge ist verbunden mit der Weigerung, entschlossen an sich selbst zu arbeiten; vgl. auch 25: »ego certe, domine, laboro hic et laboro in me ipso: factus sum mihi terra difficultatis et sudoris nimii.« Zu Heideggers Interpretation des zehnten Buches vgl. auch Francesca Filippi: *Il giovane Heidegger e la »Distruzione fenomenologica« dell'Urchristentum*, bes. 669–672.

²¹ Die Stelle wird noch einmal zitiert in 7 und 13,46. Vgl. dazu aus anderer Perspektive Martin Heidegger: *Ein Rückblick auf den Weg*, 427: »Das Schlimmste, was diesen Bemühungen begegnen könnte, wäre die psychologisch-biographische Zergliederung und Erklärung, also die Gegenbewegung zu dem, was uns gerade aufgegeben ist – alles ›Seelische‹, so innig es bewahrt und vollzogen sein muß, daran zu geben an die Einsamkeit des in sich befremdlichen Werkes. / Daher – wenn sie überhaupt wichtig sein könnten – *keine Briefsammlungen und dergleichen*, was nur der Neugier dient und der Bequemlichkeit, der Aufgabe des Denkens der ›Sachen‹ auszuweichen. / Wie, wenn sich einmal die Meute der Neugierigen auf den ›Nachlaß‹ stürzt!«

²² Den Herrn hören, heißt: die Wahrheit hören, die mit unver-

fügbarem Anspruch spricht. Sie kann nicht nach Lust und Laune bestimmt werden, sondern nur nach Einsicht, womöglich in die Unklarheit der Situation, bedingt durch ›ignorantia‹ und ›difficultas‹; vgl. *lib. arb.* 3,56 f.

23 Die Gotteserkenntnis gilt als Voraussetzung wahrer Selbsterkenntnis. Die ›reditio completa ad seipsum‹, von der in Anknüpfung an Augustinus bei Thomas von Aquin gesprochen wird (vgl. Reto Luzius Fetz: *Ontologie der Innerlichkeit. Reditio completa und processio interior bei Thomas von Aquin*), wäre nur ein Weg zur Selbsterkenntnis, wenn sie mit Gotteserkenntnis verbunden wäre. Da Gottesbegegnung laut dem zehnten Buch aber nur in der Inversion der Aktivität geschieht (38), bleibt die Möglichkeit der Selbsterkenntnis kraft des suchenden Geistes zweideutig und unsicher. Die intellektuelle Anstrengung ist in sich wichtig und lobenswert; ohne Suche kein Finden, auch wenn wirkliches Finden der gesuchten höchsten Wahrheit nicht die Leistung des Suchenden ist; vgl. 5,5: »et multa vera de creatura dicunt et veritatem, creaturae artificem, non pie quaerunt et ideo non inveniunt«.

24 Was nicht einleuchtet, wird nicht als wahr anerkannt (10: ›iudex ratio‹). Die Frage ist wegen ihres rhetorischen Charakters als Ausdruck der Gewißheit zu verstehen und mit Ausrufezeichen übersetzt. In der Selbsterkenntnis geht es um das Hören mit dem inneren Ohr, der ›auris interior‹. Wahrheit ist zugleich Gottesname: was als wahr einleuchtet, hat unbezweifelbare Autorität, wird freudig als Fund begrüßt (*lib. arb.* 2,34: »laetatur inventor«). Insofern ist der menschliche Geist ›discipulus veritatis‹ (vgl. *mag.* 41). Diese Autorität entlarvt falsche Propheten.

25 In *1 Kor* 13 geht es um ἀγάπη (vgl. *Pape*: ἀγαπάω: »eigtl. achten u. lieben«; *Gemoll*: »liebevoll aufnehmen, bewillkommnen, daher 1. lieben, schätzen, τινά und τὶ ἀντί τινος vorziehen«). Zu ἀγάπη Hinweis auf ἄγαμαι: anstaunen, bewundern (*Gemoll*). Im lateinischen Wort ›caritas‹ liegt eine hermeneutische Anweisung (vgl. die hermeneutische Grundregel in 12,18): ohne reine Liebe (=Achtung der Person, ihre Anerkennung als Zweck an sich im Sinne Kants) ist zutreffendes Verstehen nicht möglich.

26 Wörtlich: mein innerster Arzt; vgl. 3,11: »tu autem eras interior intimo meo et superior summo meo«. Der Sinn des Bekennens ist dem Bekennenden nicht aus eigenem Vermögen voll durchsichtig: die heilsame Kraft des Bekennens hängt davon ab, ob Gott als Arzt wirkt.

²⁷ Dazu vgl. *retr.* 2,6,1: »confessionum mearum libri tredecim et de malis et de bonis meis deum laudant iustum et bonum, atque in eum excitant humanum intellectum et affectum interim quod ad me attinet, hoc in me egerunt cum scriberentur et agunt cum leguntur. quid de illis alii sentiant, ipsi viderint; multis tamen fratribus eos multum placuisse et placere scio.« Zur Frage, ob das zehnte Buch nachträglich eingeschoben worden ist, vgl. *JD* 153. Zwar scheint 11,1 (»cur ergo tibi tot rerum narrationes digero?«) unmittelbar an das neunte Buch anzuschließen; indem das zehnte Buch die Erzählungen reflektiert, erweist es sich als Bindeglied zu den folgenden Büchern; vgl. 70: »ecce, domine, iacto in te curam meam, ut vivam, et ›considerabo mirabilia de lege tua‹«. Diese Stelle weist voraus auf 11,2: »et olim inardesco meditari in lege tua«.

²⁸ Sakrament nicht als Wundermittel, sondern als Mittel zur Heiligung zu verstehen; vgl. 69 f.: ›victima‹, ›sacrificium‹. Gott wird zwar als ›inconmutabilis‹ benannt, ist aber zugleich ›mutans‹. Unwandelbar ist Gottes Treue; aber er hat laut Augustinus eine Beziehung zur Zeit (zu seinen Geschöpfen).

²⁹ Anknüpfung an 1,1: »tu excitas«; vgl. 13,51 f. Ruf zu ganzem und eigentlichem Selbstsein, das Augustinus mit der Nähe zu Gott verknüpft; Anklänge an die phänomenologische Basis in *SuZ* passim (›Erschlossenheit‹ und ›Entschlossenheit‹; ›Verfallen an das Man‹).

³⁰ Die ›infirmitas‹ gehört zum Wesen endlicher Freiheit. Es geht nicht um diese offensichtliche Tatsache, sondern um eine Schwäche, die aus Gnade bewußt wird. Ihr Bewußtwerden offenbart die Chance zum überraschenden Selbstwerden aus der Eröffnung der Möglichkeit reiner Liebe und ist insofern in der Dialektik von Freiheit und Gnade zu denken. Paulus spricht in *1 Kor* 12,10 aus dem Glauben an diese Gnade. Hintergrund ist eine Alltagserfahrung: sobald die Größe eines hohen Ziels gesehen wird, zeigt sich das Unzureichende der Kraft. Es geht aber nicht um Flucht aus dem Leben (›abstinentia‹), sondern um vollkommenes Leben kraft der Gnade, die glückseliges Leben ermöglicht, Leben in Wonne ohne Versuchung (»medius locus, ubi non sit humana vita temptatio«) aus der ›continentia‹ (39 ff.). Sogar die ›terrores‹ (vgl. 11,2; z. B. 4,7–14: mit dem Tod des Jugendfreunds) gelten im nachträglichen Rückblick als Werk der Gnade.

³¹ Das Schlechte (›malum‹) begreift Augustinus nicht als positive natürliche Wirklichkeit (*Gn. adv. Man.* 2,43: »nos dicimus nullum malum esse naturale«), sondern als Abfall vom Guten (*c. Iul.* 1,37:

»a bonitate defectum«), grundsätzlich als Folge menschlicher Schuld (*vera rel.* 44: »nullum malum est naturae universae, sed sua cuique culpa fit malum«). Also ist es entweder in ursprünglicher Verfehlung (Schuld) gegeben oder in deren Straffolge (*vera rel.* 76: »non sit malum nisi peccatum et poena peccati«). In beidem ist es Ausdruck der Wegnahme von Gutem (3,12: »malum non esse nisi privationem boni usque ad quod omnino non est«; vgl. *civ.* 11,22; *c. Iul.* 1,42). Psychologisch richtig ist, daß sich über einen Defekt freuen kann, wer das Bewußtsein hat, ihn aus eigener Kraft überwunden zu haben, weil der Defekt eine Herausforderung war, die zur Bewährung und Steigerung der Kraft geführt hat. Da die Straffolge auch solche trifft, denen keine ursprüngliche Verfehlung anzulasten ist, muß diese Tatsache einen Sinn haben.

32 Im Glauben bleibt Unsicherheit, die der Hoffnung bedarf; vgl. *en. Ps.* 38,13: »spe enim salvi facti sumus: spes autem quae videtur, non est spes [...] nemo ergo se dicat perfectum hic: decipit se, fallit se, seducit se, non potest hic habere perfectionem [...] tunc erit illa perfectio.« Rudolph Berlinger nennt als Motto (*Augustins dialogische Metaphysik*, 20): »nunc in spe, tunc in re«.

33 In unbestimmter Weise, die noch auf die äußere Wirklichkeit (das empirisch Faßbare und Erzählbare) zielte, hat Augustinus diese Frage in 9,1 angekündigt: »quis ego et qualis ego?« Im ›coram te‹ wird der Wahrheitsanspruch enorm erhöht: Menschen kann man viel erzählen; sieht ein Erzähler sich den Augen Gottes ausgesetzt, wird er schüchtern werden, da er vor Gott keine Ausflucht hat (vgl. auch *KrV* B 853). Wer Augustinus *gewesen* ist, war Thema der ersten neun Bücher. Das ›adhuc‹ (= bis jetzt, in der bisherigen Lebensgeschichte) spricht vom *Sein in der zeitlichen Erstreckung*. Augustinus ist nicht einfach ›jetzt‹, ist nicht ohne zeitliche Erstreckung.

34 Das ist die Frucht, die schon in den ersten neun Büchern zur Sprache kommt, mit den Höhepunkten der Bekehrung in einem Augenblick (8,25: ›punctum ipsum temporis‹) und der Berührung der ewigen Weisheit (9,24: »attigimus eam modice toto ictu cordis«).

35 In 4 und 6 herrscht die Frage nach dem ›Wer‹ vor; hier aber ›quid‹ (vgl. auch 6: »non qualis fuerim, sed qualis sim«): es geht in der Frage nach dem »quid« um die Frage nach dem inneren, veränderlichen *Zustand* des ›Ich‹. Vgl. die Frage in 4,1: »et quis homo est quilibet homo, cum sit homo?« Weiter 4,22: »grande profundum est ipse homo«.

36 Augustinus begnügte sich nie mit bloßem Glauben an eine äu-

ßere Autorität; es ging ihm um freies Selbstsein. Laut Bernhard Legewie (*Die körperliche Konstitution und die Krankheiten Augustins*, 7), war er von vornherein »kein schüchterner und mustergültiger Duckmäuser«.

³⁷ Die ›caritas‹ (von reiner Liebe getragene Hochachtung von Personen) ist ein Gottesname.

³⁸ Um das zweifelhaft Biologische des Geschwisterbezugs zu meiden, wird ›fraternus‹ mit ›liebevoll‹, ›wohlwollend‹ und ›einträchtig‹ übersetzt. Vgl. auch 1: »cetera vero vitae huius tanto minus flenda, quanto magis fletur, et tanto magis flenda, quanto minus fletur in eis.«

³⁹ Damit formuliert Augustinus eine hermeneutische Regel zur Beziehung von Lesern und Interpreten zum Autor, die im Einklang mit der Regel verstanden werden kann, mit der Platon sich an Interpreten aller Zeiten richtet (*Phaidros* 278c): diese sollen ›das Geschriebene als minderwertig erweisen‹, d. h. seine Wahrheit den sich wandelnden Kontexten anpassen. Für Augustinus ist zu beachten, daß jede Interpretation auch davon abhängt, was ›die Wahrheit‹ mit starker Stimme ›ins innere Ohr‹ spricht (12,18): »quae mihi veritas voce forti in aurem interiorem dicit«.

⁴⁰ Vgl. dazu 64: Augustinus hält es für eine Gefahr, sich selbst Gutes zuzusprechen, das in Wahrheit von Gott kommt. Zu dieser heiklen Kernstelle von Augustins Lehre zu Freiheit und Gnade ist zu bemerken, daß Augustinus hier aus seiner konkreten Situation heraus spricht, daß er sagt, was er aus seiner faktischen Perspektive heraus sagen kann. Er kann sich nicht beurteilen, er ist sich unsicher, wer er im Blick auf Schuld und Verdienst ist. Keinesfalls darf und will er sich selbst rühmen. Sicher ist er, daß Gott (wenn Gott Gott ist) für seine Geschöpfe Gutes will. Er glaubt, daß Gott die Geschöpfe nicht nur gut geschaffen hat (z. B. 7,7), sondern ihnen auch in der Zeit seine Sorge zuwendet (z. B. 11,3). Er glaubt zudem, daß die Geschöpfe die Möglichkeit selbstverschuldeter Verfehlung haben und Gott diese Fehltritte nicht gleichgültig sind, sondern er sie als Richter ins Auge faßt und in seinem Urteil zurechtrückt. Mißverstanden wird dieser Satz, wenn er so ausgelegt wird, als scheide Augustinus *ontisch* zwischen Gutem (das in allem nur Werk Gottes sei) und Schlechtem oder Bösem (das immer nur Werk des Menschen sei). Implizit setzt dieser Satz vielmehr voraus, daß auch der Mensch Gutes aus Freiheit hervorbringen kann, sogar Gutes, das am Ende göttliches Lob verdient. Dieses Lob auszusprechen,

ist indessen nicht Sache des Menschen. Augustinus glaubt, Gott selbst wolle es aussprechen, sofern er glaubt, daß Gott am Ende in uns Ruhe finden wird (13,52: »requiesces in nobis«). Gott spricht das Lob aus, wenn er am Ende der flüchtigen und unsicheren Weltzeit das ›regnum sanctae civitatis‹ begründet (11,3). Das Fehlen der Rede von den möglichen – im Blick auf das Ziel der Schöpfung sogar notwendigen – menschlichen Verdiensten ist eine notwendige Ellipse, die mißdeutet, wer – wie Kurt Flasch – Augustins Gnadenlehre im Sinne einer ›Logik des Schreckens‹ auslegt. Vgl. 4,4: »et quis est hic nisi deus noster, suavitas et origo iustitiae, qui reddes ›unicuique secundum opera eius‹ et ›cor contritum et humiliatum non spernis‹?«

41 Augustinus vertritt hier eine moralische Religion. Ziel: ›caritas fraterna‹, ›civitas sancta‹. Der Kult (vgl. die Opferschalen) ist im Gegenmodell zum Magischen und zur Gunstbewerbung personal gedeutet; vgl. s. 270,4: »dico enim dilectioni vestrae, quod et vos considerare, et facile videre poteritis: caritas implet legem. timor poenarum facit hominem operari, sed adhuc serviliter. si enim propterea facis bonum, quia times pati malum, aut propterea non facis malum, quia times pati malum; si aliquis tibi promitteret impunitatem, statim comprehenderes iniquitatem.« Der wohlwollenden – nicht auf Lohn und Strafe gründenden – Liebe der Menschen untereinander hat die Kirche laut Augustinus zu dienen; indem die Kirche diesem Ziel dient, wird sie ›katholisch‹ (vgl. Norbert Fischer: *Katholizität bei Augustinus*). Das ist der Ursprung ihres sakramentalen Charakters, der so gesehen »jeder Gefahr der Magie entzogen« ist (Hans Urs von Balthasar: *Einführung*, 18). Vgl. auch Jakub Sirovátka: *Der Primat des Praktischen. Der Vorrang des sensus moralis in der Schriftauslegung der beiden letzten Bücher der Confessiones*.

42 Das Ergebnis der Geschichte steht noch nicht fest: sonst wären Bittgebete sinnlos. Gott mag schon im voraus wissen, aber solche Fragen zu beantworten, heißt, sich den Kopf Gottes zerbrechen. Es geht um das, was als Werk menschlicher Freiheit gedacht werden muß: um das Bekenntnis der eigenen Schwäche und um die Suche nach der Wahrheit (vgl. *lib. arb.* 3,53).

43 Die Frucht ist die Annäherung an die Vollendung, an Gerechtigkeit, Heiligkeit, Liebe. Diese Stelle legt auch das Mißverständnis derer offen, die sich auf die Autobiographie konzentrieren. Zwar geht es um das ›Selbst‹, aber nicht darum, es zur Schau zu stellen.

Anmerkungen des Herausgebers 117

⁴⁴ Es geht nicht um die Sterblichkeit der Gattung, sondern um je meine Sterblichkeit!

⁴⁵ Vorausgehende: die schon näher am Ziel sind? Nachfolgende: die noch nicht richtig auf dem Weg sind? Oder nur zeitliches Schema? Jedenfalls sucht Augustinus nicht nur die Beziehung zu Gott, sondern auch zu den Mitmenschen in der Hoffnung auf eine ›civitas sancta‹, die bestimmt ist durch ›caritas fraterna‹.

⁴⁶ Vgl. 11,4: »obsecro per dominum nostrum Iesum Christum filium tuum, ›virum dexterae tuae, filium hominis, quem confirmasti tibi‹ mediatorem tuum et nostrum, per quem nos quaesisti non quaerentes te, quaesisti autem, ut quaereremus te, verbum tuum, per quod fecisti omnia, in quibus et me, unicum tuum, per quem vocasti in adoptionem populum credentium, in quo et me.« Vgl. dazu *AZ* 72, Anm. 38.

⁴⁷ Vgl. 4,14: »Beatus qui amat te et amicum in te et inimicum propter te«. Der Zugang zur geistigen Welt ereignet sich laut Kant durch die Achtung (›caritas‹) des Anderen (*KpV* A 135: »Achtung geht jederzeit nur auf Personen«), der als Meister auftritt (*TI* 44) und zu dem ein Verhältnis der Asymmetrie besteht (*TI* 24; 190 f.). Das Wort schneidet einerseits tief ins Fleisch, weil es Mäßigung der Selbstliebe fordert (›continentia‹), es gibt andererseits aber Hoffnung, weil es die Aussicht auf eine heilige Gemeinschaft freier Bürger eröffnet (vgl. 11,3).

⁴⁸ Gegenpol ist unmittelbar die ›vanitas‹ des ›Geistes fremder Kinder‹ (5). Vgl. 4,19: »non enim tardavit, sed cucurrit clamans dictis, factis, morte, vita, descensu, ascensu, clamans, ut redeamus ad eum.« Begegnet ist ihm das *Wort ohne Taten* in Schriften der Platoniker (7,13 ff.). Augustins Stellungnahme zu ihnen ist ambivalent: er sagt, er habe bei ihnen zum Beispiel die Lehre gefunden (7,14), daß das göttliche Wort aus Gott geboren ist (»legi ibi, quia verbum […] ex deo natus est«), nicht aber die Lehre, daß das Wort Fleisch geworden ist und unter uns gewohnt hat (»sed quia ›verbum caro factum est et habitavit in nobis‹, non ibi legi«). Das bloße Wort galt ihm nicht viel, solange es ihm als ungelebtes Ideal begegnete. Erst die Inkarnation, der wirkliche Kreuzestod (nicht die gnostisch-manichäische Lehre vom Scheinleib des Gottessohnes vgl. 5,16: »in cruce phantasmatis«) wirkt bei ihm Überzeugung. Überzeugend ist das wirkliche Leben Jesu Christi, sobald er als der »Heilige des Evangelii« geglaubt wird (vgl. *GMS* BA 29). Wirkliches, geschichtliches Leben in Heiligkeit bezeugt die Wahrheit und Lebbarkeit des

Ideals, das demnach in Hoffnung auf Vollendung zunehmend verwirklicht werden kann.]

⁴⁹ Vgl. 3,5; 4,30; 12,11; 12,13. Dialektik von Freiheit und Gnade: Gott richtet nicht alles aus! Es bleibt die Gefahr, die Notwendigkeit der Übernahme und Gestaltung des eigenen Lebens.

⁵⁰ Hier spricht Augustinus als gezeugter Sohn Gottes (›genuit me‹). Der einzige Beschützer, der geeignet ist (›idoneus tutor‹), steht gegen die Gefahr, die vom ›curiosum genus‹ ausgeht (3).

⁵¹ Gott ist alles, was gut für mich ist (›omnia bona mea‹ = Plural), weil er selbstlos liebt und ebensolche Liebe lehrt. Er ist zugleich das ›ganze‹ Gut als Herrscher in einer ›civitas sancta‹.

⁵² Zum früheren Zustand vgl. z. B. 4,11: »sic ego eram illo tempore et flebam amarissime et requiescebam ›in amaritudine‹.« Vgl. *SAC* IV,188: »*quis iam sim et quis adhuc sim*: quello che sono *ormai* (*iam*), un peccatore *perdonato* in cerca di Dio (prima parte); quello che sono *ancora adesso* (*adhuc*), un peccatore che ha bisogno del perdono (seconda parte).«

⁵³ Richter über Menschen ist allein Gott; vgl. 9,34 ff. Auch Kant hält die moralische Beurteilung nicht einmal der eigenen Person für möglich (obwohl sie höchst nötig ist, wenn Moralität Sinn haben soll); vgl. *KrV* B 579 Anm.: »Die eigentliche Moralität der Handlungen (Verdienst und Schuld) bleibt uns daher, selbst die unseres eigenen Verhaltens, gänzlich verborgen. Unsere Zurechnungen können nur auf den empirischen Charakter bezogen werden. Wie viel aber davon reine Wirkung der Freiheit, wie viel der bloßen Natur und dem unverschuldeten Fehler des Temperaments oder dessen glücklicher Beschaffenheit (*merito fortunae*) zuzuschreiben sei, kann niemand ergründen und daher auch nicht nach völliger Gerechtigkeit richten.«

⁵⁴ Das ›Urteil‹ Gottes wäre der größte Widersinn, wenn es nicht auch zurechenbare Entscheidungen aus Freiheit beim Menschen gäbe. Geschähe alles ›sola gratia‹, würde Gott lächerlich, entgegen Martin Luthers Meinung in *De servo arbitrio* (*WA* 18,718). Luther hält es für gotteslästerlich, auch nur zu überlegen, ob und wie Gottes Vorwissen mit unserer Freiheit zu vereinbaren sei: »An non est scrutari temere, conari, ut liberrima praescientia Dei conveniat cum nostra libertate«. Gott würde lächerlich oder ein Götze (»ridiculus ille Deus fuerit, aut idolum«), wenn er Zukünftiges nur unsicher voraussähe und von Begebenheiten getäuscht würde. Luther kommt, anders als Augustinus, zum Ergebnis, der Glaube an das

Vorwissen und die Allmacht Gottes widerstritten der Annahme der menschlichen Willensfreiheit diametral: »Pugnat itaque ex diametro praescientia et omnipotentia Dei cum nostro libero arbitrio.« Augustinus dagegen hat die Willensfreiheit und das Vorwissen Gottes für kompatibel erklärt (*civ.* 5,10).

55 *2 Kor* 2,10 betrifft die ›profunda Dei‹; die Anspielung auf 2,11 aber die ›profunda hominis‹.

56 Die Übersetzung folgt dem Stufenweg von außen über das Innere zum Innersten, der hier zugrunde liegt, ohne explizit genannt zu sein. Die Entdeckung des Unbewußten im Innersten des Menschen legt Augustinus nicht als Kränkung aus, da er sein endliches Sein als Gabe annimmt.

57 Vgl. 4,11: »ecce cor meum, deus meus, ecce intus« (vgl. die Hinweise in Anm. 13).

58 Die Bedeutung von »prae tuo conspectu« ist nicht: wenn Dein Blick auf mir ruht; denn Gottes Blick ruht immer auf mir (vgl. z. B. 2, oder auch 6: »qui mecum es et priusquam tecum sim«; 38: »mecum eras«). Vgl. den Allsehenden in Nikolaus von Kues: *De visione dei*. Es geht nur um die Wahrnehmung, in der dem Menschen deutlich wird, wie Gott sich zu ihm verhält.

59 Die Heiligkeit (vgl. 62) und das Sein Gottes sind unverletzlich (z. B. 5,2; 7,6). Vgl. Jean Paul: *Selina* (*Sämtliche Werke* 6,1197f.): »›Ja,‹ sagt ich, ›wir kennen ihn [scil. den Unendlichen] vielleicht besser als unser dünnes flüssiges Wesen selber.‹« Im folgenden spricht Jean Paul recht Augustinisch vom ›inneren Menschen‹.

60 Gott ist, wie Augustinus sagt, ihm immer schon nahe (vgl. z. B. 38: »mecum eras, et tecum non eram«). Im Hintergrund steht Augustins Selbstdeutung als ›verlorener Sohn‹; vgl. Albert Raffelt: *»profectus sum abs te in regionem longinquam« (conf. 4,30). Das Gleichnis vom ›verlorenen Sohn‹ in den Confessiones des Aurelius Augustinus*.

61 Vgl. 7,6: »nullo enim prorsus modo violat corruptio deum nostrum, nulla voluntate, nulla necessitate, nullo improviso casu, quoniam ipse est deus et quod sibi vult, bonum est, et ipse est idem bonum; corrumpi autem non est bonum.« Aus dem Folgesatz ergibt sich im Kontext des zehnten Buchs, daß das Attribut der Heiligkeit Gottes betont ist, das nicht verletzt werden kann.

62 Hier liegt der entscheidende Unterschied zwischen Veränderlichem und Unveränderlichem. Die ›immutabilitas‹ Gottes richtet sich auf die Zeit und sucht Nähe zum Zeitlichen. Hier wird ›tempta-

tio‹ mit Versuchung übersetzt (weil ihr widerstanden werden soll); an anderer Stelle z. B. mit ›Lockung‹, ›Prüfung‹ (Erprobung), da es um die allgemeine Qualifikation des Lebens geht. Die Bitte an Gott im Blick auf Versuchung erhofft in diesem Kontext Führung in der Versuchung. Die Bitte, nicht in Versuchung geführt zu werden, kann nur – sofern das Leben insgesamt ›temptatio‹ ist (39) – Versuchungen betreffen, die den Versuchten überfordern könnten.

63 Scheinbar der (noch diffuse) Ansatz einer theoretischen Illuminationslehre. Der Kontext weist aber klar auf Praktisches: es geht um Annäherung an die aufgegebene Heiligkeit.

64 Auch hier steht die praktische Selbsterkenntnis im Vordergrund: es geht um die Frage, wer ich moralisch in den Augen Gottes bin, da ich selbst keines entsprechenden Urteils fähig bin.

65 Mit diesem Paragraphen schließt die Einleitung des zehnten Buchs mit einem Vorblick auf das ganze Buch. Das ›percussisti‹ weist auf den zentralen Gedanken in 38 (»vocasti et clamasti […] et exarsi in pacem tuam«). Es folgen Hinweise auf das, was Augustinus vor dem Hören des Wortes geliebt hat und worauf er seine Liebe nachher zu richten versucht.

66 Vgl. 2,1; 11,1: »amore amoris tui facio istuc«; vgl. auch 9,3: »sagittaveras tu cor nostrum caritate tua«. Das ›Wort‹, das Augustins Herz durchbohrt hat, ist die Liebe, die zu den Menschen bis zum Tod am Kreuz hinabsteigt (4,19). Vgl. auch 11,11: »quid est illud, quod interlucet mihi et percutit cor meum sine laesione? et inhorresco et inardesco: inhorresco, in quantum dissimilis ei sum, inardesco, in quantum similis ei sum«.

67 Sie rufen das jedem Menschen zu, indem sie für jeden gut und erfreulich sind. Welt, Zeit und Sinnlichkeit werden von vornherein als liebenswürdiges Gutes gesehen; vgl. *vera rel.* 74.

68 Der abschließende Nebensatz ist sinngemäß ergänzt. Die Gott nicht lieben, sind nicht zu entschuldigen, weil sie ihr Herz nicht auf Gott richten, der alles schön und gut geschaffen hat (7,7); in *Röm* 1,20 ging es um die Erkenntnis des Daseins Gottes. Augustinus bemüht sich hier nicht um einen ›Gottesbeweis‹, noch weniger um ›objektive Erkenntnis‹.

69 ›Gottesbeweise‹ sind nutzlos, weil die Ohren taub bleiben, solange die Barmherzigkeit Gottes nicht wirkt. Vgl. *AuN* 203: »Oder daß man Dich in billigen Blasphemien zum Objekt von Wesenseinsichten macht – was noch um einige Grade schlimmer ist als die überlegen kritisierten Gottesbeweise – und auf Deine Kosten den

religiösen Erneuerer spielt. Es hängt alles am eigentlichen Hören, am *Wie* der Fragehaltung, des Hörenwollens.«

70 Die Übersetzung ›seit ich Dich liebe‹ für ›cum te amo‹ wird unausweichlich aus dem Gang des zehnten Buches; auch in 8 ist das Ereignis genannt, das diese neue, andere Liebe geweckt hat: »percussisti cor meum verbo tuo, et amavi te.« Vgl. auch 35 f.: »ex quo didici te«. Vgl. 4,3: »non enim amare te noveram, qui nisi fulgores cogitare non noveram.«

71 Vgl. auch 2,10: »in contactu carnis congruentia valet plurimum«. Augustinus spricht nicht abwertend von der Schönheit des Körperlichen; er weiß aber um ihre Vergänglichkeit und relativ niedere Bedeutung; vgl. *vera rel.* 74: »hoc totum est voluptatis regnum et ima pulchritudo, subiacet enim corruptioni. quod si non esset, summa putaretur.«

72 Rilke: *Duineser Elegien* (*KA* 2,216): »Wo, o *wo* ist der Ort – ich trag ihn im Herzen – «.

73 Formal: Augustinus will Gutes lieben, das nicht wider Willen entrissen werden kann (*lib. arb.* 10). Es geht um Entflüchtigung des Zeitlichen; vgl. Fischer: *Confessiones 11: ›Distentio animi‹. Ein Symbol der Entflüchtigung des Zeitlichen*. Inhaltlich: Augustinus liebt die Erfüllung seiner Sehnsucht, die mit seiner Endlichkeit zusammenhängt, sofern diese auf Nähe zu Gott ausgerichtet ist (1,1: »quia fecisti nos ad te«), die für den ewigen Sabbat erhofft wird (13,51 f.).

74 Diese Art der Gottsuche hat nichts mit Gottesbeweisen zu tun. Probleme: 1. Nicht gefragt wird, ob das, was Augustinus liebt, anderes sein könnte als Gott. Denn er sucht ein unendlich vollkommenes Wesen, eben Gott. 2. Nicht gefragt wird, ob Menschen unbedingt geliebt werden können. Menschen tauchen in ihrer körperlichen Schönheit auf, in der Lust zur Umarmung, die von körperlichem Liebreiz geweckt wird. Menschen spielen aber auch in der ›caritas fraterna‹ die entscheidende Rolle. Es kommt darauf an, wie Menschenliebe sich zur Gottesliebe verhält. Die ›fraterna caritas‹ soll ebenso wie die Gottesliebe rein und selbstlos sein.

75 ›confiteri‹ hier: ›Aussage machen‹, wie bei Befragungen vor Gericht; dazu bes. Joseph Ratzinger: *Originalität und Überlieferung in Augustins Begriff der confessio*; zum Begriff der ›confessio‹ vgl. Friedrich-Wilhelm von Herrmann: *Augustinus und die phänomenologische Frage nach der Zeit*, 24 f. Zur Differenz von äußerem und innerem Wort, z. B. 9,24; dazu vgl. Jochem Hennigfeld: *Geschichte der Sprachphilosophie. Antike und Mittelalter*, bes. 133–146;

zur Funktion sprachlicher Zeichen im Lernen vgl. *mag.* 34: »per ea signa, quae verba appellantur, nos nihil discere«.

76 Laut Aristoteles setzen Anaximenes und Diogenes Luft als früheres gegenüber dem Wasser und am meisten als Ursache der einfachen Körper (*Mp* 984a5–7): Ἀναξιμένης δ' ἀέρα καὶ Διογένης πρότερον ὕδατος καὶ μάλιστ' ἀρχὴν τιθέασι τῶν ἁπλῶν σωμάτων.

77 Vgl. *Mp* 1074b1–14 zu den Gestirnsgeistern als Göttern, deren Existenz Aristoteles zum Volksglauben zählt; zur Aristotelischen Theologie vgl. 1072a20–1073a33; 1074b15–1075a10. Zur Problematik von Theismus, Pantheismus und Panentheismus vgl. 1075a11–1076a4.

78 Das Bild der »fores carnis meae« für die Sinnesorgane nimmt zum Beispiel Nikolaus von Kues wieder auf; vgl. *Compendium*, bes. cap. VIII: »homo cosmographus habens civitatem quinque portarum quinque sensuum, per quas intrant nuntii ex toto mundo«.

79 Christa Reinig: *Gedichte*, 34: »Gott schuf die Sonne//Ich rufe den wind/wind antworte mir/ich bin sagt der wind/bin bei dir//ich rufe die sonne/sonne antworte mir/ich bin sagt die Sonne/bin bei dir//ich rufe die sterne/antwortet mir/wir sind sagen die sterne/alle bei dir//ich rufe den Menschen/antworte mir/ich rufe – es schweigt/nichts antwortet mir«.

80 Auf Grund der ›excitatio‹, die von Gott ausgeht und die ›metaphysische Naturanlage‹ der menschlichen Vernunft umfassend begründet; sie ermöglicht auch das Fragen; vgl. 10: »homines autem possunt interrogare«. Fragen ist Ausdruck des ›Zwischenseins‹ des Menschen; vgl. Platon: *Symposion* 202a–204b; dazu Norbert Fischer: *Menschsein als Möglichsein. Platons Menschenbild angesichts der Paradigmendiskussion in der Platonforschung*, 30f., 38–41.

81 Selbsterkenntnis ist aus verschiedenen Gründen eine Aufgabe des Denkens. Hier weist sie auf den Weg der Gottsuche und erhält von der Gottsuche wiederum ihre wesentliche Struktur.

82 Es geht nicht um eine dogmatische Definition; ›exterius‹ und ›interius‹ sind Komparative, die ein vermittelndes, in Übergängen gestuftes Leib-Seele-Verhältnis denkbar machen. Dazu heranzuziehen ist auch Platon: *Kratylos* 400a ff.

83 Vgl. *an. quant.* 43; dort sagt Augustinus, der ›visus‹ richte sich nach außen und blitze durch die Augen hervor: »enim se foras porrigit et per oculos emicat longius«. Evodius antwortet, er sehe Augustinus so, als ob er ihn im Blicken wie mit einer Angelrute

berührte: »video te, ubi es. at me ibi non esse confiteor. sed quemadmodum, si virga te tangerem«. Augustinus bestätigt, daß die Augen den Blick gleichsam als Rute haben, mit dem sie das Gesehene in das Innere holen; vgl. *an. quant.* 44: »quasi virga visus«.

[84] Sensualistisch läßt sich kein Urteil begründen; vgl. z. B. Aristoteles: *De anima* 429a19f.: ἵνα κρατῇ, τοῦτο δ' ἐστὶν ἵνα γνωρίζῃ. In der neueren Philosophie vgl. z. B. *KrV* B XIII.

[85] Augustinus spricht eher zu Vollzügen (Rezeptivität und Spontaneität der Erkenntnis) und funktionalen Bestimmungen (äußerer und innerer Mensch) als zu Entitäten (Stoff und Form).

[86] Zum ›sensus carnis‹ vgl. 4,15: »sufficit ad aliud, ad quod factus est, ad illud autem non sufficit, ut teneat transcurrentia ab initio debito usque ad finem debitum.« Zu den Grenzen des Vermögens der Sinne vgl. Platon: *Theaitetos*, wo er vom διανοεῖσθαι sagt (189e/190a): Das Denken sei ein λόγος, eine »Rede, welche die Seele bei sich selbst durchgeht über dasjenige, was sie erforschen will.« Durch Denken werden aus bloßen sinnlichen Vorstellungen und aus Vorstellungen, die zunächst wahr oder falsch sein können, *wahre Vorstellungen*. Vgl. *KrV* B 350: »In der Übereinstimmung mit den Gesetzen des Verstandes besteht aber das Formale aller Wahrheit. In den Sinnen ist gar kein Urtheil, weder ein wahres, noch falsches.«

[87] Im Fragen sind die Menschen nicht an das Faktische, Physische gebunden. Fragenkönnen ist das formale ontische Fundament der metaphysischen Naturanlage der menschlichen Vernunft. Es bleibt aber die Frage (*KrV* B 21): »Wie ist Metaphysik als Naturanlage möglich?«

[88] Hier geht es um sklavische Liebe, die von naturhaften Antrieben abhängig macht. Laut Augustinus ist ›amor‹ (Zuneigung, affektive Liebe) nicht grundsätzlich schlecht; vgl. 2,2: »et quid erat, quod me delectabat, nisi amare et amari?« Dies vor dem Hintergrund (2,1; 11,1): »amore amoris tui facio istuc«. Kritisch gesehen wird also das Besitzenwollen des Geschaffenen ohne Rücksicht auf Gott.

[89] Es darf kein Fragen sein, das der immanenten Tendenz der Sinnlichkeit entspricht. Es muß sich um autonome, freie Vernunft handeln, die eigene, vernünftige Gesetze hat und so auch der göttlichen Bestimmung entspricht, die also nicht nur klug dem Verlangen der Sinnlichkeit dient.

[90] Dieses Phänomen weist auf den Primat der Innerlichkeit vor äußerlich Faßbarem.

91 Vgl. 7,2f.; dort nennt Augustinus seiner frühere Auffassung von Gott als einer unendlichen Wirklichkeit, die alles Endliche durchdringe und begrenze (7,2): »finirentur in te«. Derart werde alles Geschaffene von Gott durch geheime Eingebung äußerlich und innerlich gelenkt: »occulta inspiratione intrinsecus et extrinsecus administrante omnia, quae creasti«. Diese Auffassung hält er nun für falsch: »nam falsum erat«. Die Befreiung von der sonst unausweichlichen Vorstellung vom alles durchdringenden und beherrschenden Gott bringt der Gedanke der ›creatio de nihilo‹, die Augustinus der ›creatio de se‹ entgegensetzt (12,6–8; 12,25; 12,31; vgl. auch *lib. arb.* 1,5). Zu Augustins Schöpfungslehre vgl. Cornelius Mayer: »*Amat deus creaturam suam*« und »*Disce amare in creatura creatorem*«. *Augustins Lehre über die Dignität der Kreatur*.

92 Aristoteles: *De anima* 412a14f.: Sein hat jeder natürliche Körper, der am Leben teilhat, durch die Seele: die Seele gilt als die erste Entelechie eines natürlichen Körpers, der die Möglichkeit hat, Leben zu haben (412a27f.): διὸ ἡ ψυχή ἐστιν ἐντελέχεια ἡ πρώτη σώματος φυσικοῦ δυνάμει ζωὴν ἔχοντος. Die Seele ist für den Körper zugleich die Ursache der Bewegung und der Ruhe (412b15ff.). Ohne Form (ἐντελέχεια, εἶδος) ist er nichts Bestimmtes, kein τόδε τι (412a7f.). Auch die Seele scheint nicht getrennt vom Körper existieren zu können (vgl. 413a3f.); vgl. allerdings die Überlegungen zum νοῦς χωριστός (429b4f.; 430a17–19).

93 Augustinus formt hier Gedanken Plotins (vgl. Werner Beierwaltes: *Plotin. Über Ewigkeit und Zeit*, 31ff.; 62f.) im Sinne einer personalen Beziehung zwischen Gott und Geschöpf um.

94 Ob Menschen ihre eigene Endlichkeit annehmen können, ist das Grundproblem, das darüber entscheidet, ob sie Gott reinen Herzens so loben können, wie es am Beginn der *Confessiones* steht (1,1). Augustinus sieht eine (vergebliche und schädliche) Tendenz nach Allmacht im menschlichen Streben, die er auch bei sich selbst gefunden hat. So meint er (2,14), das Schlimme in seinem Jugendstreich sei gewesen, daß er Gott irrig und verfehlt nachzuahmen versucht habe (»dominum meum vel vitiose atque perverse imitatus sum«), in finsterer Nachahmung der göttlichen Allmacht (»tenebrosa omnipotentiae similitudine«). Luther meinte später, der Mensch könne von Natur aus nicht wollen, daß Gott Gott sei; vielmehr wolle er selbst Gott sein und zugleich, daß Gott nicht Gott sei: »non ›potest homo naturaliter velle deum esse deum‹, immo vellet se esse deum et deum non esse deum« (*Disputatio contra scholasticam theologiam*,

321; n.17). Nietzsche hat diese These zugespitzt, indem er Zarathustra sagen läßt (*KSA* 4,110): »Aber daß ich euch ganz mein Herz offenbare, ihr Freunde, *wenn* es Götter gäbe, wie hielte ich es aus, kein Gott zu sein! *Also* giebt es keine Götter.« Demgegenüber ist es Augustins Anliegen zu zeigen, daß er selbst den Weg gefunden hat, Gott als Gott anzuerkennen und zu loben.

⁹⁵ Dieser Aufstieg wird als Weg nach innen gesucht. Formal über Platons Dreistufung des Inneren der Seele (nicht ›Teile‹, sondern: τρία εἴδη ἐν ψυχῇ) mit dem Ziel der Gerechtigkeit (*Politeia* 434d–444a). Vgl. die drei ›Seelenarten‹ (θρεπτικόν, αἰσθητικόν, λογιστικόν) nach Aristoteles: *De anima* 413b11–16; Hellmut Flashar (*Aristoteles*, 259) nennt die Spitze des Intellekts mit Bezug auf Kapitel 5 von *De anima* (430a1025): νοῦς [...] ὃς ποίει. Augustinus bezeichnet seine Maxime knapp als ›introrsum ascendere‹; vgl. dazu *trin.* 12,25: »relinquentibus itaque nobis ea quae exterioris sunt hominis [...] introrsum ascendere cupientibus«.

⁹⁶ Vgl. ähnlich 6,1: »an vero non tu feceras me et discreveras me a quadrupedibus et ›volatilibus caeli‹ sapientiorem me feceras?«

⁹⁷ Schon Platon setzt die Einheit des erkennenden und handelnden Ich voraus, das dem Göttlichen, Unsterblichen, geistig Faßbaren, Einfachen, Unauflöslichen und immer auf die selbe Weise sich Verhaltenden am ähnlichsten sei (*Phaidon* 80a/b), das zudem verantwortlich und gerichtsfähig sei (vgl. z. B. *Politeia* 613e–616b). Ebenso setzt Aristoteles ein einheitliches Aktzentrum voraus (*De anima* 430a10–19; *NE* 1103a31). Ohne die transzendentale Voraussetzung der Einheit des urteilenden und handelnden Ich ist weder ›Erkennen‹ noch ›Wollen‹ denkbar. Da ihre Bestreitung selbst das Urteil eines Ich ist, ist seine Einheit auch in ihr vorausgesetzt.

⁹⁸ Aufbau einer *scala mystica* im Stile Plotins; vgl. auch 7,23; 9,24. Zur ›Mystik‹ Plotins vgl. Werner Beierwaltes: *Plotin. Über Ewigkeit und Zeit*, 81–88.

⁹⁹ Heidegger zögert, ›memoria‹ zu übersetzen (*AuN* 182): »Im fort- und überschreitenden Aufstieg kommt Augustin in das weite Feld der memoria. Zunächst unübersetzbar.« Vgl. auch Gottlieb Söhngen: *Der Aufbau der Augustinischen Gedächtnislehre. Conf. X, c. 6–27*, 65: »Fangen wir ebensowenig wie Augustin selbst mit einer Bestimmung oder Abgrenzung dessen an, was er unter memoria verstanden wissen will; lassen wir das zunächst ›offen‹ – vielleicht bleibt es überhaupt offen, vielleicht ist und bleibt die augustinische memoria ein ›offener Begriff‹ gegenüber dem ›geschlossenen

Begriffe‹ von memoria und reminiscentia bei dem Aristoteliker Thomas.« Zu den »Stufen der memoria« vgl. 68 f.; bes. 69: »die memoria hat für ihn einen über sich hinausweisenden Sinn.« In der vorliegenden Übersetzung werden verschiedene Verdeutschungen gewählt, z. B. ›Erinnerung‹, ›Gedächtnis‹, ›Inneres‹. Um welche Art geistiger Innerlichkeit es sich handelt, muß jeweils aus dem Kontext erschlossen werden (vgl. den Beginn von 14). Zur Vergilischen Herkunft der Metaphorik (›aula‹ als ›Bienenstock‹; der ›Suchende‹ als ›Insekt‹; ›memoria‹ als ›Unterwelt‹) vgl. Wolfgang Hübner: *Die praetoria memoriae im zehnten Buch der Confessiones. Vergilisches bei Augustin*. Vergil wie Augustinus gehe es um »Relativierung des Raumes«, die Augustinus »bis zur subjektiven Aufhebung des Raumes« im Sinn des Mikrokosmos-Gedankens steigere (254; 261 analoge Hinweise zur Zeit). Zum Gedanken des ›Weltinnenraums‹ (275), der Rilkes Nähe zu Augustinus belegt, vgl. Heidegger: *Wozu Dichter?*, 306–311. Rilke gebraucht die Bienenstock-Metapher (*Briefe aus Muzot*, 335; zitiert bei Heidegger 308): »... unsere Aufgabe ist es, diese vorläufige, hinfällige Erde uns so tief, so leidend und leidenschaftlich einzuprägen, daß ihr Wesen in uns ›unsichtbar‹ wieder aufersteht. *Wir sind die Bienen des Unsichtbaren. Nous butinons éperdument le miel du visible, pour l'accumuler dans la grande ruche d'or de l'invisible.*« Heidegger übersetzt (308 f.): »Wir heimsen unablässig den Honig des Sichtbaren ein, um ihn aufzuheben in dem großen goldenen Bienenstock des Unsichtbaren.« Vgl. *Die siebente Elegie* (*KA* 2,221; Vers 50): »Nirgends, Geliebte, wird Welt sein, als innen«. Zur »Tiefendimension unseres Inneren« vgl. auch *Briefe aus Muzot*, 280.

100 Menschliches Erkennen ist nicht als Hervorbringen von Gegenständen gedacht, sondern als spontane Bearbeitung des sinnlich Gegebenen – im Gegensatz zu göttlichem Erkennen (*trin.* 15,22): »universas autem creaturas suas et spiritales et corporales non quia sunt ideo novit, sed ideo sunt quia novit.« Augustinus sucht die Vollständigkeit von Disjunktionen: vermehren, vermindern (quantitativ), verändern (qualitativer Unterschied bei gleichbleibender Quantität). Vgl. die schematische Darstellung bei Gottlieb Söhngen: *Der Aufbau der Augustinischen Gedächtnislehre. Conf. X, c. 6–27*, 89.

101 ›sum‹ ist intensiv übersetzt: ›geistig gegenwärtig sein‹; in der ›memoria‹ sein, heißt auch: dasein und nachsinnen. ›Fordern‹ ist als »Actus der Spontaneität« zu denken (*KrV* B 130–132).

Anmerkungen des Herausgebers 127

¹⁰² Vgl. *AuN* 183: »Ich weise es ab manu cordis, bis eins[t] geweckt ist, was ich will (›donec enubiletur quod volo‹).« Vgl. 5,1: »Accipe sacrificium confessionum mearum de manu linguae meae«; weiterhin 11,13. Im Hintergrund (vgl. Text der Vulgata): *Gen* 31,29; *Spr* 18,21.

¹⁰³ Vgl. 11,38. Lebenserzählung und Ganzheit stehen in einem engen Bezug zum Gesamtkonzept der *Confessiones*: Entflüchtigung des Zeitlichen und wechselseitige Ruhe von Gott und Mensch ineinander als Vollendung des Erzählungsprojektes.

¹⁰⁴ Vgl. Platon: *Menon* 74b–77b (zu χρῶμα und σχῆμα).

¹⁰⁵ Vgl. Rainer Maria Rilke (*KA* 2,257): »Atmen, du unsichtbares Gedicht!/Immerfort um das eigne/Sein rein eingetauschter Weltraum. Gegengewicht,/in dem ich mich rhythmisch ereigne. //Einzige Welle, deren/allmähliches Meer ich bin;/sparsamstes du von allen möglichen Meeren,–/Raumgewinn.«

¹⁰⁶ Diese Frage kann auch die neuere Gehirnphysiologie nicht beantworten, weil es für Bilder immer Betrachter geben muß, ein Ich, das der objektiven Bestimmbarkeit entzogen ist und von Kant deshalb als transzendental vorausgesetztes, unerkennbares ›Ding an sich‹ bezeichnet wird. Die Reflexionen Augustins nehmen Kants Gedankenweg nicht vorweg, bieten aber ein Vorspiel. Zwar sind Hirnforscher heutzutage in der Lage, Prozesse im Gehirn genauer zu verfolgen; wie aber stoffliche Prozesse in Bewußtseinsprozesse umschlagen, bleibt weiter nicht nur rätselhaft, sondern der Naturforschung wesenhaft unzugänglich. Hier gilt immer noch, was der Hirnforscher Emil Du Bois Reymond 1872 gesagt hat, daß nämlich »das Naturerkennen« eigentlich »kein Erkennen« sei, sondern »gleichsam nur Surrogat einer Erklärung« (*Über die Grenzen der Naturerkenntnis*, 18). Martin Heideggers berühmt-berüchtigtes Wort: »Die Wissenschaft denkt nicht«, bringt die Sache auf den Punkt; vgl. *Was heißt Denken?* (*GA* 8, bes. 9 und 138).

¹⁰⁷ Vgl. *SuZ* 218: »Wer im Miteinanderreden schweigt, kann eigentlicher ›zu verstehen geben‹, das heißt das Verständnis ausbilden, als der, dem das Wort nicht ausgeht.« Vgl. auch *Die Sprache* (*GA* 12,9): »Der Mensch spricht«, wird in folgender Weise erläutert: »Wir sprechen im Wachen und im Traum. Wir sprechen stets; auch dann, wenn wir kein Wort verlauten lassen, sondern nur zuhören oder lesen, sogar dann, wenn wir weder eigens zuhören noch lesen, statt dessen einer Arbeit nachgehen oder in der Muße aufgehen. Wir sprechen ständig in irgendeiner Weise. Wir sprechen, weil Sprechen

uns natürlich ist. Es entspringt nicht erst aus einem besonderen Wollen. Man sagt, der Mensch habe die Sprache von Natur. Die Lehre gilt, der Mensch sei im Unterschied zu Pflanze und Tier das sprachfähige Lebewesen. Der Satz meint nicht nur, der Mensch besitze neben anderen Fähigkeiten auch diejenige zu sprechen. Der Satz will sagen, erst die Sprache befähige den Menschen, dasjenige Lebewesen zu sein, das er als Mensch ist. Als der Sprechende ist der Mensch: Mensch.«

108 Von Sinnenfeindlichkeit ist keine Rede: es geht um einen ›thesaurus‹, der durch die Sinne erworben worden ist (vgl. die in Anm. 99 erwähnte Bienenstock-Metapher).

109 Augustinus redet so, als habe er faktisch ein intensives, unproblematisches Verhältnis zur Sinnlichkeit, er erweist sich gleichsam als Sinnen-Fachmann. Welcher Zeitgenosse könnte aus der Erinnerung – dazu noch leicht – die Unterscheidungen von Düften vornehmen, von denen Augustinus hier spricht? Auch aus dieser Perspektive müssen die Überlegungen zur ›continentia‹ gelesen werden (vgl. 40 ff., zum Geruchssinn bes. auch 48).

110 Mit ›memoria‹ ist nicht nur das Vermögen gemeint, mit dem Vergangenes vergegenwärtigt werden kann; vielmehr richtet sie sich auch auf »futuras actiones, eventa et spes«; ›memoria‹ (›Gedächtnis‹) ist der Inbegriff alles dessen, wessen ein Geist ›eingedenk‹ (›memor‹) ist.

111 Stimmungen (›affectus‹) spielen in den *Confessiones* eine tragende Rolle; vgl. *retr.* 2,6,1. Die Erschlossenheit des eigenen Seins ist bei Augustinus nicht intellektualistisch reduziert.

112 Vgl. Robert Godel: *Similitudines rerum (S. Augustin, Conf. X 8,14)*, 193: »Il est probable qu'en écrivant cette phrase, S. Augustin s'est souvenu du De officiis: les considérations sur l'animal et l'être humain ouvrent en effet l'exposé même, dont Cicéron vient indiquer le plan d'ensemble (Off. I 6–10); à cette place, elles ne pouvaient manquer de frapper un lecteur attentif. De plus, dans le livre X des Confessions, avant d'aborder le niveau de la mémoire, S. Augustin a précisément rappelé (7,11) les niveaux inférieurs de la vie et de la sensibilité organique, qui sont communs à la nature animale et à la nature humaine. L'inventaire des réminiscences cicéroniennes chez S. Augustin n'est pas encore achevé.«

113 Vgl. die Lösung der ersten Zeitbetrachtung im elften Buch (11,26): »praesens de praeteritis memoria, praesens de praesentibus contuitus, praesens de futuris expectatio.«

114 Vgl. *KrV* B 75: »Gedanken ohne Inhalt sind leer, Anschauungen ohne Begriffe sind blind.« Die Inhalte müssen gegeben worden sein, das Gegebene muß bearbeitet werden.

115 Vgl. die Hinweise in Anm. 99. Das ist eine Basis der These, daß Raum und Zeit apriorische Anschauungsformen des Subjekts sind (vgl. *KrV* B 38–40; 46–48).

116 Gott als Grund, auf dem das Gedächtnis erbaut ist, wäre zugleich das Leben des Lebens (›vitae vita‹; z. B. 7,2; 10) oder der Quell des Lebens (›fons vitae‹; z. B. 3,16; 13,31).

117 Der menschliche Geist verweist laut Augustinus auf Transzendentes und ist nicht selbst Herr seines Seins. Dagegen erklärt Werner Beierwaltes zu Plotin (*Das wahre Selbst*, 89): »Der Nus – in einem zeitfreien und absoluten Sinne – *ist* also Selbst-Gegenwart des Seins im oder durch Denken.« Beierwaltes findet (mit Henry und Schwyzer) bei Augustinus den Gedanken Plotins in *trin.* 10,3,5–4,6; vgl. *Das wahre Selbst*, 90, Anm. 13: »[mens als ›analogia trinitatis‹ im Menschen] scit se *totam* ... *Totam* se novit (und nicht ›ex parte‹).«

118 Die Ekstatik des Geistes ist leer; das Ersehnte ist nur im Modus der Defizienz gegenwärtig: ›desiderium naturale‹ im Sinne der Herausforderung der Suche und der Freiheit. Der Geist muß sein Sein fassen und zugleich nicht fassen. Nur so kann er sich als unfaßbar erfassen. Vgl. Norbert Fischer: *Unsicherheit und Zweideutigkeit der Selbsterkenntnis. Augustins Antwort auf die Frage ›quid ipse intus sim‹ im zehnten Buch der ›Confessiones‹*.

119 Das Staunen gilt seit Platon explizit als Anfang des Philosophierens; vgl. *Theaitetos* 155d: τὸ θαυμάζειν· οὐ γὰρ ἄλλη ἀρχὴ φιλοσοφίας ἢ αὕτη. Zum Staunen über die ›memoria‹ vgl. Cicero: *Tusculanae disputationes* I 24 (59): »Ego autem maiore etiam quodam modo memoriam admiror. quid est enim illud quo meminimus, aut quam habet vim aut unde naturam«. Die ›admiratio‹ gehört zur ›confessio laudis‹; vgl. auch *KrV* B 650: zum »sprachlose[n], aber desto beredtere[n] Erstaunen«, das für Glaubende ein Vorspiel zum Gotteslob ist.

120 Vgl. 5,4; das ›nec mirantur‹ bezieht sich sowohl darauf, daß die Menschen ihre Innerlichkeit verlassen, ohne sich über sich selbst zu wundern, als auch darauf, daß sie sich nicht über die Gedächtnisleistung wundern, von der Augustinus spricht. Im Hintergrund steht der Platonische Sokrates mit dem Vorrang der Selbsterkenntnis vor der Neigung, Fremdes zu erforschen (*Phaidros* 229e: τὰ ἀλλότρια σκοπεῖν); weitere Hinweise bei Klaus Döring: *Sokrates, die Sokra-*

tiker und die von ihnen begründeten Traditionen, 157f. Vgl. die berühmte Erwähnung bei Francesco Petrarca anläßlich der Besteigung des Mont Ventoux: *Familiarum rerum libri* IV 1 (27); nach der Lektüre, so berichtet Petrarca, sei er zunächst zornig auf sich selbst gewesen (28), dann aber habe er seine inneren Augen auf sich selbst gerichtet (29): »in me ipsum interiores oculos reflexi«. Vgl. Horst Nalewski: *Nachwort*; Rilke schreibt an Lili Schalk, zunächst ganz im Sinne Augustins (*Briefe*, 279): »ich war also wirklich [...] in Ägypten, aber es wäre mir recht geschehen, hätte ich überall vor den größesten Außendingen den heiligen Augustinus an der Stelle aufgeschlagen, die Petrarca trifft, da er oben auf dem Mont Ventoux, neugierig das gewohnte kleine Buch öffnend, nichts als den Vorwurf findet, über Bergen, Meeren und Entfernungen von sich selbst abzusehen«. Aber er hofft, sich später aus dieser Reise doch »einiges [...] als Zuwachs« zuwenden zu können (ebd.). Vgl. auch Gottfried Benn: *Gesammelte Werke 1. Gedichte*, 327: »REISEN./Meinen Sie Zürich zum Beispiel/sei eine tiefere Stadt,/wo man Wunder und Weihen/immer als Inhalt hat?//Meinen Sie, aus Habana,/weiß und hibiskusrot,/bräche ein ewiges Manna/für Ihre Wüstennot?// Bahnhofstraßen und Ruen,/Boulevards, Lidos, Laan –/selbst auf den Fifth Avenuen/fällt Sie die Leere an –//Ach, vergeblich das Fahren!/Spät erst erfahren Sie sich:/bleiben und stille bewahren/das sich umgrenzende Ich.«

[121] Innere Anschauung des Raumes! Weiteres Indiz für Augustins analoge Einschätzung der Raumproblematik zur Zeitproblematik. Zur Herkunft des Bildes des Eindrucks (›impressum‹) vgl. Aristoteles: *De anima* 429b30ff.: δυνάμει δ' οὕτως ὥσπερ ἐν γραμματείῳ μηθὲν ἐνυπάρχει ἐντελεχείᾳ γεγραμμένον (Willy Theiler übersetzt; 59: »der Möglichkeit nach in dem Sinne wie bei einer Schreibtafel, auf der nichts in Wirklichkeit geschrieben ist«).

[122] Wörtlich: »was von den freien Wissenschaften aufgenommen wurde und noch nicht wieder entfallen ist«. Augustinus formuliert hier zwar unpersönlich und allgemein; aber auch das, was er nachher wieder in Ich-Form darbietet (»gero«), hat allgemeingültigen Sinn. Vgl. auch 4,1; weiterhin die Hinweise in *SAC* 194 (zu Platon, Aristoteles, Plotin).

[123] Platon: *Phaidon* 99d–102a (der Weg des Sokrates zu den Ideen als Sachen an sich selbst).

[124] Dieses Phänomen spielt im elften Buch eine Rolle (vgl. 11,8; 11,31; 11,36; 11,41).

125 Vgl. Wolfgang Hübner: *Die* praetoria memoriae *im zehnten Buch der* Confessiones, 252 f.

126 Vgl. *SAC* 196 (Hinweis auf die Unterscheidung von Inhalt und Wahrheitsgehalt).

127 Vorspiel zur Zeituntersuchung (vgl. 11,3; 11,16–18; 11,21; 11,23; 11,27; 11,33–35; 11,37).

128 Augustinus kennt eine Art autonomer Spontaneität des Geistes, die in der ›auris interior‹ wirkt (gegen blinden Glauben an fremde, äußere Autorität); hier theoretisch. Der Ausdruck ›recognovi‹ knüpft an die ›Anamnesis‹-Lehre an (wie der nachfolgende Text zeigt); er kann aber auch ohne Implikation eines dogmatischen metaphysischen Konzepts verstanden werden.

129 Der Text enthält dem Wortlaut nach einen Widerspruch: »sed in memoria non erant. ubi ergo aut quare, cum dicerentur, agnovi et dixi: ita est, verum est, nisi quia iam erant in memoria«. Man könnte zunächst interpretieren: Die drei Fragen sind nicht in der ›memoria‹, sondern im ›cor‹ anwesend; (›cor‹ = Herz, Personmitte; hier als ›Macht‹ und ›Selbst‹ übersetzt) wäre die geistige Person in ihrer unentfalteten Kraft; ›memoria‹ als die Entfaltung in die Bewußtheit. Allerdings fügt Augustinus im Folgesatz hinzu, daß die drei Fragen doch, obwohl versteckt, in der ›memoria‹ sind. Er will sagen: ihre Geltung steht fest, ist jedoch nicht in Erinnerung; ›memoria‹ ist teils mit Erinnerung, teils mit Gedächtnis zu übersetzen. Es geht um Apriorität, aber nicht im Sinne eines gegebenen Fundus. Zwei Möglichkeiten der Auslegung: 1. Anamnesis im Sinne von Platons *Menon* (auch dort nicht als dogmatische Position; vgl. Norbert Fischer: *Zum Problem der Transzendenz in der Platonischen Erkenntnislehre. Interpretationsansätze zu Platons ›Menon‹ und ›Theaitetos‹*); 2. Unabhängigkeit von der Erfahrung (›a priori‹) im Sinne Kants als das ›Ich denke‹, das sich auf das mannigfaltige Gegebene bezieht (*KrV* B 131–136).

130 Läßt sich parallel zu *KrV* B 1 lesen: »Daß alle Erkenntnis mit der Erfahrung anfange …«.

131 Anamnesis-Theorie und Illuminationslehre liegen hier fern. Wenn schon Nähe zu Platon, dann am ehesten zum Hypothesis-Verfahren; vgl. *Phaidon* 100a–b; *Politeia* 510b–511d; 533b–e; durchgeführt z. B. im Gesamtduktus des *Theaitetos*. Augustinus geht es um das Erlernen von etwas, das unabhängig von Erfahrung ist. Diesem spricht er Sein zu, ohne allerdings den Sinn dieses Seins zu erläutern. Sofern er Fragen stellt, mit deren Hilfe Gegenstände in

den Blick kommen und beurteilt werden können, geht es nur um die ›Form‹ des Denkens, die auf ›Gegenstehendes‹ bezogen werden kann. Zu ›discere ista‹: wie komme ich zum Bewußtsein erfahrungsunabhängiger Einsichten. Im Hintergrund steht das »*Ich denke*«, das »alle meine Vorstellungen begleiten *können*« muß (*KrV* B 131). Laut Kant ist der Verstand nichts als ein Verbindungsvermögen; vgl. *KrV* B 158 f.: Sofern das denkende Ich als Intelligenz existiert, »die sich lediglich ihres Verbindungsvermögens bewußt ist«, weiß sie sich »einer einschränkenden Bedingung, die sie den inneren Sinn nennt, unterworfen« und kann also »jene Verbindung nur nach Zeitverhältnissen« anschaulich machen.

132 Der Ausdruck »ad manum posita« (vgl. die Hinweise in Anm. 139) spiegelt sich in Ausdrücken wie ›Zuhandenheit‹ von *SuZ* (z. B. 69), allerdings in neuem Sinnzusammenhang.

133 ›cogo‹ laut *Georges* aus ›coigo‹ (›co-ago‹); ›cogito‹ aus ›coagito‹ (›zusammenstellen‹, ›denken‹): Denken als Synthesis. Die weiteren Hinweise sind Beispiele für Intensivformen.

134 ›Erkennen‹ heißt also: Synthesis, Mannigfaltiges unter die Einheit des Denkens stellen.

135 Jetzt nimmt Augustinus eine bestimmte Art von nicht sinnlich Bedingtem in den Blick (›rationes‹ und ›leges‹), die er auf gegebene Größen (›numeri‹ und ›dimensiones‹) bezieht.

136 Sokrates weist darauf hin, daß wir die Laute einer fremden Sprache wahrnehmen können, ohne etwas zu verstehen (*Theaitetos* 163b). Vgl. Aristoteles: *Peri hermeneias* 1,16a3 ff.

137 Vgl. *BA* 174 f. Anm.; *JD* 183; *SAC* 200 (jeweils mit Hinweisen auf Plotin: *Enneade* VI 6). Unklar: »omnibus corporis sensibus«: wie man geschriebene, gehörte oder gemeißelte Zahlen sehen, hören und tasten kann, mag einsichtig sein; wie man sie riechen oder schmecken kann, scheint weniger klar zu sein. Augustinus scheint systematische Vollständigkeit zu erstreben: »audivi ...«, »vidi ...«, »sensi [...] omnibus corporis sensibus«. Das letzte Glied steht summarisch für die nicht genannten Sinne. Augustinus zielt auf ›reine Anschauung‹ im Sinne Kants.

138 Wörtlich: »und sind daher in einem starken Sinn«. Es geht um die Möglichkeit, ob Zahlen (oder allgemein: Ideen) getrennt (χωριστόν) von der Materie existieren. Augustinus vertritt die Genthese zu *Mp* 1059b3: τὰ μὲν οὖν εἴδη ὅτι οὐκ ἔστι, δῆλον. Vgl. auch Aristoteles: *Physik* 220b8 f. (zum Unterschied zwischen der Zahl, die wir zählen, und der Zahl, mit der wir zählen).

Anmerkungen des Herausgebers 133

[139] Das »aliterque [...] aliter« leitet die Betrachtung zweier Möglichkeiten ein: die eine, die in der Gegenwart verwirklicht wird, die andere, die mit der Erinnerung an frühere Zeiten zu tun hat.

[140] Wieder ein Vorspiel zur ersten Antwort auf die Frage nach der Zeit (11,26).

[141] Wörtlich: »das eine ist nämlich der Geist, das andere der Körper«. Augustinus geht es um die Betonung und Klärung der Verschiedenheit: Körperliches als solches ist unempfindsam.

[142] Im Hintergrund hier die ›tranquillitas animi‹ (vgl. *HWP* 1,593: *Ataraxie*). Freude (›laetitia‹) gilt teils als störende, teils als erwünschte Gemütsbewegung; aber auch störende Gemütsbewegungen können hilfreich sein (z.B. 11,2). Augustinus erwähnt (29 ff.), daß alle danach streben, sich zu freuen. Es geht ihm nicht vorrangig um ›tranquillitas‹; diese ist zwar erwünscht, aber kein Selbstzweck, sonst wäre es sinnwidrig, daß Gott Sorge um uns trägt (11,5: »qui securus curam nostri geris«). Wie zwischen verschiedenen Arten der Freude unterschieden werden muß, so auch zwischen verschiedenen Arten der Ruhe. Die Ruhe, die Augustinus für unbedingt erstrebenswert hält, ist die Ruhe in Gott (1,1 und 13,51 f.), die mit der Gemeinschaft mit Anderen einhergeht (11,3).

[143] Zum dihairetischen Verfahren (*sol.* 2,21: ›definitio‹, ›divisio‹, ›partitio‹) bei Augustinus vgl. Karla Pollmann: *Augustine's Hermeneutics as a Universal Discipline!?*, 214–216 (215 mit einer schematischen Darstellung der Dihairesis des Inhalts von *De doctrina christiana*. Im Hintergrund steht das Verfahren in den Dialogen Platons, z.B. *Politikos* 262b–264b.

[144] Die Antwort auf die Anfangsfrage des Paragraphen bleibt unsicher: zwar ist sich die ›memoria‹ ihrer selbst bewußt, aber doch nur im sich selbst wahrnehmenden Akt des Erinnerns.

[145] Paul Ricœur (*La memoire, l'histoire, l'oubli*, 115–122) erwähnt Augustinus als ersten Denker in der »tradition du regard intérieur«, vor allem unter Bezugnahme auf das zehnte Buch.

[146] Der ›privatio‹-Gedanke besagt auf Grund einer Platonischen Voraussetzung (z.B. *Politeia* 509b; *Timaios* 37 c/d), die auch mit dem biblischen Schöpfungsbericht harmoniert (*Gen* 1,1–31; vgl. dazu 7,7; 11,6; 13,41–43; 13,49), daß alles, was ist, insofern es ist, gut ist (vgl. 3,12; 12,6; 12,15; 13,48; weiterhin z.B. *civ.* 11,22; *c. Iul.* 1,37: »malitiam vero capit non participatione mali, sed privatione boni, id est, non cum miscetur naturae quae aliquod malum est, quia nulla natura in quantum natura est, malum est; sed cum deficit a natura

quae summum atque incommutabile est bonum«). Im Hintergrund steht die ›privatio‹ (στέρησις), die bei Aristoteles als Mangel an Vollkommenheit gedacht wird (z. B. *Mp* 1022b22–1023a7). Plotins Deutung der Materie als ›privatio‹ (z. B. *Enneade* II 4,13,1–30) vollzieht Augustinus nicht.

147 Das Bewußtsein des Vergessens ist die Gegenwart des Vergessenen im Modus der Defizienz: würde einfach nur vergessen und auch das Vergessenhaben vergessen, wäre das Vergessene absolut verschwunden und könnte nicht mehr gesucht werden. Vgl. 4,20: Augustinus erinnert sich, Bücher mit dem Titel *De pulchro et apto* geschrieben zu haben, aber nicht mehr, wie viele; auch weiß er nicht, wie sie ihm verlorengegangen sind.

148 Zu den Mühen von Augustins Denkweg vgl. 4,28 f.; vgl. auch 1,14; 3,11; 4,18; 10,39; 10,64. Weiter: *s.* 176,4; *en. ps.* 109; *ep.* 137,5 f.; vgl. außerdem *SAC* 202. Von hierher versteht sich besonders klar Heideggers Stellungnahme zu der gelegentlich behaupteten Parallele zwischen Augustinus und Descartes; vgl. *Phänomenologie der Anschauung und des Ausdrucks*, 94: »Man geht sogar soweit, Augustinus um dieser Leistung willen den ›ersten modernen Menschen‹ zu nennen, wie das Windelband tut. Nun, der würde sich wohl vor diesem Kompliment bekreuzigt haben, was besagen soll, daß es ungefähr der Höhepunkt des Mißverständnisses ist, Augustinus und seinen ›Satz vom Bewußtsein‹ so zu sehen.«

149 Jetzt ist überwunden, was 10,15 gegeißelt worden war: »et eunt homines mirari alta montium et ingentes fluctus maris et latissimos lapsus fluminum et Oceani ambitum et gyros siderum et relinquunt se ipsos nec mirantur«. Vgl. *SAC* 202 f. Augustinus habe sich von Cicero inspirieren lassen (*De divinatione* II,13,30): »quod est ante pedes, nemo spectat: caeli scrutantur plagas«; vgl. auch *Hiob* 38,33.

150 Zur Möglichkeit und zu den Grenzen der Selbsterkenntnis vgl. Kant: *KrV* B 156–158. Martin Heidegger übersetzt (*Logik. Die Frage nach der Wahrheit. GA* 21,211): »Ich mühe mich hier selbst und mühe mich in mir selbst ab (wenn ich das Bewußtsein, die Seele, untersuche) und bin dabei mir selbst geworden zum Land der Schwierigkeiten und der allzu großen Anstrengung«. Seine eigene Untersuchung fortführend sagt er: »Diese Gedanken wollen wir im Auge behalten, wenn wir uns jetzt an die Analyse des Daseins machen, um wenigstens einige Strukturen wirklich zu sehen«.

151 Augustinus vertritt den Vorrang der Phänomene vor dem

Begreifen: etwas wird nicht wirklich durch abstraktes Gedachtsein, sondern durch seine unabweisbare Phänomenalität.

¹⁵² ›infinitum‹ = unbegrenzt; ›immensum‹ = ungemessen, ohne Maß (negative Begriffe, die nicht in positive umgedeutet werden dürfen). ›modus‹ weist auf Göttliches (vgl. *beata v.* 32–35; z. B. 32: »modus ergo animi sapientia est.« Die an sich bestaunenswerte Vielfalt ist noch ohne Maß. Zur Fortentwicklung der Frage vgl. *KrV* 536–542 (zur Unterscheidung von ›finitum‹, ›infinitum‹, ›indefinitum‹). ›Inifinitum‹ heißt hier – im Gegensatz zu Kants Sprachgebrauch – nicht unendlich, sondern unbegrenzt (›indefinitum‹). ›Multimoda‹ entspricht: πολύτροπος (Auszeichnung des Odysseus in der Anfangszeile der *Odyssee*). Vgl. Max Scheler: *Zur Idee des Menschen*, 175: »Der Mensch ist ein so breites, buntes, mannigfaltiges Ding, daß die Definitionen alle ein wenig zu kurz geraten. Er hat zu viele Enden«. Scheler beginnt diese Schrift mit einem Augustinus-Zitat (*Gn. litt.* 6,13,23; hier nach *CAG* 2): »sic enim scriptum est: et finxit deus adhuc de terra omnes bestias [*Gn* 2,19]. si ergo et hominem de terra et bestias de terra ipse formavit, quid habet homo excellentius in hac re, nisi quod ipse ad imaginem dei creatus est? nec tamen hoc secundum corpus, sed secundum intellectum mentis, de quo post loquemur.«

¹⁵³ Vgl. 1,7 (zu ›vita mortalis‹ und ›mors vitalis‹); 2,14 (»o monstrum vitae et mortis profunditas«); 3,4 f.; 4,9–11; 4,14 (»vita morientium mors viventium«); 4,18 (»beatam vitam quaeritis in regione mortis: non est illic«); 4,19; 5,14 (»homines, qui diligunt vitam mortuam«); 7,8 (»quis alius a morte omnis erroris revocat nos nisi vita«); 8,25; 12,10 (»non ego vita mea sim: male vixi ex me, mors mihi fui: in te revivesco«); zur ›vita viva‹ vgl. 39.

¹⁵⁴ Zum ›ad te‹ vgl. Thomas von Aquin: *S.th.* I 93, 1c.

¹⁵⁵ Die Vollendung des Ziels menschlichen Seins wird in 11,40 genannt: »et stabo et solidabor in te, in forma mea, veritate tua«; zur Deutung vgl. *AZ* LVI und LXIV (vgl. dort auch Anm. 85).

¹⁵⁶ Einerseits sucht Augustinus beständige, sorgenfreie Sicherheit, die er nicht verlieren kann (vgl. *lib. arb.* 1,10–12). Aber er hofft, daß Gott sich um ihn sorgt (11,3): Gott als der »securus, qui curam nostri geris«; 3,19: »qui sic curas unumquemque nostrum, tamquam solum cures, et sic omnes, tamquam singulos; 4,4: »cura animam meam«.

¹⁵⁷ Es geht um das Grundproblem der Möglichkeit, von Transzendentem zu wissen. René Descartes führt dazu das Modell der

›idea innata‹ ein (*Meditationes de prima philosophia* III 7; vgl. dazu *TI* 11); Ludwig Feuerbach führt das Problem zur Vergöttlichung des Bewußtseins oder des Wesens des Menschen (*Das Wesen des Christentums*, 30).

158 Platons Problem des eristischen Satzes (*Menon* 80e) kennt auch Augustinus (*mag.* 33). Vgl. Norbert Fischer: *Suchen und Finden. Zur Inversion der Aktivität in der Beziehung zu Gott.*

159 Diese Stelle (*Lk* 15,9) zitiert Augustinus öfters auch wegen der Freude, die mit dem Finden verbunden ist (z. B. 8,6; *Io. ev. tr.* 7,21).

160 Hier bedeutet ›corpus‹: räumlich ausgedehnter Gegenstand; wird kurz mit ›Ding‹ wiedergegeben. In 30 wird ›corpus‹ auch mit ›Körper‹ übersetzt.

161 Finden wäre in diesem Sinne immer auch die Erfüllung einer vorgängigen Erwartung.

162 Hier liegt der Schlüssel zur Beantwortung der Frage, wie Gottsuche möglich ist, obwohl Gott als solcher nicht im Gedächtnis ist: Vermittlung durch die Sehnsucht nach dem seligen Leben, das nichts Todhaftes an sich hat (weder ontologisch, noch axiologisch).

163 Obwohl wir ihn nicht ›suchen‹ können, gibt es womöglich ein ›reines Finden‹; vgl. *WiM* 109: »Gibt es am Ende ein Suchen ohne jede Vorwegnahme, ein Suchen, dem ein reines Finden zugehört?« Vgl. auch das in der *Einleitung* zitierte Goethe-Gedicht (*HA* 1,254).

164 Anscheinend ist der Übergang zur ›vita beata‹ plötzlich und tritt auf wie ein *deus ex machina*. Augustinus ist es aber von vornherein um sein wahres Selbst und um seliges, wahres Leben gegangen. Vgl. 4,18: »beatam vitam quaeritis in regione mortis: non est illic. quomodo enim beata vita, ubi nec vita?« Selbsterkenntnis und Gottsuche sind ineinander verwickelt. Selbsterkenntnis aus der Beziehung zu Gott. Gottsuche aus dem – unbequemen – Streben nach dem wahren Selbst. Zwar suchen alle das selige Leben; aber das wirklich selige Leben sucht nur, wer es in der Gottsuche sucht. Augustinus sucht also das selige Leben, *seit* er Gott sucht.

165 Augustins Antwort auf die Frage, wie er leben kann: durch den Glauben an die Liebe Gottes (z. B. 11,1); durch den Glauben, daß Zeit und Welt von Gott geschaffen sind (z. B. 11,16); durch den Glauben an Christus als Weg, Wahrheit und Leben (z. B. 7,24).

166 Zur Herkunft des Bildes vgl. Plotin: *Enneade* VI 5,12,7–15, bes. 9.

Anmerkungen des Herausgebers 137

¹⁶⁷ Vgl. *NE* 1094a1–3; 1095b18f.
¹⁶⁸ Zu Beginn des Paragraphen hatte Augustinus erklärt, das selige Leben nicht zu haben. Drei Stufen des ›Habens‹ sind zu unterscheiden: 1. Vollbesitz in der Gegenwart (›in re‹); 2. Erhoffter Vollbesitz in der Zukunft (›in spe‹); 3. Besitz im Modus der Defizienz (›vita mortalis‹).
¹⁶⁹ Die Wahrnehmung des faktischen Elends und die Bereitschaft, es sich einzugestehen, als positiver Modus des Existierens und als erster Schritt zu wahrer Beseligung.
¹⁷⁰ Die Ursünden-Thematik hat Augustinus seit dem dritten Buch von *De libero arbitrio* bewegt. Sie hat nicht nur biblische Wurzeln, sondern auch philosophische Quellen (z. B. Platon: *Politeia* 617e), in dem Sinne, daß Gründe für moralisch qualifizierbares Handeln in der Zeit in Entscheidungen vor der Zeit zurückprojiziert werden. Dabei ist zu beachten, daß das ›peccatum originale‹ als individuell nicht zurechenbares Gattungsmerkmal gedacht werden kann und diese Lehre das Individuum insofern sogar entlastet. Dieser ›ursprüngliche Fehler‹ gehört gleichsam als Ausgangsstufe zur Natur des Menschen, die ihm gestattet, sich von ihr aus zu moralisieren. Vgl. auch *RGV* B 25; dazu Norbert Fischer: *Das ›radicale‹ Böse in der menschlichen Natur. Kants letzter Schritt im Denken der Freiheit*. Unter den zahlreichen Stellen bei Augustinus vgl. z. B. *lib. arb.* 3,56 und 72f.; vgl. auch *c. Iul.* 6,28: »sine opere liberi arbitrii nullum hominis esse posse peccatum [Iulian. A. c. Iul.], verum esse fateamur. non enim et hoc esset peccatum, quod originale traheretur, sine opere liberi arbitrii, quo primus homo peccavit, per quem peccatum intravit in mundum, et in omnes homines pertransiit.«
¹⁷¹ Ein guter Redenschreiber wird sogar für unsterblich, gottgleich gehalten. Sokrates sagt, daß man um solcher Genüsse willen – gute Reden zu hören – lebe, für die man nicht wie für die körperlichen im voraus sklavisch leiden müsse (*Phaidros* 258c–e).
¹⁷² Augustinus geißelt als Verfehlung am stärksten den sogenannten Birnendiebstahl (2,9–14), weniger z. B. sein Konkubinat (4,2 betont er, nur eine einzige gehabt und ihr die Treue gehalten zu haben), seinen übergroßen Ehrgeiz usw.; jedoch nicht auf die überhebliche Art Nietzsches; vgl. *KSB* 7,34; dazu die Hinweise bei Norbert Fischer: *Einführung* (Tusculum), 795–798; bes. 798. Vgl. auch Larissa Carina Seelbach: *Confessiones 2. Augustin ein Birnendieb!*
¹⁷³ Zu den verschiedenen Lebensweisen, in die Menschen die εὐδαιμονία setzen, vgl. *NE* 1095a14–28. Weiter Max Schelers ›Wert-

persontypen‹; vgl. *Der Formalismus in der Ethik und die materiale Wertethik*, 568–580, bes. 571 Anm., wo Scheler Augustinus als ›Wertpersontypus‹ charakterisiert, nämlich als »Vermischung von Heiligkeit und Heldenhaftigkeit«.

174 Die Bedeutung von ›expertum‹ ist hier nicht als sinnliche Erfahrung zu verstehen; vgl. Norbert Fischer: *Katholizität bei Augustinus*. Es geht auch nicht um eine ›Ahndung‹, die Kant kritisch beurteilt, nämlich als »Aussicht in die Zukunft entweder Vorempfindung, d. i. Ahndung (*praesensio*), oder Vorhererwartung (*praesagitio*)« (vgl. *Anth* BA 100): Eher trifft der Vers Rilkes Augustins Anliegen (*KA* 2,72): »Ist Leben Leben, setzt es nirgends aus«. Das ›selige Leben‹, da es in der Weltzeit höchstens unvollkommen und flüchtig begegnet, ist gegenwärtig nur im Modus der Defizienz, auch im Sinne der ›primordia inluminationis tuae‹ (11,2).

175 Hier eine recht nüchterne Fassung der Anamnesis-Lehre; vgl. *an. quant.* 33: »nec aliud quidquam esse id quod dicitur discere, quam reminisci et recordari.«

176 Vgl. 13,17: »colere te gratis«. Vgl. Angelus Silesius: *Gesammelte Werke* 2,47: »ich will dich lieben ohne Lohne«. Heidegger übersetzt ›gratis‹: ›aus freien Stücken‹ (*AuN* 197). Zur Ablehnung einer dienstbeflissenen Religion zu eigenem Erfolg vgl. *RGV* B 255.

177 Das ›gaudium de te‹ kommt von der Liebe Gottes her, in der er sich auf die Schöpfung und die Geschöpfe richtet und Gegenliebe ermöglicht. Vgl. 4,14: »beatus qui amat te et amicum in te et inimicum propter te.« Gott wird auf Grund seiner Liebe zu den Menschen geliebt (2,1; 11,1): »amore amoris tui facio istuc«. Es geht nicht um die Erreichung der Seinsvollkommenheit Gottes, die erstrebt würde, weil die Endlichkeit stört, sondern um wechselseitige Liebe.

178 Jetzt verschärft sich die Frage: wie kommen wir darauf, eine Freude zu suchen, die wir noch nicht erfahren haben? Die wahre Freude darf nicht gebraucht werden (›uti‹); an weltliche Freuden darf man das Herz nicht ganz hängen (nicht ›frui‹). Ziel ist die ›caritas fraterna‹ in der erstrebten ›civitas sancta‹ unter der Herrschaft Gottes: diese allein ist zu genießen.

179 Um den Atheismus, der also möglich ist, zu überwinden, ist das Eingeständnis nötig, ein endliches Wesen zu sein und dennoch Gott loben zu wollen (1,1): »et tamen laudare te vult homo, aliqua portio creaturae tuae.« Vgl. die Hinweise zu Luther und Nietzsche in Anm. 94.

¹⁸⁰ Anknüpfung an das Problem des ›veritatem facere‹ (1): es geht um Wahrheit der Existenz, die sich vor sich selbst zu verbergen trachtet, die sich ihre Wahrheit vor Gott (›coram te‹) nicht eingestehen will. Augustinus argumentiert nicht bloß formal (Retorsion), um den Geist auf Gott zu lenken. Vielmehr geht es um die faktische Sehnsucht nach seligem Leben, die mit dem Willen zu Wahrheit und Klarheit verbunden ist. Zum unbedingten Ernst der Aufgabe vgl. Platon: *Politeia* 505d/e: es geht nicht um äußeren Anschein, sondern um das wahre Gute, um dessentwillen jede Seele alles andere tut: ἅπασα ψυχὴ καὶ τούτου ἕνεκα πάντα πράττει.

¹⁸¹ Es geht nicht um theoretische Wahrheit, die auf Übereinstimmung mit der Sache zielt, auf ›adaequatio intellectus ad rem‹, (vgl. Heidegger: *Platons Lehre von der Wahrheit*, 230 f.,233), die ein vernünftiges Subjekt laut Kant nach eigenem Gutdünken suchen kann, solange es will; sondern um eine lebensmäßige Wahrheit, die im Leben zu vollziehen ist und angesichts derer die Vernunft zu gehorchen hat (vgl. *KpV* A 256 und 258). Vgl. auch *TI* XV, 96 und 271.

¹⁸² Augustinus bezieht diese Möglichkeit passiven und aktiven Irregehens auch auf seinen eigenen Lebensweg, z. B. 4,1: »seducebamur et seducebamus falsi atque fallentes«; 9,2: »ne ulterius pueri […] insanias mendaces et bella forensia mercarentur ex ore meo arma furori suo«; 11,3: »nec fallar in eis nec fallam ex eis.«

¹⁸³ Es geht nicht um Wahrheit von der Art, daß dreimal drei neun sei, was auch wahr bleibe, wenn die ganze Menschheit schnarcht (vgl. *Acad.* 3,25: »nam ter terna novem esse, et quadratum intelligibilium numerorum, necesse est vel genere humano stertente sit verum«), sondern um die ›res humanae atque divinae‹ (z. B. *Acad.* 1,16–25; 3,5 f.; 3,12 f.). Sie lieben also die Vertrauenswürdigkeit lebensmäßiger Wahrheit.

¹⁸⁴ Die Wahrheit (wir sind Menschen, die kraft der ›caritas fraterna‹ leben sollen) kann Haß erzeugen, sofern sie Demut und Einschränkung der Selbstliebe abverlangt: 1. Haß gegen den Schöpfer, der durch seine schiere, aber unvergleichliche Größe Demut abverlangt (also die Anerkennung, daß Menschen nicht die Zentralposition im Ganzen des Seienden zukommt; vgl. Anm. 131); 2. gegen Mitmenschen, die Liebe, Dienst und Achtung verdienen (was Gott im Wort der Schrift fordert). Beides aber als Weg zu wahrem, lebendigem Leben (40–64; 11,1).

¹⁸⁵ Gemeint ist Christus, im Gefolge davon auch Menschen; vgl. 1,1: Gott habe seinem Geist den Glauben durch das Mensch-

sein seines Sohnes, durch den Dienst seines Predigers eingegeben; zur Verrichtung des Predigtdienstes sieht er sich nun von Gott auch selbst geführt (11,2: »me perduxisti praedicare verbum«). Grundereignis der Wahrheit ist der predigende Christus, das er als Prediger so zu entfalten hat, daß diese Wahrheit dem inneren Ohr der Hörer zugänglich wird; vgl. *SAC* 207f. Vgl. dagegen *JD* III,194: »inimicus eis factus est: Gal. 4:16, ›ergo inimicus vobis factus sum verum dicens vobis?‹ Cf. Jn. 8: 40, ›nunc autem quaeritis me interficere hominem qui veritatem vobis locutus sum quam audivi a deo.‹ So the ›homo tuus‹ is Paul; cf. on I.I.I, ›praedicatoris tui‹.« Der Ausdruck ›homo tuus‹ zielt in 8,10 auch auf Simplicianus: ›homo tuus‹ ist aber ursprünglich Christus, abgeleitet davon auch Menschen in der Nachfolge.

186 Vgl. Emmanuel Levinas: *De dieu qui vient a l'idée*, 255: »Dans le livre 10 de ses *Confessions* Saint-Augustin oppose à la *veritas lucens*. La *veritas redarguens* – la vérité qui accuse ou qui remet en question. Expressions remarquables pour la vérité en tant qu'éveil à l'esprit ou au psychisme humain.« Vgl. Jean Greisch: *Das große Spiel des Lebens und das Übermächtige*, 52f.

187 Die Übersetzung von »cum eos ipsos indicat« meint nicht nur das ›Tun‹, sondern das sich im Tun dokumentierende innere ›Sein‹; 4–6: ›quid (quis) ipse intus sim‹, das Menschen gerne vor sich verbergen (3: »nolunt a te audire qui sint«). Vgl. auch die pessimistische Parabel vom Ring des Gyges (Platon: *Politeia* 359b–360d): Gyges kann sich mit Hilfe des Rings den Blicken der Anderen entziehen und wird ungerecht. Augustinus vollzieht die Gegenbewegung und öffnet sich den Anderen. Zum Problem des Sichöffnens vgl. Friedrich Hebbel: *Gyges und sein Ring*. Weiter *TI* 148: »Gygès est la condition même de l'homme, la possibilité de l'injustice et de l'égoïsme radical, la possibilité d'accepter les règles du jeu, mais de tricher.«

188 Vgl. 1,30: »in quo etiam ludo fraudulentas victorias ipse vana excellentiae cupiditate victus saepe aucupabar.« 1,31: »falli nolebam«.

189 Zu ›molestia‹ = Beschwernis vgl. *AuN* 242; dazu Costantino Esposito: *Die Gnade und das Nichts. Zu Heideggers Gottesfrage*, 214f. Einerseits ist für Augustinus klar, daß alles, was ist, sofern es ist, wahr ist. In diesem Sinn wäre die wörtliche Übersetzung sachgemäß. Aber weil gerade von der Möglichkeit des Betrugs gesprochen worden war, wird – um langatmige Erklärungen zu vermeiden – hinzugefügt, daß alles Wahre durch die Wahrheit wahr ist.

190 Vgl. *vera rel.* 72: »noli foras ire, in te ipsum redi. in interiore homine habitat veritas. et si tuam naturam mutabilem inveneris, transcende et te ipsum.« Zur Dreistufigkeit des nach innen führenden Wegs zu Gott vgl. Norbert Fischer: *foris-intus.*

191 ›Die Wahrheit‹ ist erstens die Wahrheit der Schöpfung, die insofern trotz ihrer scheinbaren Flüchtigkeit und Nichtigkeit, trotz ihrer axiologischen Mängel doch geliebt werden kann (4,14: ›in te‹); zweitens ist ›die Wahrheit‹ Christus als lebendige Wahrheit in Wort und Tat (vgl. 6).

192 Gott ist aber auch nicht einfach durch Rückkehr ins Innere (›intus‹) zu finden, sondern erst, seit er im Inneren zu finden ist, weil er sich gezeigt hat und eigens ins Innere eingetreten ist.

193 Die Genüsse sind heilig, weil sie Ausdruck der Erfreulichkeit wohlwollender, nichtegoistischer Liebe sind. Heiligkeit ist die Auszeichnung Gottes, zu der auch der sterbliche Mensch berufen ist (vgl. 67–70). Die Vergegenwärtigung der Gegenwart Gottes ist Genuß, weil durch die Liebe Gottes (2,1; 11,1: »amore amoris tui facio istuc«) alles Gute und Schöne einen absolut liebenswerten Sinn erhält und die Hoffnung auf ein ewiges Gottesreich freier Bürger (11,3: »sancta civitas«) in wohlwollender Liebe (»caritas fraterna«) eröffnet (nicht gegen die Frauen gerichtet; das klarste Beispiel ist Monnica; vgl. dazu Larissa Carina Seelbach: »*Das weibliche Geschlecht ist ja kein Gebrechen ...*«. *Die Frau und ihre Gottebenbildlichkeit bei Augustin*).

194 Vgl. das Problem des ›cor inquietum‹ und die eschatologische Hoffnung auf wechselseitige ›quies‹ von Gott und Mensch. Gäbe es diesen Ruheplatz in der Welt, könnte man von der Immanenz Gottes sprechen.

195 ›partes‹ steht für ›Kräfte‹ der ›memoria‹ (hier = ›animus‹), die den Körper beleben. Platon spricht nicht von ›Teilen‹ (μόρια), sondern von γένη oder εἴδη; vgl. *Politeia* 435b/c; 443d.

196 In der ›laetitia‹ geht es nicht um das ›gaudere de te‹; dennoch wird ›laetitia‹ nicht grundsätzlich abgewertet. Sie soll aber vom ›gaudere de te‹ getragen sein, da sie sonst die Abfallsmöglichkeit nicht vermeidet (vgl. *AuN* 206: »›cadunt‹ und die existenzielle Gegenbewegung«). Vollständige Disjunktion der Störungen der Geistesruhe: 1. Gegenwart: positiver Modus (freuen) – negativer Modus (trauern); 2. Zukunft: positiver Modus (begehren) – negativer Modus (fürchten); 3. Vergangenheit: positiver Modus (erinnern) – negativer Modus (vergessen).

142   Anmerkungen des Herausgebers

¹⁹⁷ Vgl. 3,11: »tu autem eras interior intimo meo et superior summo meo.« Äußerlich gesehen neuplatonisches Schema: Seele als Leben des Leibes; Geist als Leben der Seele; das Eine (Gott) als Leben des Geistes; vgl. Werner Beierwaltes: *Das wahre Selbst*, 11, 78, 89, 98.

¹⁹⁸ Der Sinn von ›incommutabilitas‹ ist streng negativ zu fassen: auszuschließen sind erlittene Veränderungen (wie die Manichäer sie annahmen; vgl. 7,1: »quod nullam patitur mutationem, melius esse quam id quod mutari potest«). Der positive Sinn des Veränderns ist zulässig, kann aber nur im Sinne des Ineinsfalls des Entgegengesetzten (der Cusanischen ›coincidentia oppositorum‹) vergegenwärtigt werden; vgl. 1,4: »immutabilis, mutans omnia […], quaerens, cum nihil desit tibi […], opera mutas nec mutas consilium«.

¹⁹⁹ Vgl. 1: »ut habeas et possideas« (auch im Sinne von: mache Dir die Seele wohnlich, damit sie fähig ist, Dir nahe zu sein).

²⁰⁰ Zu Augustins Tendenz, den Raum als transzendental ideal zu beurteilen, vgl. 8, 12f. und 15; dazu die Anm. 136, 142, 151, 157.

²⁰¹ Die Möglichkeit der Suche setzt zwar die Gegenwart des Gesuchten im Modus der Defizienz voraus: als Ausgestrecktsein auf die Transzendenz Gottes, auf lebendiges, wahres Leben. Wahrhaft Transzendentes kann aber nur in einer Inversion der Aktivität gefunden werden. Insofern ist Gottlieb Söhngen hier nicht zuzustimmen; vgl. *Der Aufbau der Augustinischen Gedächtnislehre. Conf. X, c. 6–27*, 97, 97: »Alles geistige Suchen und Finden beruht auf einem Sicherinnern und Wiedererkennen (c.18–19). Also auch das Suchen und Finden Gottes? In der Tat zieht Augustin diese Folgerung für unser erkennend-strebendes Suchen des glückseligen Lebens« – und das gilt laut Söhngen auch für das Finden Gottes (vgl. 97f.).

²⁰² Diese Angabe ist nicht räumlich zu denken, vgl. 8, 16, 25, 37, 39, 65. Vgl. die schon zu 8 erwähnte Stelle aus Rilkes *Fünfter Duineser Elegie* (*KA* 2,216, Z. 73): »Wo, o *wo* ist der Ort – ich trag ihn im Herzen –«. Vgl. auch Z. 81–84: »Und plötzlich in diesem mühsamen Nirgends, plötzlich / die unsägliche Stelle, wo sich das reine Zuwenig / unbegreiflich verwandelt –, umspringt / in jenes leere Zuviel.« Augustinus geht es um Gottsuche: er hat Gott kennengelernt, indem er gesehen hat, daß Gott ihm den Weg zu wahrem Leben nicht als Bemühen um Lebenserhaltung und Lebenssteigerung weist, als ›ascensus‹ zu äußerer und innerer Vollkommenheit. Vielmehr ist der Weg Gottes der Weg des Abstiegs zu nichtegoistischer Liebe (4,19): »et descendit huc ipsa vita nostra et tulit mortem nostram et occidit

eam de abundantia vitae suae.« Daraus folgt der Imperativ (4,19): »descendite, ut ascendatis et ascendatis ad deum.«

[203] Ekstatische Erkenntnis ist nicht als ›Entwurf‹ zu denken (*KrV* B XIII), sondern ist einerseits als Naturanlage der menschlichen Vernunft gegeben (vgl. *KrV* A VII und B 21 f.; dazu *KpV* A188: »Dieser Grundsatz aber bedarf keines Suchens und keiner Erfindung; er ist längst in aller Menschen Vernunft gewesen und ihrem Wesen einverleibt«), andererseits im Sinne einer Art Offenbarung zu denken; vgl. *KpV* A 5: Freiheit »offenbart sich durchs moralische Gesetz«; weiterhin 193: es wird etwas »entdeckt, was man nicht suchte und doch bedarf, nämlich eine Aussicht in eine höhere, unveränderliche Ordnung der Dinge, in der wir schon jetzt sind«.

[204] Augustinus spricht hier zum Verhältnis von empirischem und reinem Willen: es geht nicht um vernunftlose Unterwerfung, sondern um Befreiung von der Heteronomie der Begierden.

[205] Vgl. *SAC* 209, mit zahlreichen Hinweisen zur Wirkungsgeschichte (z. B. zu Gregor dem Großen und Fénelon); vgl. auch das Lied der Seele von Angelus Silesius: *Sie verspricht sich, ihn bis in den Tod zu lieben* (*Gesammelte Werke* 2,46 f.). Die Strophen 3 und 4 atmen den Geist Augustins: »Ach, daß ich dich so spät erkennet,/Du hochgelobte Schönheit du!/Und dich nicht eher mein genennet,/Du höchstes Gut und wahre Ruh!/Es ist mir leid und bin betrübt,/Daß ich so spät geliebt.//Ich lief verirrt und war verblendet,/Ich suchte dich und fand dich nicht;/Ich hatte mich von dir gewendet/Und liebte das geschaffne Licht;/Nun aber ists durch dich geschehn,/Daß ich dich hab ersehn.«

[206] Vgl. 5,2: »et ubi eram, quando te quaerebam? et tu eras ante me, ego autem et a me discesseram nec me inveniebam: quanto minus te!« 7,11: »intus enim erat, ego autem foris.«

[207] Zur Taubheit der Ohren, die von Gott geöffnet werden müssen, vgl. auch 8 und 46. Es geht um die Ohren des Herzens (1,5: ›aures cordis mei‹). Augustinus vertraut auf ein wechselseitiges Hören, nämlich Gottes auf den Menschen (2,5; 3,19; 4,10: »nisi ad aures tuas ploraremus, nihil residui de spe nostra fieret«; 5,15; 6,20; 7,11: »et ibi erant aures tuae nesciente me«; 9,31; 9,33; 10,2; 10,57 f.; 11,3; 12,11 f.; 12,18; 13,44) – und des Menschen auf Gott (2,7: »et cuius erant nisi tua verba illa per matrem meam, fidelem tuam, quae cantasti in aures meas?«; 4,10: »possumne audire abs te, qui veritas es, et admovere aurem cordis mei ori tuo, ut dicas mihi, cur fletus dulcis sit miseris?«); 9,14.

208 Die Doppelübersetzung von »fugasti caecitatem meam« sucht die Stimmigkeit des Bildes (Vertreiben der Finsternis) und nimmt schon Bezug auf 39: »medicus es, aeger sum«.

209 Kernstelle zur Inversion der Aktivität in der Gottsuche. Analoges sinnliches Schema für die Begegnung mit Gott sind die fünf Sinne, denen Gott sich bemerkbar gemacht hat. In früheren Büchern tauchen ähnliche Gedanken auf, z. B. 3,19: »et misisti manum tuam ex alto et de hac profunda caligine eruisti animam meam«. 4,16: »clamat, ut redeas«. Gefordert ist keine Rückkehr ins Eine, sondern zur Liebe Gottes, die hinabgestiegen ist (4,19). Vgl. auch 7,16: »et reverberasti infirmitatem aspectus mei radians in me vehementer, et contremui amore et horrore«. 8,26: »transilire quo vocabar«. Augustinus will nicht nur hören, sondern auch verstehen (11,5). Zum Hintergrund gehören auch die zentralen Gleichnisse in Platons *Politeia*, bes. das Sonnengleichnis, das die Wirksamkeit des Höchsten ineins mit seiner Unerkennbarkeit zum Ausdruck bringt (509b); die Inversion der Aktivität begegnet im Ereignischarakter des Höhlengleichnisses (zum »platonischen *Prinzip der sinnvollen Plötzlichkeit*« vgl. Egil A. Wyller: *Der späte Platon*, 26 f.); vgl. auch den *Siebenten Brief*, in dem Platon die Inversion der Aktivität bildhaft im überspringenden Funken darstellt (341b ff.).

210 Vgl. 1,7: ›vita mortalis‹ oder ›mors vitalis‹; 11,39: »dilaniantur cogitationes meae«; 11,40: »et stabo et solidabor«. Zum Hintergrund gehört Platons Gedanke vom lebenswerten und nicht lebenswerten Leben; z. B. *Symposion* 211d: Ἐνταῦθα τοῦ βίου, ὦ φίλε Σώκρατες, ἔφη ἡ Μαντικὴ ξένη, εἴπερ που ἄλλοθι, βιωτὸν ἀνθρώπῳ, θεωμένῳ αὐτὸ τὸ καλόν. Weiterhin: *Apologie* 38a, *Kriton* 47d/e, *Politeia* 445a/b, *Nomoi* 874d.

211 Anknüpfung an 1: »cetera vero vitae huius tanto minus flenda, quanto magis fletur, et tanto magis flenda, quanto minus fletur in eis«. Vgl. auch Martin Heidegger: *Phänomenologie des religiösen Lebens* (GA 60, 122): »Der Christ findet nicht in Gott seinen ›Halt‹ (vgl. Jaspers). Das ist eine Blasphemie! Gott ist nie ein ›Halt‹.« Heidegger bezieht sich laut Fußnote auf: »K. Jaspers: Psychologie der Weltanschauungen, Berlin 1919, Kap. IIIc: Der Halt im Unendlichen« (in: München/Zürich 1985: 327–462). Vgl. dazu auch Jean Grondin: *Heidegger und Augustin. Zur hermeneutischen Wahrheit*, 74: »Es ist nach Heidegger gerade Augustins ungeheures Verdienst, diese radikale Unsicherheit und Zerrissenheit gesehen zu haben, auch wenn es bei ihm die unleugbare Tendenz gab, sie durch den

Bezug zu Gott zu überwinden.« Weiter 75: »Indem er [scil. Heidegger] sich gegen das kirchliche System der Heilssicherung wandte, glaubte er vielleicht selber noch ›christlicher‹ zu sein als die offizielle Theologie.« Vgl. auch Norbert Fischer: *Unsicherheit und Zweideutigkeit der Selbsterkenntnis. Augustins Antwort auf die Frage ›quid ipse intus sim‹ im zehnten Buch der ›Confessiones‹*.

212 Zum Bild Gottes (Christi) als Arzt (›medicus‹, ›sanator‹) vgl. 2,15; 4,5; 4,19. Es geht um Heilung von der ›superbia‹, also von der Meinung, der Weise könne seines Glückes Schmied sein (Plautus: *Trinummus* II,2,84: »nam sapiens quidem pol ipsus fingit fortunam sibi«). Vgl. 6,6 (zu den ›medicamenta fidei‹); 8,25: »sic aegrotabam et excruciabar accusans memet ipsum«.

213 Das ›Ertragen‹ weist auf die Höhe des Ziels, das nur durch Leiden erreicht werden kann.

214 Wiederum ein Hinweis auf die Notwendigkeit, die Zeit zu untersuchen, mit existenziellem Hintergrund. Unter dieser Vorgabe muß die Zeituntersuchung des elften Buchs gelesen werden.

215 Laut Platon ist das höchstgeliebte Leben (vgl. *Philebos* 61e: ἀγαπητότατος βίος) das mittlere Leben (43e: μέσος βίος; vgl. 17a), das aus Einsicht und Lust gemischte Leben (27d: νικῶντα μὲν ἔθεμεν που τὸν μεικτὸν βίον ἡδονῆς τε καὶ φρονήσεως). Die bloße Lust gilt als das Unzuverlässigste von allem (65c: ἁπάντων ἀλαζονίστατον), nichts ist maßloser als sie (65d: ἀμετρώτερον). Allerdings mangelt nicht nur der Lust für sich allein die hinreichende und angestrebte Selbstgenugsamkeit menschlichen Lebens (67a: στερομένοιν αὐταρκείας καὶ τῆς τοῦ ἱκανοῦ καὶ τελέου δυνάμεως). Vgl. das Ideal der ἁρμονία zwischen den Kräften der Seele, die isoliert nicht das Ideal der Gerechtigkeit sind (*Politeia* 443d). Vgl. auch die drei Lebensweisen im *Phaidros* gemäß dem Bild vom geflügelten Seelenwagen (250a–257a): es können die besseren Kräfte obsiegen (250a/b), die zu höchster Eintracht und Glückseligkeit führen (wobei aber die niederen Kräfte mitwirken); es kann ein unphilosophisches, doch auf Ehre bedachtes Leben geführt werden (256b–d); schließlich kann ein Leben der egoistischen Nutzenmaximierung geführt werden (256e/257a). Im Anschluß an Platon vgl. *NE* z. B. 1104a25 f. und passim. Das Mittlere ist ein ἀκρώτατον, das mühsam erstrebt werden muß, wie der zweite Teil von *conf.* 10 zeigt. Deswegen: goldener Mittelweg, nicht: mittlerer Ort.

216 Die Flüchtigkeit des zeitlich Schönen war Augustinus stets ein Dorn im Auge; vgl. *vera rel.* 74: »hoc totum est voluptatis

regnum et ima pulchritudo, subiacet enim corruptioni. quod si non esset, summa putaretur.« Wer ein von Furcht freies Leben wünscht, begehrt nichts Übles (*lib. arb.* 1,9): »certe enim bonum cupit, qui cupit vitam metu liberam, et idcirco ista cupiditas culpanda non est«. Augustinus lehnt deshalb Strebeziele ab, die er wider Willen verlieren kann (*lib. arb.* 1,10): »earum rerum amorem, quas potest quisque invitus amittere.« Vgl. auch 6,9 zur ›laetitia temporalis felicitatis‹, die für ihn zwar auch attraktive Momente enthält, aber ihn nicht wirklich anzieht. Ziel ist entflüchtigtes, wahres und seliges Leben (vgl. 11,40): »et stabo et solidabor in te«, gegenüber einer Zeit, in die hinein er sich zersplittern sieht (11,39): »at ego in tempora dissilui«.

217   Das lateinische ›saeculum‹ bedeutet nach *Georges*: ›Zeugungsgeschlecht‹, ›Menschenalter‹, ›Zeitalter‹, ›irdisches Leben‹, ›Zeitlichkeit‹.

218   Vgl. *AuN* 205 mit dem Hinweis, »daß das ›Leben‹ kein Spaziergang ist und gerade die ungeeignetste Gelegenheit, um sich wichtig zu machen. ›Oneri mihi sum.‹«. In 7 war »temptatio« mit Versuchung übersetzt worden. ›Prüfung‹ ist auch nicht optimal: es geht um κίνδυνος καλός und κίνδυνος δεινός (vgl. Platon: *Phaidon* 107c; 114d): Gefahr, Erprobung, Möglichkeit eigentlichen Selbstwerdens, Finden zu eigenem, eigentlichem, zu lebendigem Leben. Vgl. Rainer Maria Rilke, der vom ›Urgrund unseres Seins‹ sagt (*KA* 2,324): »*er wagt uns*«. Dazu Martin Heidegger: *Wozu Dichter?*, 277–281.

219   Augustinus zeigt sich unfähig, sich mit Flüchtigem und mit Halbheiten abspeisen zu lassen. Das läßt ihn erst die Unsicherheit und Zweideutigkeit des faktischen Lebens wahrnehmen (es möchte ihm sonst genügen). Die von Hoffnung und Unsicherheit bestimmte Beziehung zu Gott weckt erst die Möglichkeit, sich von den Kräften des Alltäglichen zu lösen.

220   *SAC* 211 weist auf Pelagius. Ohne das »fecisti nos ad te« (1,1) sind wir Naturwesen, in denen Natur naturt. Dieser Gedanke gilt auch noch bei Kant: deswegen wird das Bewußtsein des moralischen Gesetzes als ›Factum der Vernunft‹ gedacht (vgl. *KpV* A 4 f.; 55 f.).

221   ›continentia‹ zielt auf den ›medius locus‹ (39; *NE* 1024a25 f.: μεσότης): vgl. den positiven Sinn des bisherigen Gebrauchs von ›continere‹ (18 f., 21: was das Gedächtnis enthält). ›continentia‹ heißt Mäßigung; vgl. Platon: *Politeia* 430b (σωφροσύνη und ἐγκράτεια); ›abstinentia‹ heißt Enthaltsamkeit (kommt nur 46 vor). Fehl-

übersetzungen sind verbreitet (vgl. auch Andreas Hoffmann: *Augustins Schrift »De utilitate credendi«. Eine Analyse*; z.B. 8). Vgl. Heideggers Übersetzung (*AuN* 205 f.: ›zusammenhalten‹); vielleicht ›Zurückhaltung‹ möglich. Vgl. 13,20: »tu enim coherces etiam malas cupiditates animarum et figis limites« (es geht um Abwehr des Schlechten und um Grenzziehung gegenüber Maßlosigkeit der Begierden). In 13,29 übersetzt *Bernhart* »continere se ab amore huius saeculi«: »die Enthaltung von der Liebe zu dieser Welt«. Aber auch hier geht es nur um Mäßigung! Es geht um Lebendigkeit der Seele. Überheblichkeit, Freude an unerlaubter Lust und das Gift der Neugier gehören zur toten Seele (13,29): »sed fastus elationis et delectatio libidinis et venenum curiositatis sunt animae mortuae«. Vgl. auch 13,49. Mit Rilke gesprochen (vgl. *Briefe aus Muzot*, 117) geht es um ein »›Schwernehmen‹ des Lebens«, um »ein Nehmen nach dem wahren Gewicht, also ein *Wahr*nehmen«: »*keine Absage*; oh, im Gegenteil, wieviel unendliche Zustimmung und immer noch Zustimmung zum Da-Sein!«

222 Vgl. 11,40; dort ebenso Plotinisches Muster, aber ohne die Intention Plotins: Augustinus geht es um das Selbstsein der Einzelnen und die Gemeinschaft freier Bürger unter der Herrschaft Gottes (11,3); zu Plotin vgl. Beierwaltes: *Das wahre Selbst*, 13 f.: Die »Selbsterkenntnis des Menschen« führe am Ende durch den »Selbstüberstieg des Denkens in eine Erfahrung des Einen«, so daß »Ziel und Vollendung des Nicht-mehr-Denkenden, des intuitiv Berührenden, in einer ekstatischen Einung mit ihm« in den Imperativ mündet: »ἄφελε πάντα – ›Laß ab von allem‹«. Vgl. 2,18: »defluxi abs te ego et erravi, deus meus, nimis devius ab stabilitate tua in adulescentia et factus sum mihi regio egestatis.« Weiterhin 13,8: »inmunditia spiritus nostri defluens inferius amore curarum«. 13,9: »defluxit angelus, defluxit anima hominis […].«

223 Wie steht es mit der Liebe des Nächsten? Soll er um seiner selbst willen in Gott oder um Gottes willen geliebt werden; vgl. 4,14: »beatus qui amat te et amicum in te et inimicum propter te«. Hier fehlt diese sachlich gebotene Unterscheidung zwischen ›in te‹ und ›propter te‹.

224 Verboten ist nicht der Beischlaf selbst, sondern Beischlaf aus versklavender Begehrlichkeit; vgl. die Auflistung in 2,13. Es geht nicht um *Abwertung* des sinnlich Wahrnehmbaren, sondern um die Zuordnung sinnlicher Schönheit; vgl. 4,18: »si placent corpora, deum ex illis lauda«. Im Hintergrund steht zwar neuplatonisches

Gedankengut; vgl. Willy Theiler: *Porphyrios und Augustin*, 41–43. Das Werk des Porphyrios mit dem Titel ἀποχή, der im Lateinischen zutreffend mit *De abstinentia* übersetzt wird, hat aber nicht verhindert, daß Augustinus um ›continentia‹ ringt. In seiner Zeit spricht Augustinus also eher mäßigend gegen Abstinenzforderungen. Scharf greift Blaise Pascal die Gefährdung durch die ›concupiscentiae‹ auf (*Pensées*, n° 460): »*Tout ce qui est au monde est concupiscence de la chair ou concupiscence des yeux ou orgueil de la vie. Libido sentiendi, libido sciendi, libido dominandi. Malheureuse la terre de malédiction que ces trois fleuves de feu embrasent plutôt qu'ils n'arrosent!*« Vgl. dazu Philippe Sellier: *Pascal et saint Augustin*, bes. 169–196; Geneviève Rodis-Lewis: *Les trois concupiscences*.

225 Laut *Georges* ›concedo‹ auch: ›den Vorzug einräumen‹. Zum ›evangelischen Rat‹ der Ehelosigkeit vgl. bes. *Mt* 19,10–12; *1 Kor* 25–35.

226 Psychologisch wahr: Schlafende sind den Traumbildern rettungslos ausgeliefert; Wachende haben Distanz zum im Traum Gesehenen, auch wenn man weiß, daß man wirklich gesehen hat. *Bernhart* (897) verweist auf *s.* 151,8: »aliquando ista concupiscentia sic insidiatur sanctis, ut faciat dormientibus quod non potest vigilantibus. unde omnes acclamastis, nisi quia omnes agnovistis? pudet hic immorari: sed non pigeat inde deum precari. conversi ad dominum.«

227 Augustinus geht es wesentlich um sein ›Ganzseinkönnen‹ und um sein ›eigentliches Selbstsein‹ im Angesicht Gottes; *sol.* 1,7: »deum et animam scire cupio.«

228 Vgl. *Mp* 1074a15–26: die Vernunft denkt immer (sie schläft nicht): sie ist Denken des Denkens (1074b34 f.: νοήσεως νόησις) und verhält sich immer gleich (1075a9 f.: οὕτως δ' ἔχει αὐτὴ αὑτῆς ἡ νόησις τὸν ἄπαντα αἰῶνα).

229 Ist es die Kluft im Menschen zwischen dem Naturwesen, das durch Rezeptivität bestimmt ist, und dem Vernunftwesen, das spontan agiert?

230 Ziel: trotz der Endlichkeit selbst Grund seines Tuns sein, eigentlich ich selbst sein, ein wahres Selbst sein, nicht in abhängiger Sklaverei von Anderem.

231 Nähe zum Bild der ›Heilung‹ und des ›Arztes‹: Gott als Helfer zur ersehnten Freiheit.

232 Laut Bernhard Legewie hatte Augustinus eine »normale sexuelle Konstitution«; vgl. *Die körperliche Konstitution und die Krank-*

heiten Augustins, 8 f. Vgl. auch Larissa Carina Seelbach: *Psychoanalytische Deutungsversuche zur Persönlichkeit Augustins – Beispiele und Anfragen*; Therese Fuhrer: *Körperlichkeit und Sexualität in Augustins autobiographischen und moraltheoretischen Schriften*. Fuhrer erklärt, der »mit seiner Sexualität kämpfende Bischof« versuche, »die eigenen Probleme mit seiner rigiden, körperfeindlichen Ethik in den Griff zu bekommen« (179), erwähnt aber, daß er die »fleischliche Konkupiszenz« nicht selbst als Übel betrachtet habe (181), ebenso, daß manche seiner Predigten bis ins Mittelalter (z. B. die 1990 in Mainz von François Dolbeau entdeckten) für ›liberal‹ galten – und vor dem Hintergrund »der am Ende des 4. Jahrhunderts um sich greifenden Askese-Bewegung« gesehen werden müssen, der Augustinus »*coram publico*« mäßigend entgegengetreten ist (182). Das Problem der Sexualität sieht Augustinus *nicht* in der körperlichen Lust, sondern in der Gefahr der Versklavung des Willens. Augustinus bejaht die Schönheit des Sinnlichen und des Sexuellen, z. B. *civ.* 14,19: erst die sklavische Begierde habe die Sexualität verdorben; *civ.* 22,15–17. Diese Spannung zwischen der ›Paradiesesehe‹, an der nichts Sündhaftes ist, und zwanghafter Begehrlichkeit, die der Liebe Abbruch tut, nennt Rilke am Beginn der dritten *Duineser Elegie* (*KA* 2,208): »Eines ist, die Geliebte zu singen. Ein anderes, wehe, / jenen verborgenen schuldigen Fluß-Gott des Bluts.«

[233] Es geht nicht um Plotinische Rückkehr zum Einen, nicht um eine Einung mit dem Einen, die das Endliche verachtet, sondern um die ›pax plenaria‹, »quam tecum habebunt interiora et exteriora mea«, also um die Einheit der Liebe bei bleibender Differenz. Auch das Äußere gilt als Werk Gottes und soll als solches nicht der Flüchtigkeit des Zeitlichen anheimfallen.

[234] *Bernhart* weist »priusquam escas et ventrem destruas« als Paulus-Zitat aus (*1 Kor* 6,13). Sachlich steht die Stelle in Verbindung zum Inhalt von 11,40.

[235] Nicht die Ablehnung von Annehmlichkeiten ist Grund des Kampfes, sondern die Furcht, von ihnen gefangengenommen zu werden. Nicht Lustfeindlichkeit ist also das Motiv, sondern Überordnung des Geistigen und Unterordnung des Leiblichen; vgl. auch die Spannung von ›uti‹ und ›frui‹; zur ersten Information vgl. dazu Henry Chadwyck: *Frui – uti*.

[236] Arznei muß nicht bitter sein; aber sie ist niemals Selbstzweck.

[237] Vgl. 43: ›deliciae‹ laut *Georges* von ›lacio‹ (= locken), ›laqueus‹

(= Schlinge, Fallstrick); ›laqueus‹ also hier: Lockung. Sofern sie gefangennimmt, wird ›concupiscentia‹ eher abwertend mit ›Begehrlichkeit‹ übersetzt. Vgl. auch 4,11: »vide, quia memini, spes mea, qui me mundas a talium affectionum immunditia, dirigens oculos meos ad te et evellens ›de laqueo pedes meos‹«.

238 Auch hier geht es nicht um Lustfeindlichkeit, sondern um das Entfliehen von der Bedürftigkeit des Leibes, der auf diesem Wege in eine Herrschaftsstellung gerät.

239 Hier scheint Augustinus unnötig rigoristisch zu sprechen; verständlich ist die Aussage nur, sofern er darum kämpft, die Ruhelosigkeit seines Herzens (1,1) nicht durch scheinbare Erfüllungen zu betäuben. Allerdings hat selbst der notorische Rigorist Kant gesagt (*MST* 177 f.): »Die ethische Gymnastik besteht also nur in der Bekämpfung der Naturtriebe, die das Maß erreicht, über sie bei vorkommenden, der Moralität Gefahr drohenden Fällen Meister werden zu können; mithin die wacker und im Bewußtsein seiner wiedererworbenen Freiheit fröhlich macht. *Etwas bereuen* (welches bei der Rückerinnerung ehemaliger Übertretungen unvermeidlich, ja wobei diese Erinnerung nicht schwinden zu lassen, es sogar Pflicht ist) und sich eine *Pönitenz* auferlegen (z. B. das Fasten), nicht in diätetischer, sondern frommer Rücksicht, sind zwei sehr verschiedene, moralisch gemeinte Vorkehrungen, von denen die letztere, welche freudenlos, finster und mürrisch ist, die Tugend selbst verhaßt macht und ihre Anhänger verjagt. Die Zucht (Disciplin), die der Mensch an sich selbst verübt, kann daher nur durch den Frohsinn, der sie begleitet, verdienstlich und exemplarisch werden.«

240 Augustinus will sich nicht gehen lassen, nicht ins Viele zerfließen (40: »in multa defluximus«), sondern sein Leben aus eigener Entscheidung entschlossen führen, im Kampf gegen die ›inmoderata inclinatio‹ (2,10; 3,16), gegen die ›intemperantia libidinum‹, die ›inmoderata affectio‹ (4,1; 4,25). Zur Maßlosigkeit der Lust vgl. Platon: *Philebos* 65d: οἶμαι γὰρ ἡδονῆς μὲν καὶ περιχαρείας οὐδὲν τῶν ὄντων πεφυκὸς ἀμετρώτερον εὑρεῖν ἄν τινα.

241 ›crapula‹ laut *Georges*: Weinrausch; die übliche Übersetzung (Gaumenlust, Eßgier) scheint keine Bestätigung zu finden.

242 Im Bibelzitat ist das »in crapula et ebrietate« ein Hendiadyoin, also die Bezeichnung einer einzigen Gefahr durch zwei Ausdrücke. Augustinus geht mit dieser Gefahr großzügiger um als mit anderen und macht eine feine Unterscheidung, die exegetisch nicht besonders naheliegend ist. Unter ›crapula‹ versteht er die scharf ab-

Anmerkungen des Herausgebers 151

zulehnende Gewohnheit, die Trunksucht. Unter ›ebrietas‹ das gelegentliche Betrunkensein, den Weinrausch. Augustinus bestreitet, Trinker (Alkoholiker) zu sein, scheint aber zu gestehen, zuweilen über das Maß hinaus Wein zu trinken.

243 Was möglich ist, ist Sublimierung: Übertragung der Energie niedrigerer Begierden zur Realisierung des Ziels höherer Begierden. Unmöglich ist die Ausschaltung der Begierdestruktur, wenn nicht der Glaube an eine göttliche Art der Liebe seine Kraft erweist.

244 Vgl. 5: »bona mea ...«. Da die Lust unersättlich ist, wäre ›continentia‹ nicht zu leisten, solange keine Gegenkraft wirkt.

245 Vgl. 9,18 mit dem Bericht vom Weintrinken der kleinen Monnica; vgl. auch 2,6 und 6,2.

246 In diesem Sinne ist die Bitte nicht Folge falscher Demut, sondern entspricht der Situation des Menschen (im Doppelsinn von *conditio* und *condicio humana*).

247 Zu bemerken ist, daß indikativisch gesprochen wird! Wer immer sich rühmt, rühmt sich im Herrn, auch wenn er dies nicht bemerkt oder einsieht, da er geschaffen ist. Die Einsicht, daß auch das Gelungene sich göttlicher Gnade verdankt, war vorher als dritte Gabe genannt worden. Zu fragen bleibt natürlich, wie diese Aussage zu menschlicher Freiheit und Verantwortung steht. Auch laut Kant ist die Freiheit selbst nicht in meiner Gewalt (*Reflexion* 7171; *AA* 19,263).

248 Mit Weltverächtern darf Augustinus folglich nichts gemein haben.

249 Hier hat Augustinus wesentliche Einsichten vorgetragen, die ihm als ›Wahrheit‹ entgegentraten. Es geht um praktische Einsichten bezüglich des Lebensvollzugs, nicht um Erkenntnis von ›Substanzen‹. Zwanghafte Enthaltsamkeitsethik kann sich nicht auf Augustinus berufen.

250 Im Blick auf Johannes den Täufer ist jetzt von ›abstinentia‹ die Rede!

251 Augustinus verknüpft die Paulinische ›Leib-Christi‹-Metaphorik (*Röm* 12,3–5; *1 Kor* 10,17; 12,27; *Kol* 1,24) mit der Rede vom ›Lebensbuch‹ aus der Apokalypse (*Apk* 3,5; 17.8; 20,12.15; 22,19) und mit der individuellen Erschaffung des menschlichen Leibes durch Gott laut *Psalm* 138 (139), 15 f.; dort heißt es (laut Einheitsübersetzung): »Als ich geformt wurde im Dunkeln, / kunstvoll gewirkt in den Tiefen der Erde, / waren meine Glieder dir nicht verborgen. Deine Augen sahen, wie ich entstand, / in deinem Buch war

schon alles verzeichnet; meine Tage waren schon gebildet, / als noch keiner von ihnen da war.«

252 Augustinus unterscheidet aus dem Gedächtnis verschiedene Gerüche (Veilchen usw.). Obgleich sein Herz nicht an Gerüchen hängt, sind sie ihm wichtig genug, daß er sie kennt und nennt.

253 Dialektik von Wollen und Vollbringen gemäß dem oft zitierten Paulus-Wort (*Röm* 7,18, z.B. in *lib. arb.* 3,51): »velle adiacet mihi, perficere autem non«.

254 Diese Selbsteinschätzung entspricht dem kritischen Geist Augustins: er sieht, daß ihm sein eigenes wahres Selbst unzugänglich ist, obwohl er nur von sich als endlichem Wesen spricht.

255 Mit Kant wäre zu sagen: der empirische Charakter ist durch Erfahrung zugänglich, der transzendentale nicht; vgl. *KrV* B 579 Anm. (zitiert in Anm. 90).

256 Wiederum geht es um die Loslösung vom Zwanghaften, das Augustinus von sich selbst wegführt und fesselt. Zur affirmativen Auffassung von Musik und Gesängen vgl. 9,14: »quantum flevi in hymnis et canticis tuis suave sonantis ecclesiae tuae vocibus commotus acriter! voces illae influebant auribus meis et eliquabatur veritas in cor meum et exaestuabat inde affectus pietatis, et currebant lacrimae, et bene mihi erat cum eis.« Weiterhin *en. Ps.* 102,2: »cum convenis ad ecclesiam hymnum dicere, sonat vox tua laudes dei: dixisti quantum potuisti, discessisti; sonet anima tua laudes dei. negotium agis; laudet deum anima tua.«

257 Dieses ›aliquantulum adquiescere‹ scheint für ein ›cor inquietum‹ zunächst unpassend zu sein. Aber es gehört zur Aussage des Textes. Vgl. auch die Anspielungen auf Augustinus bei Anselm von Canterbury: *Proslogion* cap. 1: »Eia nunc, homuncio, fuge paululum occupationes tuas, absconde te modicum a tumultuosis cogitationibus tuis. Abice nunc onerosas curas, et postpone laboriosas distentiones tuas. Vaca aliquantulum Deo, et requiesce aliquantulum in eo.«

258 Augustinus fordert künstlerische Qualität. Nur dann überhaupt will er hören.

259 Von Leibfeindschaft ist keine Rede; eher von leibseelischer Verknüpfung im Sinne von Platons *Kratylos* 400c: Das σῶμα werde mit Recht σῆμα genannt, weil die Seele alles, was sie bezeichnet, durch das σῶμα bezeichnet: τοῦτ' σημαίνει ἃ ἂν σημαίνῃ ἡ ψυχή.

260 Wörtlich: dem es gebührt, nicht so gegeben zu werden, daß es den Geist lähmt.

Anmerkungen des Herausgebers 153

²⁶¹ Nur, weil der Sinn der Vernunft wegen das Recht hat, zugelassen zu werden, versucht er, auch voranzugehen und zu führen. Es geht nicht um Leibkritik, sondern um Bestimmung der Zuordnung (Über- und Unterordnung).
²⁶² Es geht immer um den ›medius locus‹, der nicht wirklich zu erreichen ist.
²⁶³ Ein ehrliches Bekenntnis, das selbstsichere Kritiker Augustins aufmerken lassen sollte.
²⁶⁴ Zeichen von Augustins innerem Zwiespalt (vgl. 49: »aliquantulum adquiesco, non quidem ut haeream, sed ut surgam, cum volo«) und der Angst um den Sinn jedes Augenblicks. Vgl. auch 9,8: »audirent voces meas, quando legi quartum Psalmum in illo tunc otio«.
²⁶⁵ Vorrang des Inneren auch moralisch. Anknüpfung an den Anfang: wem er bekennen will. Ab ›ecce‹ richtet sich Augustinus ausnahmsweise nicht an Gott, sondern an seine Mitmenschen. Dabei wird vorausgesetzt, daß im Inneren verantwortungsvoll gehandelt werden kann und soll.
²⁶⁶ Zum Fragenkönnen (›interrogare‹) vgl. 10; zum Ursprung des Fragenkönnens (»quaestio factus sum«) vgl. 4,9. Das Sich-selbst-Fraglichsein der Menschen resultiert aus dem Zusammenspiel ihrer Endlichkeit und ihrer Bezogenheit auf eine unendliche Vollkommenheit (z. B. 4,11: »quem quasi non moriturum dilexeram«), die letztlich auf den transzendenten Gott verweist. Diese Spannung ist die Basis der metaphysischen Naturanlage; ›quaerere‹ ist ein Zentralwort der *Confessiones* (knapp 200mal; bes. 10,27–29; dazu noch häufig Formen von ›interrogare‹).
²⁶⁷ Vgl. 1 ff. Es geht um ›caritas fraterna‹: wiederum besteht der Tempel Gottes aus Personen.
²⁶⁸ Vgl. 1; ›habitaculum‹ lt. *Georges* = Wohnplatz; aber von ›habito‹ (Grundbedeutung: oft etwas haben, zu haben pflegen); verwandt mit ›habitus‹; Zustand (ἕξις). ›superinduere‹ eher = überziehen von Kleidung; je nachdem, ob man im Bild der Wohnung bleibt oder Kleidung oder Zustand für ›habitaculum‹ wählt, muß ›superindui‹ passend übersetzt werden.
²⁶⁹ Vgl. Novalis: *Hymnen an die Nacht* (*Schriften* I,131; zitiert in der *Einleitung* LXXf., Anm. 105).
²⁷⁰ Nicht Tobias, wie es in den meisten Übersetzungen steht.
²⁷¹ Im Hintergrund steht Platons Sonnengleichnis (vgl. *Politeia* 505a–509b), hier aber in existenzieller Wendung.

272 Vgl. dazu 5,5: »et multa vera de creatura dicunt et veritatem, creaturae artificem, non pie quaerunt et ideo non inveniunt, aut si inveniunt, ›cognoscentes deum non sicut deum honorant aut gratias agunt‹.« Hier könnte eine Kritik an Augustins ›curiositas‹-Kritik ansetzen. Blumenbergs Ansatz bei der ›concupiscentia oculorum‹ geht demgegenüber fehl; vgl. Hans Blumenberg: *Augustins Anteil an der Geschichte des Begriffs der theoretischen Neugierde* (1961); *Curiositas und veritas. Zur Ideengeschichte von Augustin, Confessiones X 35* (1962); die negativ-kritische Sicht folgt dann 1966 in: *Die Legitimität der Neuzeit*, 261–376. Es geht Augustinus nicht um eine prinzipielle Ablehnung weltlicher Wissenschaft, sondern um die Beachtung einer Rangordnung; vgl. 5,7: »infelix enim homo, qui scit illa omnia, te autem nescit; beatus autem, qui te scit, etiamsi illa nesciat.« Vgl. Norbert Fischer: *Einführung* (Tusculum), 798–800. Augustinus selbst führt öfters Gedanken ins Spiel, die seine Wachheit gegenüber natürlichen Phänomenen belegen, z. B. 13,10, Phänomenen, die auch naturwissenschaftlich untersucht werden könnten. Zu Augustins Naturkenntnissen vgl. Henri-Irenée Marrou: *Augustinus und das Ende der antiken Bildung*, bes. 111–137. Vgl. André Labhardt: *Curiositas* (auch mit Hinweisen zur Vorgeschichte des Begriffs; insgesamt werde ›curiositas‹ als ›condamnable‹ dargestellt, da sie von Gott trenne, zum Äußeren hinlenke usw. (vgl. 193 f.). Bedenkenswert ist auch die Position Pascals, der Augustinische Denkhaltung mit naturwissenschaftlicher Forschung verbunden hat; vgl. Albert Raffelt: *Einleitung*, XIX.

273 Diese Art, ohne Beziehung zu Gott zu leben, ist Gegenstand der Kritik Augustins. Was Gegenstand der Kritik war, ist nun (mit Beziehung auf Gott) Gegenstand des Lobes.

274 Auch das Heiligsein ist ein Werk Gottes; unsere Sache sind nur die einzelnen Schritte auf dem Weg zur Heiligkeit. Zur Frage, ob Menschen die vollkommene Gerechtigkeit schon während des Lebens im irdischen Leib erreichen können, vgl. *spir. et litt.* 1: »de perfectione iustitiae hominis, quod eam nemo in hac vita vel adsecutus vel adsecuturus videatur excepto uno mediatore, qui humana perpessus est in similitudine carnis peccati sine ullo omnino peccato«.

275 *Bernhart* verweist hier auf *Psalm* 1,2.

276 Zum ›longius ire‹ vgl. 2,2; 2,7; 8,22. Vgl. dazu Albert Raffelt: »*profectus sum abs te in regionem longinquam*« (*conf.* 4,30). *Das Gleichnis vom ›verlorenen Sohn‹ in den Confessiones des Aurelius Augustinus.*

277 Nicht Erkenntnis und Wissenschaft werden der Kritik unterzogen, sondern eitle Wißbegier, die den Namen von Erkenntnis und Wissenschaft usurpiert; vgl. *AuN*, bes. 223. Insofern geht Blumenbergs Kritik der ›curiositas‹-Kritik in die Irre; vgl. die Hinweise in Anm. 308.

278 Denken war oben als Verbinden ausgelegt worden (18); neugieriges Sehen aber führt zu Zerstreuung, also zum Gegenteil von wirklicher Erkenntnis.

279 *TI* 162: »Comme l'a fait remarquer Heidegger après St. Augustin, nous employons le terme vision indifféremment pour toute expérience, même quand elle engage d'autres sens que la vue.«

280 Augustinus spricht auch eher positiv zur ›curiositas‹, z. B. 1,23: »hinc satis elucet maiorem habere vim ad discenda ista liberam curiositatem quam meticulosam necessitatem.« Diese ›curiositas‹ gehört in den Rahmen des Weges nach außen; vgl. 1,28: »quid autem mirum, quod in vanitates ita ferebar et a te, deus meus, ibam foras« (was wunders, daß sich mein Augenmerk auf äußeren Glanz richtete und von Dir so abgelenkt wurde, daß ich nach außen ging). Dieser Weg gilt in der Rückschau zwar als Irrweg, aber nicht als Sünde; 1,22: »peccabam ergo puer« (*Bernhart*, 47: »Ich sündigte«; besser: ich bin als Kind Irrwege gegangen). 5,4f. spricht Augustinus negativ gegen isolierte erfahrungswissenschaftliche Erkenntnis (was er in 5,6 aber relativiert); er fordert von den Wissenschaften den Doppelbezug zum Schöpfergott (›creaturae artifex‹) und zum Nutzen für Menschen. Vgl. die Maßgabe 5,7. Schädlich wird naturwissenschaftliche Erkenntnis, wenn ihr quasi-religiöse Bedeutung aufgepfropft wird (5,9: »obest autem, si hoc ad ipsam doctrinae pietatis formam pertinere arbitretur et pertinacius affirmare audeat quod ignorat«). Vgl. auch die anders geartete ›curiositas‹ des Alypius, der zeitweise aus Neugier bezüglich sexueller Erfahrungen, nicht aus Lustverlangen die Ehe erstrebt (6,22): »coeperat et ipse desiderare coniugium nequaquam victus libidine talis voluptatis, sed curiositatis.« Vgl. auch 13,30.

281 Wieder Wechsel der Redehaltung: nicht Gott, sondern der Leser wird angesprochen.

282 Das Beispiel scheint nicht besonders gut gewählt zu sein, weil die Kälte des bloßen Wissenwollens in diesem Falle nicht gegeben ist. Es ist mehr eine Art masochistischer Lust, Selbstquälerei, die eher zu einer krankhaften ›voluptas‹ zu rechnen wäre.

283 Ein Theater als moralisch-religiöse Anstalt faßt Augustinus

nicht ins Auge; vgl. aber Karl Reinhardt: *Aischylos als Regisseur und Theologe*, 19 (»Durch Leiden Lernen«: πάθει μάθος); vgl. auch *Prd* 1,18 im Vulgata-Text (*Eccl* 1,18): »qui addit scientiam addat et laborem.«

[284] Nutzen oder Nutzlosigkeit sind das Kriterium für die Frage, ob Wißbegier akzeptabel ist. Über die Frage, was mit Nutzen gemeint ist und was wirklich nützt, läßt sich trefflich streiten.

[285] Das ist der Weg von Goethes manichäisch inspiriertem *Faust*, der keinen Sinn für den Sinn des ruhelosen Herzens und der Anstrengung des Suchens hat; vgl. *Nacht* (HA 3,20; Verse 364 und 377): »Und sehe, daß wir nichts wissen können [...] Drum hab' ich mich der Magie ergeben«. Der Sinn für Suche und Selbstbemühung fehlt analog auch den Prädestinationstheologen.

[286] Vgl. Werner Beierwaltes: *Das wahre Selbst*, 10 (zur Theurgie Iamblichs). Magie und Theurgie sind Augustinus fremd. Also: keine Magie, keine Gunstbewerbung.

[287] Die Ablehnung trifft die Astrologie, weniger die Astronomie, die zur Zeit Augustins z. B. für die Schiffahrt (zwischen Rom und Karthago) nützlich war – und insofern nicht eitel war.

[288] *Bernhart* verweist auf *Mt* 16,4.

[289] In der Tat kann niemand für sich selbst garantieren (vgl. auch *KpV* A 54: »Ob er es tun würde, oder nicht, wird er vielleicht sich nicht getrauen zu versichern«). Insofern ist die Bitte für die eigene Entscheidung zum Guten nicht absurd – und kein Beleg für die engstirnigen Gnadentheoretiker.

[290] Gott sorgt sich um die Menschen, obwohl er an sich sorglos ist (11,3: »qui securus curam nostri geris«). Vgl. den christologischen Bezug in 6. Das Vorbild Christi auf dem Weg reiner Liebe ermöglicht Nachfolge, die nicht die Freiheit der Menschen verdirbt; dazu vgl. *KU* B 139.

[291] Wörtliche Übersetzung: »Sie zwingt mich vom Weg abzuirren, nicht durch den Körper des Reittiers, sondern durch die Neigung des Herzens. Und wenn Du mich nicht schnell ermahnst, nachdem mir meine Schwäche schon vor Augen gestellt worden ist, mich entweder aus der Schau durch irgendeine Überlegung zu Dir zu erheben oder das Ganze nicht zu beachten und zu übergehen, stumpfe ich als eitler Mensch ab.«

[292] Auch diese tiefsitzende menschliche Neigung ist Grund für Augustins Weigerung, sich Gutes selbst zuzuschreiben (5). Damit bestreitet er aber nicht Freiheit und Verantwortlichkeit.

Anmerkungen des Herausgebers 157

²⁹³ Rede im Stile der Selbstbefragung der *Soliloquia*. Hier ist ›mutare‹ keineswegs ein negativ konnotierter Begriff. Das Ändern geht von Gott aus, der ja auch als ›immutabilis‹ bezeichnet wird: er hat begonnen einzugreifen, weil ein Zustand nicht so ist, wie er sein sollte.

²⁹⁴ Laut *lib. arb.* 1,6–8 ist ›libido‹ die ›mala cupiditas‹.

²⁹⁵ Die ›Neidlosigkeit‹ gehört zur überragenden Größe Gottes (z. B. Platon: *Timaios* 29e); Gott ist konkurrenzlos; Kampf um die Zentralposition im Ganzen des Seienden ist sinnwidrig.

²⁹⁶ Das ist keine Prognose. Nur die Höhe des Anspruchs führt zum Gedanken der Kleinheit der Herde. Niemand weiß sich gerettet, alle können nur auf die Barmherzigkeit Gottes hoffen.

²⁹⁷ Das ›cum autem‹ ist vom lateinischen Satzanfang heruntergezogen. Die Stelle ist eine Konkretisierung der Dialektik von Freiheit und Gnade: Gnade ist zunächst die Möglichkeit eines Gutseins, das über die naturhaften Antriebe hinausgeht (der Anspruch, der Liebe Gottes liebend zu antworten); die Antwort selbst ist ein Werk der Freiheit, sofern das Nichtentsprechen gegenüber dem Anspruch Tadel verdient.

²⁹⁸ Vorrang des Aktivischen ohne egoistische Selbstbezogenheit.

²⁹⁹ Wir bedürfen des Herzenskündigers, um unser wahres Selbst zu entdecken; vgl. Anm. 14.

³⁰⁰ Das gute Leben ist eben an sich selbst lobwürdig; so wie Tugend nichts anderes ist als die Würdigkeit, glücklich zu sein. Das Problem besteht nur darin, ob uns ein Urteil möglich ist, wann das Leben gut und wann die Handlung tugendhaft ist.

³⁰¹ Laut *Georges*: ›vel‹ in der Steigerung: oder sogar, auch sogar. Dieser Satz klärt Augustins Entscheidung der vorausgehenden Alternative und steigert seine Position.

³⁰² Die Liebe, von der hier gesprochen wird, ist die Liebe zum nicht liebenswerten Anderen, der in seinem Elend dennoch geliebt wird (vgl. *TI* 50). Nichtegoistische Liebe ist Gott gegenüber schwer, sofern sie den Hochmut niederschlägt; sie ist schwer gegen den Nächsten, der meinen Egoismus nicht befördert, weil sie reine Liebe sein soll, nicht auf Gewinn ausgehende.

³⁰³ Anknüpfung an 4 ff., bes. 4: »nam confessiones praeteritorum malorum meorum, quae remisisti et texisti, ut beares me in te, mutans animam meam fide et sacramento tuo, cum leguntur et audiuntur, excitant cor, ne dormiat in desperatione et dicat: non possum, sed evigilet in amore misericordiae tuae et dulcedine gratiae tuae,

qua potens est omnis infirmus, qui sibi per ipsam fit conscius infirmitatis suae.«

304 Es geht um die Erfüllung der zwei ›Tugendpflichten‹, ähnlich wie Kant sie bestimmt hat (*MST* A 13–18): eigene Vollkommenheit, fremde Glückseligkeit.

305 Das heißt: »veritatem facere« (1).

306 Vgl. 7: »aliquid de te scio, quod de me nescio […] mihi sum praesentior quam tibi«.

307 Es geht um Erkenntnis des endlichen wahren Selbst, nicht um Rückkehr zum Einen (Plotin).

308 Vgl. 1: »›ecce enim veritatem dilexisti‹, quoniam ›qui facit‹ eam, ›venit ad lucem‹. volo eam facere in corde meo coram te in confessione, in stilo autem meo coram multis testibus.«

309 Vgl. 4,1: »inrideant me adrogantes«. Die ›adrogantes‹ sind Leute, die sich die Gaben Gottes als eigene Leistung zusprechen; vgl. 5.

310 Wörtlich: ›Die Rede aber, die dem Mund entströmt, und die Taten, die den Menschen bekannt werden, enthalten eine sehr gefährliche Prüfung wegen der Liebe zum Lob, die erbettelte Beifallsäußerungen zu einer gewissen Hervorhebung der eigenen Person zusammenträgt.‹

311 Ziel ist die von Achtung und wohlwollender Liebe (›caritas fraterna‹) bestimmte Gemeinschaft, die mit Gott ohne Ende währt (11,3): »regnum tecum perpetuum ›sanctae civitatis‹ tuae.«

312 ›cor inquietum‹ ist der Mensch, weil er trotz der Endlichkeit, der Sterblichkeit, der Verfehltheit seines Lebens und trotz seines Hochmuts auf Gott hin geschaffen ist (1,1). In dieser gespannten Situation sieht er sich auf einem schwierigen Weg, der durch Ermutigungen, Schrecknisse, Tröstungen und Fingerzeige bestimmt ist (11,2). Vgl. noch einmal *AuN* 205 mit dem Hinweis, »daß das ›Leben‹ kein Spaziergang ist«.

312 So bleibt das Leben »temptatio«, Gefahr (κίνδυνος): es gibt keine theoretisch-spekulative Wahrheit, mit der das ›cor inquietum‹ sich beruhigen könnte.

314 Das ist der Gegenpol, der ihn trotz der existenziellen Unsicherheit auf dem Weg hält.

315 Augustinus tendiert hier zu einer Auslegung des Raumes als ›Erstreckung des Geistes‹ (distentio animi‹), analog dem im elften Buch im Blick auf die Zeit durchgeführten Verfahren.

316 Augustinus spielt mit den neuplatonischen Hervorgängen,

beginnend beim Einen, über Geist und Seele zum Körperlichen, das von der Seele belebt wird. Auffällig ist die Häufigkeit der Personalpronomina und Possessivpronomina der 1. Person. Es geht um das Selbstsein des eigenen Ich, nicht um spekulativ-ontologische Rückführung des Vielen auf das ›Eine‹.

317 Dieser Satz setzt die Gegenwart Gottes in Differenz zum Suchenden voraus. Ein Stück weit folgt Augustinus Plotin, der das Eine Alles genannt, aber mit dem Einen kein einzelnes Seiendes gemeint hatte (*Enneade* V 2,1,1): τὸ ἓν πάντα καὶ οὐδὲ ἕν. Augustinus ist überzeugt, daß in der Unterscheidung zwischen den Dingen die Annahme Gottes vorausgesetzt sei, identifiziert aber nicht das Eine mit Allem, sondern nimmt Gott als Schöpfer an. Obwohl er gleichsam alles Gott verdankt, ist er doch der Suchende, der sich in Differenz zu Gott weiß.

318 Drei Seinsregionen: Welt (foris), Seele / memoria (intus), Gott (3,11: ›interior intimo meo‹).

319 Den Zusammenhang von Subjektivem und Außersubjektivem könnte es beim menschlichen Körper oder bei wahrnehmbaren Produkten menschlicher Geistestätigkeit geben.

320 Zwischenstellung zwischen Niederem und Höherem (vgl. Platon: *Symposion* 202a–203a).

321 Die Freude des »›meditari in lege tua‹« wird nicht wider Willen verloren; vgl. 11,2.

322 Vgl. 11,39: »in tempora dissilui [...] dilaniantur cogitationes meae«.

323 Nüchterne Beurteilung eines Glückszustandes: keine ›mystische‹ Interpretation!

324 Vgl. 1,7: ›mors vitalis‹, ›vita mortalis‹; vgl. *en. Ps.* 38,13; vgl. Rudolph Berlinger: *Augustins dialogische Metaphysik*, 20: ›nunc in spe, tunc in re‹.

325 In der Kritik der ›cupiditates‹ geht es um die Kritik des uneigentlichen Existierens, des lauen, fremdgesteuerten, gleichsam vollautomatischen, ›heteronomen‹ Dahinlebens.

326 Eigentliches Ganzsein des Endlichen in Heiligkeit ist das asymptotisch erstrebte Ziel.

327 Es geht in der Wahrheitssuche nicht um die Erlangung der Zentralposition im Ganzen des Seienden, sondern um die Anerkennung einer transzendenten Wahrheit, die den Suchenden als endliches Wesen leben läßt und die er nur anerkennen kann.

328 Vgl. *BA* 14,260; *JD* III,241 f. Beide verweisen auf John

O'Meara: *Porphyry's Philosophy from Oracles*. In den *Fragmenta* des Porphyrios findet sich unter dem Titel ein opusculum *De regressu animae*, auf das sich weitgehend die Erwähnungen bei Augustinus stützen (*civ.*), vgl. 319–350. Ohne daß Augustinus erwähnt würde, tritt der Hintergrund von 66 bei Clemens Zintzen hervor: *Die Wertung von Mystik und Magie in der neuplatonischen Philosophie*.

329 Problem der Übersetzung: ›peccator‹ = ›Sünder‹; ›peccatum‹ = ›Verfehlung‹. So beim Menschen; bei Gott hier: Schuld. Vgl. auch Ende des Paragraphen! In 67 findet sich die Überleitung zu einem verkündigenden Predigt-Stil (ähnlich wie in 4,16–19).

330 In dieser Aussage dokumentiert sich indirekt der Rationalitätsanspruch der Christologie Augustins: Menschen sind bedrückt von der Last der Sterblichkeit und bewundern das Ideal der Heiligkeit. In Gott suchen sie Unsterblichkeit und Heiligkeit. Ontologische Überlegungen können den Weg zur Unsterblichkeit nicht bahnen. Der einzige Weg ist das praktische Streben nach Heiligkeit. Um welchen Hochmut es sich handelt, war oben genannt worden: mit Hilfe von ontologischer Erkenntnis das Problem des menschlichen Daseins in der Welt lösen zu können.

331 Hier ›peccatum‹ mit ›Sünde‹ übersetzt, weil die Verfehlung hier im Hochmut besteht, der Nichtannahme der eigenen Geschöpflichkeit, dem bewußten Fehlverhalten gegenüber Gott.

332 Die Ablehnung dieses Mittlers ist ein großes Ja zur sinnlich wahrnehmbaren Schöpfung.

333 Zuerst ist das ideale Ziel den Demütigen offenbart; d.h. es geht von vornherein um das den Demütigen erkennbare Ideal einer Gott wohlgefälligen Menschheit. Dann aber muß das Ideal realisiert sein (gesandt sein); die Erkenntnis des Ideals allein ist unzureichend (6): »et hoc mihi verbum tuum parum erat si loquendo praeciperet, nisi et faciendo praeiret.«

334 Tugend wird hier gedacht »als die Würdigkeit glücklich zu sein«; vgl. z. B. *KpV* A 198.

335 Laut Platon ist die Gerechtigkeit das wesentliche Merkmal Gottes. Und kein Mensch ist Gott ähnlicher als der gerechteste unter allen Menschen (*Theaitetos* 176b/c): Θεὸς οὐδαμῇ οὐδαμῶς ἄδικος, ἀλλ' ὡς οἷόν τε δικαιότατος, καὶ οὐκ ἔστιν αὐτῷ ὁμοιότερον οὐδὲν ἢ ὃς ἂν ἡμῶν αὖ γένηται ὅτι δικαιότατος. Im *Siebenten Brief* nennt Platon Sokrates den Gerechtesten seiner Zeitgenossen (324e).

Anmerkungen des Herausgebers   161

³³⁶ Zu den Grenzen der Kirche vgl. Norbert Fischer: *foris-intus*, bes. 42 f.; außerdem: *Katholizität bei Augustinus;* bes. 240 ff.

³³⁷ Anabatische und katabatische Christologie gehören laut Augustinus zusammen, wobei die anabatische hier den Vorrang hat (sofern der Weg bei einem sterblichen Menschen beginnt). Die christologischen Passagen im vierten Buch haben eher katabatischen Charakter (vgl. 4,19).

³³⁸ Gedachte Entwicklung: 1. Beginn mit dem ungeschichtlichen Ideal des leidenden Gerechten (vgl. auch Platon: *Politeia*, bes. 361e/362a); 2. Übergang zur geschichtlichen Erfüllung (anabatische Christologie); 3. Katabatische Christologie als Voraussetzung der Möglichkeit des geschichtlichen Ideals.

³³⁹ Gott gleich sein, heißt: heilig sein; heilig zu sein, ist nicht Raub eines göttlichen Attributs: heilig sollen alle sein. Die Tugend ist laut Platon herrenlos (*Politeia* 617e: ἀδέσποτον).

³⁴⁰ Vgl. die Etymologie von ›victima‹ in *Georges* 2, 3473: ›weihan‹ = heiligen.

³⁴¹ Keine falsche Würde des Priestertums, sondern: Hinführung zur Heiligkeit; Augustinus bezeichnet auch die *Confessiones* als »sacrificium [...] de manu linguae meae« (vgl. 5,1).

³⁴² Gott selbst ist Diener der Menschen, sofern er Mensch unter Menschen ist; vgl. 6: »quos filios tuos esse voluisti dominos meos«.

³⁴³ Die Übersetzung von ›filios‹ muß eine Brücke zwischen dem ›einen‹ Gottessohn und den vielen Menschen bilden, die auf Gott hin als Bürger im Gottesreich geschaffen sind.

³⁴⁴ Vgl. 3: Menschen können die ›languores‹ nicht heilen. Die Hoffnung ruht auf Gott.

³⁴⁵ Verzweiflung wäre angesagt, wenn das Wort bloßes Ideal geblieben wäre. Vgl. Platon: *Symposion* 203a: θεὸς δὲ ἀνθρώπῳ οὐ μείγνυται. Vgl. dazu 4,10: »et tamen nisi ad aures tuas ploraremus, nihil residui de spe nostra fieret«.

³⁴⁶ Wenn das Ideal der Gott wohlgefälligen Menschheit bloßes Ideal geblieben wäre, wäre es für Augustinus unglaubwürdig geblieben und hätte nicht zur Nachfolge angetrieben; vgl. 6: »et hoc mihi verbum tuum parum erat si loquendo praeciperet, nisi et faciendo praeiret«. Das ›potuimus‹ ist zugleich indikativisch und konjunktivisch zu verstehen. Erstens drückt es eine faktische Möglichkeit aus, die vor der Menschwerdung fast zwingend war; vgl. aber die ›antiqui sancti‹; vgl. auch Platon, der gegensätzliche Impulse ins Spiel bringt: neben der Ablehnung der Vermischung (Anm. 345) gibt es

auch den Gedanken der Verbindung zwischen Menschlichem und Göttlichem; vgl. dazu *Theaitetos* 176b (ὁμοίωσις θεῷ) und *Politikos* 303b (θεὸς ἐξ ἀνθρώπων).

347 Vielleicht die Flucht in das monastische Leben (*ep.* 10,2: »deificari in otio«); Augustinus hätte dann den Ruf ins Bischofsamt – halb widerwillig – als Ruf in die Gemeinschaft der Menschen verstanden; oder als eine Absage an die Weltverneinung, als bejahende Zuwendung zum tätigen Leben.

348 Allgemeiner Heilswille Gottes. Ziel ist wiederum ›fraterna caritas‹ aller: Jeder soll dem Glück und der Vollkommenheit der Anderen dienen. Das ›pro ipsis‹ wäre zu schwach übersetzt mit: ›für sie‹. Erlösung findet laut Augustinus statt, sobald das Leben des jeweiligen Ich nicht mehr der Erfüllung der eigenen Begierden gilt und in sich verkapselt ist, sondern sich in wahrer Achtung und reiner Liebe auf das Leben eines Anderen bezieht.

349 Die Anderen sind Aufgabe, aber nicht der Arzt, der zu rechtem Handeln anleitet.

350 Um entsprechend dem Ideal leben zu können, ist das Ideal und seine geschichtliche Verwirklichung nötig. Selbsterlösung (=Hochmut) scheitert.

351 Die Eucharistie war zur Zeit Augustins eine Arkandisziplin, zu der Augustinus eher geschwiegen hat; vgl. Cornelius Mayer: *Eucharistia* (die Hinweise zu Augustinus sind dementsprechend deutlich knapper gehalten als die zur voraugustinischen Tradition).

352 Anknüpfung an 1,1: »quaeram te, domine ...«; »tu excitas ...«.

ABKÜRZUNGEN

Verzeichnis der Siglen

Benutzte Siglen der zitierten Werke Augustins (Zitation entsprechend *AL* und *CAG* 2).

Acad.	De Academicis libri tres (Contra Academicos)
an. quant.	De animae quantitate liber unus
beata v.	De beata vita liber unus
c. ep. Parm.	Contra epistulam Parmeniani libri tres
c. Iul.	Contra Iulianum libri sex
civ.	De civitate dei libri viginti duo
conf.	Confessionum libri tredecim
cont.	De continentia liber unus
div. qu.	De diversis quaestionibus octoginta tribus liber unus
en. Ps.	Enarrationes in Psalmos
ep.	Epistulae
ep. Io. tr.	In epistulam Iohannis ad Parthos tractatus decem
f. et op.	De fide et operibus liber unus
Gn. adv. Man.	De Genesi adversus Manichaeos liber unus
Gn. litt.	De Genesi ad litteram libri duodecim
gr. et lib. arb.	De gratia et libero arbitrio
Io. ev. tr.	In Iohannis evangelium tractatus CXXIV
lib. arb.	De libero arbitrio libri tres
mag.	De magistro liber unus
mend.	De mendacio liber unus
qu.	Quaestionum libri septem
retr.	Retractationum libri duo
s.	Sermones
s. Dolbeau	Sermones a F. Dolbeau editi
s. dom. m.	De sermone domini in monte libri duo
sol.	Soliloquiorum libri duo
spir. et litt.	De spiritu et littera ad Marcellinum liber unus
trin.	De trinitate libri quindecim
vera rel.	De vera religione liber unus

Abkürzungen

Weiterhin benutzte Siglen
(bibliographische Angaben im Literaturverzeichnis)

AA	Immanuel Kant: *Akademie-Ausgabe*
AL	Cornelius Mayer (Hg.): *Augustinus-Lexikon*
APE	Norbert Fischer: *Augustins Philosophie der Endlichkeit*
AuN	Martin Heidegger: *Augustinus und der Neuplatonismus*
AZ	Aurelius Augustinus: *Was ist Zeit?* (Confessiones XI / Bekenntnisse 11)
BA	*Bibliothèque Augustinienne*
Bernhart	*Augustinus: Confessiones / Bekenntnisse*
CAH	Norbert Fischer; Cornelius Mayer: *Die Confessiones des Augustinus von Hippo*
CCL	*Corpus Christianorum Latinorum*
EaD	Immanuel Kant: *Das Ende aller Dinge*
EGA	Volker Henning Drecoll: *Die Entstehung der Gnadenlehre Augustins*
GA	Martin Heidegger: *Gesamtausgabe letzter Hand*
Gemoll	*Griechisch-deutsches Schul- und Handwörterbuch*
Georges	*Ausführliches lateinisch-deutsches Handwörterbuch*
GMS	Immanuel Kant: *Grundlegung zur Metaphysik der Sitten*
Grimm	*Grimmsches Wörterbuch*
HA	Johann Wolfgang Goethe: *Hamburger Ausgabe*
HWP	Ritter, Joachim † u.a. (Hg.): *Historisches Wörterbuch der Philosophie*
JD	James O'Donnell: *Augustine. Confessions.*
KA	Rainer Maria Rilke: *Kommentierte Ausgabe*
KpV	Immanuel Kant: *Kritik der praktischen Vernunft*
KrV	Immanuel Kant: *Kritik der reinen Vernunft*
KSA	Friedrich Nietzsche: *Sämtliche Werke. Kritische Studienausgabe*
KSB	Friedrich Nietzsche: *Sämtliche Briefe. Kritische Studienausgabe*
KU	Immanuel Kant: *Kritik der Urteilskraft*
LCI	Engelbert Kirschbaum (Hg.): *Lexikon der christlichen Ikonographie*
LdS	Kurt Flasch: *Logik des Schreckens*
LthK	Josef Höfer, Karl Rahner (Hg.): *Lexikon für Theologie und Kirche*. 2. Auflage.
Mp	Aristoteles: *Metaphysik*

MPL	*Migne. Patrologiae cursus completus. Series latina*
MST	Immanuel Kant: *Metaphysik der Sitten. Tugendlehre*
NE	Aristoteles: *Nikomachische Ethik*
Pape	*Griechisch-deutsches Wörterbuch*
REAug	*Revue des Études Augustiniennes*
RGV	Immanuel Kant: *Die Religion innerhalb der Grenzen der bloßen Vernunft*
SAC	*Confessioni.* 5 Bände, hg. von Manlio Simonetti.
S.th.	Thomas von Aquin: *Summa theologiae*
SuZ	Martin Heidegger: *Sein und Zeit*
TI	Emmanuel Levinas: *Totalité et Infini*
VS	Diels/Kranz (Hg.): *Die Fragmente der Vorsokratiker*
WA	Martin Luther: *Weimarer Ausgabe*
WiM	Martin Heidegger: *Was ist Metaphysik?*

LITERATURVERZEICHNIS

Informationen zu textkritischen und zu kommentierten Ausgaben der *Confessiones*, zu Kommentaren, digitalisierten Textfassungen, Konkordanzen, Bibliographien, deutschen Übersetzungen und Teilausgaben bietet Albert Raffelt: *Bibliographischer Anhang*. In: *CAH*, 653–659.

Kritische Editionen von Augustins Confessiones

Confessionum libri XIII. Quos post Martinum Skutella iterum ed. Lucas Verheijen. Turnholti: Typographi Brepols 1981. Corpus Christianorum / Series Latina (= *CCL*) 27.
S. Aureli Augustini confessionum libri tredecim / post Pium Knoell iteratis curis ed. Martinus Skutella (1934). – Editionem correctiorem curaverunt H. Juergens et W. Schaub. – Stutgardiae; Lipsiae: Teubner, 1996.

Gesamtausgaben der Werke Augustins

Sancti Augustini Hipponensis Episcopi Opera Omnia. Post Lovanensium Theologorum Recensionem, [...] opera et studio Monachorum ordinis Sancti Benedicti e Congregatione S. Mauri. Editio novissima, ed. J.-P. Migne. Bände 32–47 von: Patrologiae cursus completus. Series latina. Paris 1841–1849 (=*MPL*).
Corpus Augustinianum Gissense. A Cornelio Mayer editum. Die elektronische Edition der Werke des Augustinus von Hippo: – Lemmatisierte Texte, – Zitatauszeichnung, – Literaturdatenbank. Eine Veröffentlichung des Zentrums für Augustinus-Forschung in Würzburg in Zusammenarbeit mit dem Kompetenzzentrum für elektronische Erschließungs- und Publikationsverfahren in den Geisteswissenschaften an der Universität Trier. Basel: Schwabe 2004 (=*CAG* 2).

168 Literaturverzeichnis

*Ausgewählte Einführungen und Kommentare
zu den Confessiones*

James O'Donnell: *Augustine: Confessions. Introduction, Text and Commentary.* 3 Volumes. Oxford: Clarendon Press 1992.
Norbert Fischer; Cornelius Mayer (Hg.): Die ›*Confessiones*‹ *des Augustinus von Hippo. Einführung und Interpretationen zu den dreizehn Büchern.* Freiburg u. a.: Herder 1998. Sonderausgabe 2004 (= *CAH*).

Lateinisch-deutsche Ausgaben der Confessiones

Des heiligen Augustinus Bekenntnisse (1950). Übertragen und eingeleitet von Hubert Schiel (seit ⁶1959 lat.-dt.). Freiburg: Herder ⁷1964.
Augustinus: *Confessiones/Bekenntnisse* (1955; lat.-dt.). Übersetzt, eingeleitet und erläutert von Joseph Bernhart. München: Kösel, ⁴1980 (seit 1987 auch Frankfurt am Main: Insel ⁴1994.
Aurelius Augustinus: *Confessiones/Bekenntnisse.* Lat.-dt. Übersetzt von Wilhelm Thimme. Mit einer Einführung von Norbert Fischer. Düsseldorf/Zürich: Artemis & Winkler 2004.

Neuere deutsche Übersetzung

Augustinus: *Bekenntnisse.* Mit einer Einleitung von Kurt Flasch. Übersetzt, mit Anmerkungen versehen und hg. von Kurt Flasch und Burkhard Mojsisch. Stuttgart: Reclam 1989.

*Ausgaben mit Kommentaren zum
zehnten Buch der Confessiones*

Aimée Solignac: *Notes complémentaires.* In: *Les Confessions.* Livres VIII–XIII. Texte de l'édition de M. Skutella. Introduction et Notes par A. Solignac. Traduction et Notes de E. Tehorel (†) et G. Boissou. Paris: Études Augustiniennes 1996 (= *BA* 14), 556–572.
Aimée Solignac. In: *Confessioni.* 5 Bände, testo criticamente ri-

veduto e apparati scritturistici a cura di Manlio Simonetti, traduzione di Gioacchino Chiarini. Milano: Fondazione Lorenzo Valla, 1992-1997. *Volume IV (Libri X–XI)*: Libro decimo a cura di Aimé Solignac, 169-247; Libro undecimo a cura di Marta Cristiani, 249-330 (= *SAC*).

Nachschlagewerke zum Werk Augustins

Cornelius Mayer (Hg.): *Augustinus-Lexikon*. Basel: Schwabe 1986 ff.; bis 2006 ausgeliefert: 2 Bände und zwei Doppelfaszikel: bisher Stichworte von ›Aaron‹ bis ›institutio, institutum‹ (= *AL*).
Allan D. Fitzgerald (Hg.): *Augustine through the Ages. An Encyclopedia*. Grand Rapids, Michigan; Cambridge, U.K. 1999.

Benutzte Ausgaben der Heiligen Schrift

Biblia Sacra iuxta Vulgatam Versionem. Hg. von Roger Gryson. Stuttgart: Deutsche Bibelgesellschaft (1969), ⁴1994.
Neue Jerusalemer Bibel. Einheitsübersetzung mit dem Kommentar der Jerusalemer Bibel. Hg. von Alfons Deissler und Anton Vögtle in Verbindung mit J. M. Nützel. Freiburg: Herder, 1985.

Benutzte Wörterbücher

Ausführliches lateinisch-deutsches Handwörterbuch. 2 Bände. Ausgearbeitet von Karl Ernst Georges. Unveränderter Nachdruck der achten, verbesserten und vermehrten Auflage von Heinrich Georges (1913). Darmstadt: WBG 1988.
Griechisch-deutsches Handwörterbuch von Dr. W. Pape. In drei Bänden. Dritte Auflage, bearbeitet von M. Sengebusch. Braunschweig: Vieweg und Sohn 1880.
Griechisch-deutsches Schul- und Handwörterbuch von Wilhelm Gemoll. Neunte Auflage. Durchgesehen und erweitert von Karl Vretska. Mit einer Einführung in die Sprachgeschichte von Heinz Kronasser. München/Wien: G. Freytag 1965.
Deutsches Wörterbuch von Jacob und Wilhelm Grimm. Der digitale Grimm. Frankfurt am Main: Zweitausendeins 2004.

Ausgewählte (meist auch zitierte) Literatur in alphabetischer Reihenfolge

Angelus Silesius: *Gesammelte Werke* (= *Sämtliche poetische Werke in drei Bänden;* 1952). Hg. von Hans Ludwig Held. Nachdruck Wiesbaden: Fourier 2002.

Anselm von Canterbury: *Proslogion*. Lateinisch-deutsche Ausgabe von Franciscus Salesius Schmitt OSB. Stuttgart-Bad Canstatt: Frommann 1962.

Aristotelis Opera. Ex recensione Immanuelis Bekkeri. Ed. Academia Regia Borussica (1831 ff.). Nachdruck Darmstadt: WBG 1960.

–: *De memoria et reminiscentia* (περὶ μνήμης καὶ ἀναμνήσεως. In: *Aristotelis Opera* (s.o.). Band 1, 449–453. – *Über Gedächtnis und Erinnerung*. In: Aristoteles: *Werke in deutscher Übersetzung*. Band 14, Teil II, übersetzt und erläutert von R.A.H. King. Darmstadt: WBG: 2004, 11–20.

–: *Peri hermeneias* (= *De interpretatione*). In: Aristoteles: *Werke in deutscher Übersetzung*. Band 1/II. Übersetzt und erläutert von Hermann Weidemann. Darmstadt: WBG 1994.

–: *De anima* (περ ψυχῆς). Hg. von W.D. Ross, Nachdruck Oxford: Clarendon, 1979. – *Über die Seele*. In: Aristoteles: *Werke in deutscher Übersetzung*. Band 13. Übersetzt und erläutert von Willy Theiler. Darmstadt: WBG [6]1983.

–: *Physik. Vorlesung über Natur*. Griech.-dt. Übersetzt, mit einer Einleitung und mit Anmerkungen hg. von Hans Günter Zekl. Zwei Bände. Hamburg: Meiner 1988.

–: *Ethica Nicomachea*. Hg. von I. Bywater, Oxford: University Press, 1979. – *Nikomachische Ethik*. In: Aristoteles: *Werke in deutscher Übersetzung*. Band 6. Übersetzt und erläutert von Franz Dirlmeier. Darmstadt: WBG [7]1979.

Aurelius Augustinus: *Was ist Zeit? Confessiones XI/Bekenntnisse 11*. Eingeleitet, übersetzt und mit Anmerkungen versehen von Norbert Fischer. Lat./dt. PhB 534. Hamburg: Meiner 2000.

Balthasar, Hans-Urs von: *Einführung*. In: *Augustinus. Das Antlitz der Kirche*. Einsiedeln u. a.: Benziger, 1955; Neuausgabe Freiburg 1991.

Beierwaltes, Werner: *Plotins Metaphysik des Lichtes* (1961; mit dem Nachwort von 1974). In: *Die Philosophie des Neuplatonismus*. Hg. von Clemens Zintzen. Darmstadt: WBG 1977, 75–117.

–: *Plotin. Über Zeit und Ewigkeit (Enneade III 7)*. Übersetzt, eingeleitet und kommentiert von Werner Beierwaltes (1967). Frankfurt am Main: Klostermann 1981.

–: *Regio Beatitudinis. Zu Augustins Begriff des glückseligen Lebens*. Heidelberg: Winter 1981.

–: *Das wahre Selbst. Studien zu Plotins Begriff des Geistes und des Einen*. Frankfurt am Main: Klostermann 2001.

Benn, Gottfried: *Gesammelte Werke 1. Gedichte*. Wiesbaden: Limes, 1960.

Berlinger, Rudolph: *Augustins dialogische Metaphysik*. Frankfurt am Main: Klostermann 1962.

Bernhart, Joseph: *Anmerkungen*. In: Augustinus: *Confessiones / Bekenntnisse*. Eingeleitet, übersetzt und erläutert von Joseph Bernhart (1955). München: Kösel 1955, 849–923.

Blumenberg, Hans: *Augustins Anteil an der Geschichte des Begriffs der theoretischen Neugierde*. In: *REAug 7*, 1961, 35–70.

–: *Curiositas und veritas. Zur Ideengeschichte von Augustin, Confessiones X 35*. In: *Studia Patristica*. Vol. VI. Part IV. Hg. von E. L. Cross (Band 81 der *Texte und Untersuchungen zur Geschichte der altchristlichen Literatur*). Berlin 1962, 294–302.

–: *Die Legitimität der Neuzeit* (1966), Frankfurt am Main: Suhrkamp 1996.

Bonner, Gerald: *Augustinus (vita)*. In: *AL* 1, 519–550.

Borsche, Tilman: *Macht und Ohnmacht der Wörter. Bemerkungen zu Augustins ›De magistro‹*. In: *Sprachphilosophie in Antike und Mittelalter*. Hg. von Burkhard Mojsisch. Amsterdam: Grüner 1986, 121–161.

Brachtendorf, Johannes: *Augustins ›Confessiones‹*. Darmstadt: WBG 2005.

Chadwyck, Henry: *Frui – uti*. In: *AL* 3, 70–75.

Chin, Catherine M.: *Christians and the Roman Classroom: Memory, Grammar and Rhetoric in* Confessions *X*. In: *Augustinian Studies* 33, 2002, 161–182.

Cicero: *Tusculanae disputationes / Gespräche in Tusculum*. Lat.-dt. Übersetzt und hg. von Ernst Alfred Riedel. Stuttgart: Reclam 1997.

Conybeare, Catherine: *The Duty of a Teacher. Liminality and* disciplina *in Augustine's* De ordine. In: *Augustine and the Disciplines. From Cassiciacum to Confessions*. Hg. von Karla Pollmann; Mark Vessey. Oxford: University Press 2005, 49–65.

Deissler, Alfons: *Die Psalmen. Kleinkommentar.* Drei Bände. Düsseldorf: Patmos 1963–1965.
Descartes, René: *Meditationes de prima philosophia / Meditationen über die Grundlagen der Philosophie* (1641). Auf Grund der Ausgaben von Artur Buchenau neu hg. von Lüder Gäbe, durchgesehen von Hans Günter Zekl. Hamburg: Meiner, 1977.
Dionysius Pseudo-Areopagita: *De coelesti Hierarchia. De Ecclesiastica Hierarchia. De mystica Theologia. Epistulae.* In: *Corpus Dionysiacum II. Pseudo-Dionysius Areopagita.* Hg. von Günter Heil †; Adolf Martin Ritter: Berlin: de Gruyter 1991, 139–149.
–: *Über die Mystische Theologie und Briefe.* Eingeleitet, übersetzt und mit Anmerkungen versehen von Adolf Martin Ritter. Stuttgart: Hiersemann, 1994.
Döring, Klaus: *Sokrates, die Sokratiker und die von ihnen begründeten Traditionen.* Zweites Kapitel von: *Die Philosophie der Antike. Band 2/1: Sophistik, Sokrates, Sokratik, Mathematik, Medizin.* Hg. von Hellmut Flashar. Basel: Schwabe 1998, 139–364.
Drecoll, Volker Henning: *Die Entstehung der Gnadenlehre Augustins.* Tübingen: Mohr 1999.
–: *Die Bedeutung der Gnadenlehre Augustins für die Gegenwart.* Festvortrag zur Jahresversammlung der Augustinus-Gesellschaft am 5.11.2005 in Würzburg (zu lesen unter: www.augustinus.de).
Dubois-Reymond, Emil: *Über die Grenzen der Naturerkenntnis. Die sieben Welträthsel.* Zwei Vorträge. Leipzig: Veit 1882.
Duchrow, Ulrich: *Der Aufbau von Augustins Schriften* Confessiones *und* De trinitate. In: *ZThK* 62, 1965, 338–367.
Esposito, Costantino: *Die Gnade und das Nichts. Zu Heideggers Gottesfrage.* In: *»Herkunft aber bleibt stets Zukunft«. Martin Heidegger und die Gottesfrage.* Hg. von Paola-Ludovika Coriando. Frankfurt am Main: Klostermann 1998, 199–223.
Feldmann, Erich: *Die Christus-Frömmigkeit der Mani-Jünger. Der suchende Student Augustinus in ihrem »Netz«?* In: *Pietas. Festschrift für Bernhard Kötting.* Hg. von Ernst Dassmann; Karl Suso Frank. Münster: Aschendorff 1980, 198–216.
–: *Einführung. Das literarische Genus und das Gesamtkonzept der* Confessiones. In: *CAH* 11–59.
Fetz, Reto Lucius: *Ontologie der Innerlichkeit. Reditio completa und processio interior bei Thomas von Aquin.* Freiburg/Schweiz: Universitätsverlag 1975.
Feuerbach, Ludwig: *Das Wesen des Christentums* (1841). In: *Ge-*

sammelte Werke, Band 5. Hg. von Werner Schuffenhauer, mit einer Vorbemerkung von Werner Schuffenhauer und Wolfgang Harich. Berlin: Akademie-Verlag ²1984.

Filippi, Francesca: *Il giovane Heidegger e la »Distruzione fenomenologica« dell'Urchristentum*. In: *Rivista di filosofia neo-scolastica* 97, 2005, 651-672.

Fischer, Norbert: *Zum Problem der Transzendenz in der Platonischen Erkenntnislehre. Interpretationsansätze zu Platons ›Menon‹ und ›Theaitetos‹*. In: *Theologie und Philosophie* 55, 1980, 384–403.

–: *Augustins Philosophie der Endlichkeit. Zur systematischen Entfaltung seines Denkens aus der Geschichte der Chorismos-Problematik*. Bonn: Bouvier 1987.

–: *Sein und Sinn der Zeitlichkeit im philosophischen Denken Augustins*. In: *REAug* 33, 1987, 205–234.

–: *Augustins Weg der Gottessuche (›foris‹, ›intus‹, ›intimum‹)*. In: *Trierer Theologische Zeitschrift* 100, 1991, 91–113.

–: *bonum*. In: *AL* 1, 671–681.

–: *Erfahrung‹ in Augustins ›Confessiones‹*. In: *Internationale Katholische Zeitschrift* 25, 1996, 206–220.

–: *Unsicherheit und Zweideutigkeit der Selbsterkenntnis. Augustins Antwort auf die Frage ›quid ipse intus sim‹ im zehnten Buch der ›Confessiones‹*. In: *Geschichte und Vorgeschichte der modernen Subjektivität*. Hg. von Reto Luzius Fetz; Roland Hagenbüchle; Peter Schulz. Berlin: de Gruyter 1998. Band 1, 340–367.

–: *Confessiones 11: ›Distentio animi‹. Ein Symbol der Entflüchtigung des Zeitlichen*. In: *CAH* 489–552.

–: *Einleitung*. In: *AZ* XI–LXIV.

–: *Narrativa – Reflexão – Meditação. O Problema do Tempo na Estrutura das Confissões. Erzählung – Reflexion – Meditation. Das Zeitproblem im Gesamtaufbau der Confessiones*. Portugiesische Übersetzung und deutscher Originaltext. In: *Akten zum Internationalen Kongreß: As Confissões de S. Agostinho. 1600 anos depois: Presença e Actualidade. Lisboa 13–16 Novembro 2000*. Lisboa: Universidade Católica Editora 2001, 253–279.

–: *Katholizität bei Augustinus*. In: *Internationale Katholische Zeitschrift* 30, 2001, 238–250.

–: *Freiheit und Gnade. Augustins Weg zur Annahme der Freiheit des Willens als Vorspiel und bleibende Voraussetzung seiner Gnadenlehre*. In: *Freiheit und Gnade in Augustins Confessiones. Der*

Sprung ins lebendige Leben. Hg. von Norbert Fischer; Dieter Hattrup; Cornelius Mayer. Paderborn: Schöningh 2003, 50–69.

–: *Suchen und Finden. Zur Inversion der Aktivität in der Beziehung zu Gott.* In: *Gottesglaube – Gotteserfahrung – Gotteserkenntnis. Philosophisch-theologische Spurensuche zur Rede von Gott.* Hg. von Günter Kruck. Mainz: Grünewald 2003, 259–280.

–: *Der Rationalitätsanspruch der Augustinischen Christologie. Philosophische Bemerkungen zu Augustins ›Confessiones‹.* In: *Mythen Europas. Schlüsselfiguren der Imagination.* Hg. von Andreas Hartmann; Michael Neumann. Regensburg: Pustet; Darmstadt: WBG 2004, 207–227.

–: *Confessiones 4. Der Tod als Phänomen des Lebens und als Aufgabe des Denkens.* In: *Irrwege des Lebens. Confessiones 1–6.* Hg. von Norbert Fischer; Dieter Hattrup. Paderborn: Schöningh 2004, 105–126.

–: *Einführung.* In: *Aurelius Augustinus: Confessiones / Bekenntnisse.* Lat.-dt. Düsseldorf; Zürich: Artemis & Winkler 2004, 776–848.

–: *foris-intus.* In: *AL* 2, 37–45.

–: *Die Zeit, die Zeiten und das Zeitliche in Augustins ›Confessiones‹.* In: *Schöpfung, Zeit und Ewigkeit. Confessiones 11–13.* Hg. von Norbert Fischer; Dieter Hattrup. Paderborn: Schöningh 2006, 51–62.

–: *Was ist Ewigkeit? Ein Denkanstoß Heideggers und eine Annäherung an die Antwort Augustins.* In: *Martin Heidegger's Interpretations of Saint Augustine. Sein und Zeit und Ewigkeit.* Hg. von Frederick van Fleteren. Lewiston; New York: Edwin Mellen Press 2006, 155–184.

–: *Das ›radicale‹ Böse in der menschlichen Natur. Kants letzter Schritt im Denken der Freiheit.* In: *Kritische und absolute Transzendenz.* Hg. von Christian Danz; Rudolf Langthaler: Freiburg; München: Alber 2006, 67–86.

Flasch, Kurt: *Augustin. Eine Einführung in sein Denken.* Stuttgart: Reclam 1980.

–: *Einleitung.* In: Aurelius Augustinus: *Bekenntnisse.* Übersetzt, mit Anmerkungen versehen und hg. von Kurt Flasch und Burkhard Mojsisch. Stuttgart: Reclam 1989, 5–31.

–: *Logik des Schreckens. Augustinus von Hippo. Die Gnadenlehre von 397/De diversis quaestionibus ad Simplicianum I 2*, lat.-dt. (Übersetzt von Walter Schäfer). Mainz: Dieterich 1995.

Flashar, Hellmut: *Aristoteles.* In: *Die Philosophie der Antike.* Band

3: *Ältere Akademie. Aristoteles, Peripatos.* Hg. von Hellmut Flashar. Basel: Schwabe 2004, 167–42.
Fleteren, Frederick van: *Confessiones 2: Prolegomena zu einer Psychologie und Metaphysik des Bösen.* In: *CAH* 107–132.
– (Hg.): *Martin Heidegger's Interpretations of Saint Augustine. Sein und Zeit und Ewigkeit.* Lewiston; New York: Edwin Mellen Press 2005.
Fuhrer, Therese: *Confessiones 6: Zwischen Glauben und Gewißheit: Auf der Suche nach Gott und dem ›vitae modus‹.* In: *CAH* 241–281.
–: *Augustinus.* Darmstadt: WBG 2004.
–: *Körperlichkeit und Sexualität in Augustins autobiographischen und moraltheoretischen Schriften.* In: *Die Christen und der Körper. Aspekte der Körperlichkeit in der christlichen Literatur der Spätantike.* Hg. von Barbara Feichtinger und Helmut Seng. München; Leipzig 2004, 173–188.
Gadamer, Hans-Georg: *Wahrheit und Methode* (1960). Tübingen: Mohr ³1972.
Geerlings, Wilhelm: *Christus exemplum. Studien zur Christologie und Christusverkündigung Augustins.* Mainz: Grünewald 1978.
–: *Die Christologie Augustins. Zum Stand der Forschung.* In: *Internationales Symposion über den Stand der Augustinus-Forschung.* Hg. von Cornelius Mayer und Karl-Heinz Chelius. Würzburg: Augustinus-Verlag 1989, 219–230.
Gill, Meredith Jane: *Augustine in the Italian Renaissance. Art and Philosophy from Petrarch to Michelangelo.* Cambridge: University Press 2005.
Godel, Robert: *Similitudines rerum (S. Augustin, Conf. X 8,14).* In: *Museum Helveticum* 19, 1962. Amsterdam: Swets & Zeitlinger 1968, 190–193.
Goethe: Johann Wolfgang: *Goethes Werke.* Hamburger Ausgabe in 14 Bänden. München: Beck 1989–1994.
Greisch, Jean: *Das große Spiel des Lebens und das Übermächtige.* In: *»Herkunft aber bleibt stets Zukunft«. Martin Heidegger und die Gottesfrage.* Hg. von Paola-Ludovika Coriando. Frankfurt am Main: Klostermann 1998, 45–65.
Grondin, Jean: *Heidegger und Augustin. Zur hermeneutischen Wahrheit.* In ders.: *Von Heidegger zu Gadamer. Unterwegs zur Hermeneutik.* Darmstadt: WBG 2001.

Guardini, Romano: *Die Bekehrung des Aurelius Augustinus. Der innere Vorgang in seinen Bekenntnissen.* München: Kösel 1950.

Hattrup, Dieter: *Confessiones 9: Die Mystik von Cassiciacum und Ostia.* In: *CAH* 389–443.

Hebbel, Friedrich: *Gyges und sein Ring.* In: *Werke.* Band 2. Hg. von Gerhard Fricke, Werner Keller und Karl Pörnbacher. München: Hanser 1964, 7–72.

Heidegger, Martin: *Phänomenologie der Anschauung und des Ausdrucks. Theorie der philosophischen Begriffsbildung* (1919). *GA* 59. Hg. von Claudius Strube. Frankfurt am Main: Klostermann 1993.

–: *Einleitung in die Phänomenologie der Religion* (1919/20). In: *Phänomenologie des religiösen Lebens. GA* 60. Hg. von Claudius Strube. Frankfurt am Main: Klostermann 1995, 1–156.

–: *Augustinus und der Neuplatonismus.* In: *Phänomenologie des religiösen Lebens* (1921). *GA* 60. Hg. von Claudius Strube. Frankfurt am Main: Klostermann 1995, 157–299.

–: *Logik. Die Frage nach der Wahrheit* (1925/26). *GA* 21. Hg. von Walter Biemel. Frankfurt am Main: Klostermann 1976.

–: *Sein und Zeit* (1927). *GA* 2. Hg. von Friedrich-Wilhelm von Herrmann. Frankfurt am Main: Klostermann 1977 (zitiert wird nach der Originalpaginierung, die in *GA* 2 enthalten ist).

–: *Was ist Metaphysik?* (1929). *GA* 9. *Wegmarken.* Hg. von Friedrich-Wilhelm von Herrmann. Frankfurt am Main: Klostermann 1976, 103–122.

–: *Platons Lehre von der Wahrheit* (1931/32, 1940; erste separate Veröffentlichung 1947). *GA* 9. *Wegmarken.* Hg. von Friedrich-Wilhelm von Herrmann. Frankfurt am Main: Klostermann 1976, 203–238.

–: *Ein Rückblick auf den Weg* (1937/38). In: *Besinnung. GA* 66. Hg. von Friedrich-Wilhelm von Hermann. Frankfurt: Klostermann 1997, 409–428.

–: *Wozu Dichter?* (1946). In: *Holzwege* (1950). *GA* 5. Hg. von Friedrich-Wilhelm von Herrmann. Frankfurt am Main: Klostermann 1977, 269–320.

–: *Die Sprache* (1950). In: *Unterwegs zur Sprache* (1959). *GA* 12. Hg. von Friedrich-Wilhelm von Herrmann. Frankfurt am Main: Klostermann 1985, 7–30.

–: *Was heißt Denken?* (1954). *GA* 8. Hg. von Paola-Ludovika Coriando. Frankfurt am Main 2002.

Hennigfeld, Jochem: *Geschichte der Sprachphilosophie. Antike und Mittelalter.* Berlin: de Gruyter 1994.
Heraklit: *Fragmente.* Griech./dt. Hg. von Bruno Snell. München: Artemis ⁹1986.
Herrmann, Friedrich-Wilhelm von: *Bewußtsein, Zeit und Weltverständnis.* Frankfurt am Main: Klostermann 1971.
–: *Augustinus und die phänomenologische Frage nach der Zeit.* Frankfurt am Main: Klostermann 1992.
–: *Die »Confessiones« des Heiligen Augustinus im Denken Heideggers.* In: *Quaestio* 1: *Heidegger e i medievali.* A cura di Costantino Esposito e Pasquale Porro. Turnhout: Brepols, 2001, 113–146.
–: *Gottsuche und Selbstauslegung. Das X. Buch der Confessiones des Heiligen Augustinus im Horizont von Heideggers Phänomenologie des faktischen Lebens.* In: *Martin Heidegger's Interpretations of Saint Augustine. Sein und Zeit und Ewigkeit.* Hg. von Frederick van Fleteren. Lewiston; New York: Edwin Mellen Press 2006, 75–97.
Herzog, Reinhard: NON IN SUA VOCE. *Augustins Gespräch mit Gott in den* Confessiones *– Voraussetzungen und Folgen.* In: *Das Gespräch.* Hg. von Karlheinz Stierle; Rainer Warning. München: Wilhelm Fink 1984, 213–250.
Heßbrüggen-Walter, Stefan: *Augustine's Critique of Dialectic. Between Ambrose and the Arians.* In: *Augustine and the Disciplines. From Cassiciacum to Confessions.* Hg. von Karla Pollmann; Mark Vessey. Oxford: University Press 2005, 184–205.
Höfer, Josef; Rahner Karl (Hg.): *Lexikon für Theologie und Kirche.* 2. Auflage. Hg. von Josef Höfer und Karl Rahner. 10 Bände. Freiburg: Herder 1957–1965.
Hösle, Vittorio: *Wie soll man Philosophiegeschichte betreiben? Kritische Bemerkungen zu Kurt Flaschs philosophischer Methodologie.* In: *Philosophisches Jahrbuch* 111, 2004, 140–147.
Hoffmann, Andreas: *Augustins Schrift »De utilitate credendi«. Eine Analyse.* Münster: Aschendorff 1997.
Hübner, Wolfgang: *Die* praetoria memoriae *im zehnten Buch der* Confessiones. *Vergilisches bei Augustin.* In: *REAug* 27, 1981, 245–263.
Ivánka, Endre von: *Plato christianus. Übernahme und Umgestaltung des Platonismus durch die Väter.* Einsiedeln: Johannes ²1990.
Jaspers, Karl: *Psychologie der Weltanschauungen* (1919; ⁶1971). München/Zürich: Piper 1985.

Jean Paul: *Sämtliche Werke*. Hg. von Norbert Miller (1960). Abteilung I; 6 Bände. München: Hanser ⁵1989.
Kaiser, Hermann-Josef: *Augustinus – Zeit und ›Memoria‹*. Bonn: Bouvier 1969.
Kant, Immanuel: *Kants gesammelte Schriften*. Hg. von der Königlich Preußischen Akademie der Wissenschaften. Berlin u. a.: de Gruyter 1902 ff.
–: *Werke* in sechs Bänden. Hg. von Wilhelm Weischedel (1960); überprüfte Ausgabe. Darmstadt: WBG ⁵1983.
Keller, Gottfried: *Der grüne Heinrich*. Zweite Fassung. In: *Sämtliche Werke*. Band 3. Hg. von Peter Villwock. Frankfurt am Main: Deutscher Klassiker Verlag 1996.
Kirschbaum, Engelbert (Hg.): *Lexikon der christlichen Ikonographie* (1968). Sonderausgabe Freiburg im Breisgau: Herder 1990.
Klingshirn, William E.: *Divination and the Disciplines of Knowledge according to Augustine*. In: *Augustine and the Disciplines. From Cassiciacum to Confessions.* Hg. von Karla Pollmann; Mark Vessey. Oxford: University Press 2005, 113–140.
Koch, Josef: *Augustinischer und dionysischer Neuplatonismus*. In: *Platonismus in der Philosophie des Mittelalters* (1956/57). Hg. von Werner Beierwaltes. Darmstadt: WBG 1969, 317–342.
Körner, Franz: *Die Entwicklung Augustins von der Anamnesis- zur Illuminationslehre im Lichte seines Innerlichkeitsprinzips*. In: *Theologische Quartalschrift* 134, 1954, 397–447.
Kreuzer, Johann: *Vom Abgrund des Wissens. Denken und Mystik bei Tauler*. In: *Miscellanea Mediaevalia*. Hg. von Ingrid Craemer-Ruegenberg; Andreas Speer. Band 22. Berlin; New York: de Gruyter 1994, 633–649.
–: *Pulchritudo. Vom Erkennen Gottes bei Augustin*. München: Fink, 1995.
–: *Augustinus*. Frankfurt am Main/New York: Campus 1995.
–: *Confessiones 10: Der Abgrund des Bewußtseins. Erinnerung und Selbsterkenntnis im zehnten Buch*. In: CAH 445–487.
–: *Paradigmenwechsel. Augustinus und die Anfänge der mittelalterlichen Philosophie*. In: *Raum und Raumvorstellungen im Mittelalter*. Hg. von Jan A. Aertsen; Andreas Speer. Berlin/New York: de Gruyter 1998, 437–443.
Labhardt, André: *Curiositas*. In: *AL* 2,188–196.
Lehmann, Karl: *Christliche Geschichtserfahrung und ontologische Frage beim jungen Heidegger* (1966). In: *Heidegger. Perspekti-*

ven zur Deutung seines Werks (1969). Hg. von Otto Pöggeler; durchgesehene Neuausgabe. Königstein 1984, 140–168.

–: *Vom Ursprung und Sinn der Seinsfrage im Denken Martin Heideggers. Versuch einer Ortsbestimmung* (Diss. Rom 1962). CD-ROM und Buchausgabe. Freiburg: Albert Raffelt 2000.

Levinas, Emmanuel: *Totalité et Infini. Essai sur l'extériorité* (1961). The Hague u. a.: Nijhoff [4]1984. Deutsche Übersetzung von Wolfgang N. Krewani: *Totalität und Unendlichkeit. Versuch über die Exteriorität*. Freiburg u. a.: Alber [2]1993 (zitiert wird nach der Originalpaginierung, die in der Übersetzung enthalten ist).

–: *De dieu qui vient a l'idée*. Paris: Vrin 1982. Ins Deutsche übersetzt von Thomas Wiemer: *Wenn Gott ins Denken einfällt. Diskurse über die Betroffenheit von Transzendenz*. Freiburg/München: Alber1985.

Lorenz, Rudolf: *Gnade und Erkenntnis bei Augustin* (1964). In: *Zum Augustin-Gespräch der Gegenwart II*. Hg. von Carl Andresen. Darmstadt: WBG 1981, 43–125.

Luther, Martin: *Disputatio contra scholasticam theologiam*. In: *Der junge Luther*. Hg. von Erich Vogelsang. Berlin: de Gruyter 1933.

–: *De servo arbitrio*. In: *D. Martin Luthers Werke*. Kritische Gesamtausgabe. Band 18. Weimar: Böhlau 1908.

Madec, Goulven: *Christus*. In: *AL* 1, 845–908.

Marrou, Henri-Irenée: *Augustin et la fin de la culture antique*. Paris: Boccard, 1938; rev. Fassung: 1949 (deutsche Übers. von [4]1958: *Augustinus und das Ende der antiken Bildung*. Paderborn: Schöningh, 1981).

May, Gerhard: *Schöpfung aus dem Nichts. Die Entstehung der Lehre von der creatio ex nihilo*. Berlin: de Gruyter 1978.

Mayer, Bernhard: *Unter Gottes Heilsratschluß. Prädestinationsaussagen bei Paulus*. Würzburg 1974.

Mayer, Cornelius: *Signifikationshermeneutik im Dienste der Daseinsauslegung. Die Funktion der Verweisungen in den Confessiones X–XIII*. In: *Aug(L)* 24, 1974, 21–74.

–: »*Amat deus creaturam suam*« und »*Disce amare in creatura creatorem*«. *Augustins Lehre über die Dignität der Kreatur*. In: *Creatio ex amore. Beiträge zu einer Theologie der Liebe*. Festschruft für Alexandre Ganoczy zum 60. Geburtstag. Hg. von Th. Franke; M. Knapp; J. Schmidt. Würzburg: Echter 1988, 193–209.

–: *Da quod iubes et iube quod vis*. In: *AL* 2 211–213.

—: *Eucharistia*. In: *AL* 2, 1151–1157.
Müller, Götz: *Neugierde*. In: *HWP* 6, 732–736.
Nasemann, Beate: *Theurgie und Philosophie in Jamblichs De Myteriis*. Stuttgart: Teubner 1991.
Nalewski, Horst: *Nachwort. Der Brief des Francesco Petrarca über die Besteigung des Mont Ventoux. Zum Lesen empfohlen von Rainer Maria Rilke*. In: Francesco Petrarca: *Die Besteigung des Mont Ventoux*. Aus dem Lateinischen übersetzt von Heinz Nachod und Paul Stern. Frankfurt am Main und Leipzig: Insel 1996, 37–46.
Nietzsche, Friedrich: *Sämtliche Werke*. Kritische Studienausgabe in 15 Bänden. Hg. von Giorgio Colli und Mazzino Montinari, München: dtv; Berlin u. a.: de Gruyter, 1980.
—: *Sämtliche Briefe*. Kritische Studienausgabe in 8 Bänden. Hg. von Giorgio Colli und Mazzino Montinari, München: dtv; Berlin u. a.: de Gruyter, 1986.
Nikolaus von Kues: *Philosophisch-theologische Schriften*. Lat.-dt. Hg. und eingeführt von Leo Gabriel, übersetzt von Dietlind und Wilhelm Dupré. 3 Bände. Wien: Herder, 1964–1967.
Novalis (Friedrich von Hardenberg): *Hymnen an die Nacht*. In: *Schriften*. Band 1: *Das dichterische Werk*. Hg. von Paul Kluckhohn † und Richard Samuel. Stuttgart: Kohlhammer, 1960, 130–157.
Noronha Galvao, Henrique de: *Beatitudo*. In: *AL* 1, 624–638
O'Meara, John J.: *Porphyry's Philosophy from Oracles in Augustine*. Paris: Études Augustiniennes 1959.
O'Daly, Gerard J.P.: *Augustine's Philosophy of Mind*. Berkeley/Los Angeles: University of California Press 1987.
—: *Remembering and Forgetting in Augustine, Confessions X*. In: *MEMORIA – Vergessen und Erinnern*. Hg. von A. Haverkamp; R. Lachmann: München: Fink 1993, 31–46.
Oeing-Hanhoff, Ludger: *Zur Wirkungsgeschichte der platonischen Anamnesislehre*, In: *Collegium Philosophicum*. Hg. von Ernst-Wolfgang Böckenförde. Basel: Schwabe 1965, 240–271.
Pascal, Blaise: *Pensées*. Texte établi, annoté et présenté par Philippe Sellier. Paris: Bordas 1991. Deutsche Übersetzung (nach der Edition von Brunschvicg): *Über die Religion und über einige andere Gegenstände (Pensées)*. Übertragen und hg. von Ewald Wasmuth. Heidelbert: Lambert Schneider 1954.
Petrarca, Francesco: *Die Besteigung des Mont Ventoux. Familiarum*

rerum libri IV 1. Lat.-dt. Übersetzt und hg. von Kurt Steinmann. Stuttgart: Reclam1995.
–: *Die Besteigung des Mont Ventoux*. Aus dem Lateinischen übersetzt von Hans Nachod und Paul Stern. Nachwort von Horst Nalewski. Frankfurt am Main u. a.: Insel 1996.
Platon: *Werke in acht Bänden*. Griech.-dt. Hg. von Gunter Eigler. Darmstadt: WBG 1970–1983.
Plautus: *Trinummus*. Hg. von J. Brix; M. Niemeyer. Leipzig; Berlin ⁵1907.
Plotin: *Plotins Schriften*. Griech.-dt. 5 Textbände, 5 Anmerkungsbände, ein Anhangband und ein Indicesband. Übersetzt von Richard Harder, Band I in Neubearbeitung von Richard Harder, ab Band II in Neubearbeitung von Rudolf Beutler und Willy Theiler. Hamburg: Meiner, ²1956–1971.
Pollmann, Karla; Vessey, Mark (Hg.): *Augustine and the Disciplines. From Cassiciacum to Confessions*. Oxford: University Press 2005.
Porphyrius: *De regressu animae*. In: *Fragmenta*. Hg. von Andrew Smith. Stuttgart und Leipzig: Teubner1993, 319–350.
Possidius: *Vita S. Augustini Episcopi Hipponensis Episcopi*. In: *MPL* 32, 33–578.
Raffelt: Albert: *Confessiones 5: ›Pie quaerere‹. Augustins Weg der Wahrheitssuche*. In: *CAH* 199–240.
–: *»profectus sum abs te in regionem longinquam« (conf. 4,30). Das Gleichnis vom ›verlorenen Sohn‹ in den* Confessiones *des Aurelius Augustinus*. In: *Freiheit und Gnade. Der Sprungs ins lebendige Leben*. Hg. von Norbert Fischer; Cornelius Mayer; Dieter Hattrup. Paderborn: Schöningh 2003, 82–96.
–: *Einleitung*. In Blaise Pascal: *Kleine Schriften zur Religion und Philosophie*. Hamburg: Meiner 2006, IX–LXVIII.
Ratzinger, Joseph: *Originalität und Überlieferung in Augustins Begriff der confessio*. In: *REAug* 3, 1957, 375–392.
–: *Was ist Theologie?* In: *Internationale katholische Zeitschrift* 8, 1979, 121–128.
Reinhardt, Karl: *Aischylos als Regisseur und Theologe*. Bern: Francke: 1949.
Reinig, Christa: *Gedichte*. Frankfurt am Main: Fischer, 1963.
Ricœur, Paul: *La memoire, l'histoire, l'oubli*. Paris; Éditions du Seuil 2000.
Rilke, Rainer Maria: *Werke. Kommentierte Ausgabe in vier Bänden*

(= *KA*). Hg. von Manfred Engel und Ulrich Fülleborn. Frankfurt am Main; Leipzig: Insel 1996.

–: *Briefe aus Muzot. 1921 bis 1926.* Hg. von Ruth Sieber-Rilke und Carl Sieber. Leipzig: Insel 1936.

–: *Briefe*. Hg. vom Rilke-Archiv in Weimar. In Verbindung mit Ruth Sieber-Rilke besorgt durch Karl Altheim. Wiesbaden: Insel 1950.

Ring, Gerhard (Hg.): Aurelius Augustinus: *Schriften über die Gnade. Prolegomena*. Band III. *An Simplicianus zwei Bücher über verschiedene Fragen.* Eingeleitet, übertragen, und erläutert von Thomas Gerhard Ring OSA. Würzburg: Augustinus-Verlag 1991.

Ritter, Joachim: *Mundus intelligibilis. Eine Untersuchung zur Aufnahme und Umwandlung der neuplatonischen Ontologie bei Augustinus.* Frankfurt am Main: Klostermann 1937.

Ritter, Joachim †; Gründer, Karlfried; Gabriel, Gottfried (Hg.): *Historisches Wörterbuch der Philosophie*. 12 Textbände. Basel: Schwabe; Darmstadt: WBG 1971–2004.

Rodis-Lewis, Geneviève: *Les trois concupiscences*. In: *Chroniques de Port-Royal.* Paris 1963, 81–92.

Röhser, Günter: *Prädestination und Verstockung. Untersuchungen zur frühjüdischen, paulinischen und johanneischen Theologie.* Tübingen und Basel 1994.

Scheler, Max: *Zur Idee des Menschen* (1915). In ders.: *Vom Umsturz der Werte*. Abhandlungen und Aufsätze. Hg. von Maria Scheler. Gesammelte Werke, Band 3. Bern: Francke [5]1972, 173–195.

–: *Der Formalismus in der Ethik und die materiale Wertethik. Neuer Versuch der Grundlegung eines ethischen Personalismus* (1916). Gesammelte Werke, Band 2. Bern: Francke [6]1980.

Schiller, Friedrich: *Sämtliche Werke*. Fünf Bände. Hg. von Gerhard Fricke † und Herbert G. Göpfert, München: Hanser, [8]1987.

Schmidt-Dengler, Wendelin: *Die ›aula memoriae‹ in den Konfessionen des heiligen Augustin*. In: *REAug* 14, 1968, 69–89.

Schönberger, Rolf: *Der Raum der ›memoria‹*. In: *Raum und Raumvorstellungen im Mittelalter*. Hg. von Jan A. Aertsen; Andreas Speer. Berlin/New York: de Gruyter 1998, 471–488.

Schulte-Klöcker, Ursula: *Das Verhältnis von Ewigkeit und Zeit als Widerspiegelung der Beziehung zwischen Schöpfer und Schöpfung. Eine textbegleitende Interpretation der Bücher XI–XIII der ›Confessiones‹ des Augustinus.* Bonn: Borengässer 2000.

–: *Die Frage nach Zeit und Ewigkeit – eine verbindende Perspek-*

tive der letzten drei Bücher der Confessiones. In: *Schöpfung, Zeit und Ewigkeit. Augusinus: Confessiones 11–13.* Hg. von Norbert Fischer; Dieter Hattrup: Paderborn: Schöningh 2006, 9–28.

Seelbach, Larissa Carina: *»Das weibliche Geschlecht ist ja kein Gebrechen ...«. Die Frau und ihre Gottebenbildlichkeit bei Augustin.* Würzburg: Augustinus-Verlag 2002.

–: *Psychoanalytische Deutungsversuche zur Persönlichkeit Augustins – Beispiele und Anfragen.* In: *Freiheit und Gnade in Augustins Confessiones. Der Sprung ins lebendige Leben* (*Confessiones 7–9*). Hg. von Norbert Fischer; Cornelius Mayer; Dieter Hattrup. Paderborn: Schöningh 2003, 114–133.

–: *Confessiones 2. Augustin ein Birnendieb!* In: *Irrwege des Lebens. Augustinus: Confessiones 1–6.* Hg. von Norbert Fischer; Dieter Hattrup. Paderborn: Schöningh 2004, 55–73.

Sellier, Philippe: *Pascal et saint Augustin* (1970). Paris: Albin Michel 1995.

Sirovátka, Jakub: *Der Primat des Praktischen. Der Vorrang des sensus moralis in der Schriftauslegung der beiden letzten Bücher der Confessiones.* In: *Schöpfung, Zeit und Ewigkeit. Confessiones 11–13.* Hg. von Norbert Fischer; Dieter Hattrup. Paderborn: Schönigh 2006, 141–152.

Söhngen, Gottlieb: *Der Aufbau der Augustinischen Gedächtnislehre. Conf. X, c. 6–27* (1930). In ders.: Gottlieb Söhngen: *Die Einheit der Theologie.* München: Karl Zink 1952, 63–100.

Stöcklein, Ansgar: *Leitbilder der Technik. Biblische Tradition und technischer Fortschritt.* München: Heinz Moos 1969.

Taylor, Charles: *Quellen des Selbst. Die Entstehung der neuzeitlichen Subjektivität.* Übersetzt von Joachim Schulte. Frankfurt am Main: Suhrkamp 1994.

Teske, Roland J.: *Platonic Reminiscence and Memory of the Present in St. Augustine.* In: *NSchol* 58, 1984, 220–235.

Theiler, Willy: *Porphyrios und Augustin.* Halle: Niemeyer 1933.

Thomas von Aquin: *Die Deutsche Thomas-Ausgabe.* Vollständige, ungekürzte deutsch-lateinische Ausgabe der *Summa Theologica.* Übers. von Domikanern und Benediktinern Deutschlands und Österreichs. Salzburg u. a.: Styria u. a., 1934 ff.

–: *Summa theologiae.* Fünf Bände. Cura Fratrum eiusdem Ordinis. Biblioteca de Autores Cristianos. Madrid 1961.

Thonnard, Francois-Joseph: *La notion de lumière en philosophie augustinienne.* In: *REAug* 2, 1962, 125–175.

Weinrich, Harald: *Lethe. Kunst und Kritik des Vergessens.* München: Beck 1997.
Wienbruch, Ulrich: *Erleuchtete Einsicht. Zur Erkenntnislehre Augustins.* Bonn: Bouvier 1989.
Wittgenstein, Ludwig: *Philosophische Bemerkungen* (1930). In: Werkausgabe Band 2. Frankfurt am Main: Suhrkamp 1984.
–: *Philosophische Untersuchungen. Teil I* (1945). In: Werkausgabe Band 1. Frankfurt am Main: Suhrkamp 1984, 225–485
Wyller, Egil A.: *Der späte Platon.* Tübinger Vorlesungen 1965. Hamburg: Meiner 1970.
Yates, Frances A.: *Gedächtnis und Erinnern.* Weinheim: VCH Acta humaniora 1990.
Zepf, Max: *Augustinus und das philosophische Selbstbewußtsein der Antike.* In: ZRGG 11, 1959, 105–131.
Zintzen, Clemens: *Die Wertung von Mystik und Magie in der neuplatonischen Philosophie* (1965). Überarbeitet in: *Die Philosophie des Neuplatonismus.* Hg. von Clemens Zintzen. Darmstadt: WBG 1977, 391–426.

PERSONENREGISTER

Aufgeführt sind auch Stellen, wo Autoren nur durch Siglen ihrer Werke genannt sind.

Adam LXXXVI f.
Aischylos LXII, XXXIV
Alkinoos XL
Alypius 155
Ambrosius LV
Anaximenes 13, 122
Angelus Silesius 138, 143
Anselm von Canterbury LXXIV, 152
Aristoteles XIV, L, LIII, LXV, LXXXIII, 122–125, 130, 132, 134
Athanasius von Alexandria 72 f.

Balthasar, Hans-Urs von 116
Beierwaltes, Werner XXIV, LI, LXVIII, LXXVI, 124 f., 129, 142, 147, 156
Benn, Gottfried XLIV, 130
Berlinger, Rudolph 114, 159
Bernhart, Joseph XXXVI, 147–149, 154–156
Blumenberg, Hans LXXVIII f., 154 f.
Bonner, Gerald LXXI
Brachtendorf, Johannes XIII, LIII

Chadwick, Henry 149

Christus, Christologie, christologisch XXII, XXVI–XXVIII, XXX, LI f., LXIII f., LXIX, LXXXIV f., LXXXVII–XCI
Cicero LIII, 129, 134
Conybeare, Catherine LIII

Deissler, Alfons 107
Demokrit 106
Descartes, René 134 f.
Diogenes 122
Dionysius Pseudo-Areopagita XL
Döring, Klaus 129
Drecoll, Volker Henning LIV–LVI, LVIII f., LXIV
Dubois-Reymond, Emil 127

Esposito, Costantino 140
Evodius 122

Fénelon, François 143
Ferreiro, Jaime XXXI
Fetz, Reto Lucius 112
Feuerbach, Ludwig 136
Filippi, Francesca 111,
Flasch, Kurt X, XXIX, XXXVI f., LIV, LVIII f., LXV, 116

Flashar, Hellmut 125
Freud, Sigmund X
Fuhrer, Therese LII, 149
Gill, Meredith Jane XLIV
Godel, Robert 128

Goethe, Johann Wolfgang
 XLVIII, LXII, 136, 156
Gregor der Große 143
Greisch, Jean 140
Grondin, Jean 144
Guardini, Romano LIX
Gyges 140

Hattrup, Dieter LXXIV
Hebbel, Friedrich 140
Heidegger, Martin X, XX,
 XLVIII f., LII, LV, LXV,
 LXVII– LXIX, LXXVI,
 LXXIX f., 106, 111, 125–
 127, 134, 138 f., 144, 146 f.,
 155
Hennigfeld, Jochem 121
Heraklit LXXXVII
Herrmann, Friedrich-Wilhelm
 von VII, LXVIII, LXXIX,
 121
Heßbrüggen-Walter, Stefan
 XLVI
Hoffmann, Andreas 147
Hölderlin, Friedrich 106
Hösle, Vittorio XXXVI
Hübner, Wolfgang XLIII, 126,
 131

Ivánka, Endre von LXVI f.

Jakob LXXVI
Jaspers, Karl 144
Jean Paul LXXII, 119

Johannes (der Täufer) 151
Jugendfreund (namenlos) XX,
 VLIII, LXXIV

Kant, Immanuel X, XVII,
 XIX, XXII, XXV, XXXVI–
 XXXVIII, XLII, LII, LIV,
 LVII, LXIII, LXIX f.,
 LXXXV, LXXXVII–
 LXXXIX, 108, 112, 117 f.,
 127, 131 f., 134 f., 138 f., 146,
 150–152, 158
Kato, Takeshi XXXI
Keller, Gottfried LXXII
Kirschbaum, Engelbert XLIX
Klingshirn, William E.
 LXXXVI
Kreuzer, Johann XIII, LIII

Labhardt, André 154
Legewie, Bernhard XXXV,
 115, 148
Levinas, Emmanuel XXXV,
 XXXVII, LII, LX, LXXVI,
 XC, 140
Luther, Martin LV, 118, 138

Madec, Goulven XXII
Marrou, Henri-Irenée XXIX,
 XLVI, 154
Marx, Karl X
May, Gerhard LV
Mayer, Bernhard XXXVIII
Mayer, Cornelius XI, LXIII,
 124, 162
Monnica XX f., 110, 141

Nalewski, Horst 130
Nasemann, Beate LXXXVI
Nebridius XV

Nietzsche, Friedrich VIII, X, LXV f., LXXXVIII, 125, 137, 138 f.
Nikolaus von Kues (Cusanus) XLI, 119, 122
Novalis (Friedrich von Hardenberg) LXXV f., 153

O'Donnell, James XIII, XXIX
Odysseus 135
O'Meara, John J. LXXXVI, 159 f.
O'Rourke, Fran XL

Pascal, Blaise LXX, 148, 154
Paulus (Apostel) XXVII, XXXVI, XXXVIII, LVIII, LXXVII, XCI, 110, 113, 149, 152
Pelagius LXXXIX, 146
Petrarca, Francesco XLIV, 130
Platon XV, XXI, XXVII, XXXV f., XLII, XLIV, LXII f., LXV f., LXXI, LXXVII, LXXXIV, LXXXVII, 105, 115, 122 f., 125, 129–131, 133, 136 f., 139–141, 144–146, 150, 152 f., 157, 159–161
Plautus 145
Plotin XVIII, XXIV, XLIX, LIII–LVI, LXV f., LXVIII, LXXVI, LXXXI, XC, 105 f., 124 f., 129 f., 132, 134, 136, 147, 158 f
Pollmann, Karla XLVI, 133
Porphyrios LXXXVI, 148, 160
Possidius LXXI, LXXIII

Raffelt, Albert XXIX, 119, 154

Raphael LXXXI
Ratzinger, Joseph 107, 121
Reinhardt, Karl LXII, LXXXIV, 156
Reinig, Christa 122
Ricœur, Paul 133
Rilke, Rainer Maria XXXI f., XLIV, XLVII, LXVII, LXXXI, XC f., 106, 108, 121, 126 f., 130, 138, 142, 146 f., 149
Rodis-Lewis, Geneviève 148
Röhser, Günter XXXVIII

Schalk, Lili 130
Scheler, Max 135, 137 f.
Schiller, Friedrich LXXXIV, LXXXVI
Schubert, Franz XLI
Seelbach, Larissa Carina 137, 141, 149
Sellier, Philippe LXX, 148
Simplicianus LIV, LVIII, 140
Sirovátka, Jakub 116
Söhngen, Gottlieb XIX, LIV, 111, 125 f., 142
Sokrates LXXVII, 129 f., 132, 137, 160
Solignac, Aimée XIII, LIII
Stöcklein, Ansgar LXXX

Theiler, Willy 130, 148
Thimme, Wilhelm XXXVI
Thomas von Aquin LXXXII, 112, 135
Tobias LXXXI, 153
Tobit LXXVI

Verecundus 110
Vergil XXXIII, 126

Vessey, Mark XLVI

Wittgenstein, Ludwig X,
　LXXXVI, 109
Wyller, Egil A. 144

Yates, Frances A. LIII

Zarathustra LXVI
Zepf, Max LIII
Zintzen, Clemens 160